五十嵐 邦 正 著

会計理論と商法・倒産法

東京 森山書店 発行

は　し　が　き

　筆者はこれまで一貫して静態論の立場を重視し強調してきた。この研究に着手した当時においては，この静態論はなかなか認知してもらえなかった。事実，テーマの即座の変更をアドバイスしていただいたことすらあった。その後，静態論に関していずれも森山書店から刊行した『静的貸借対照表論』(平成元年)，『静的貸借対照表論の展開』(平成5年)，『静的貸借対照表論の研究』(平成8年)，『現代静的会計論』(平成11年)，そして『現代財産目録論』(平成14年)という5冊の拙著を通じて，徐々に静態論に対して肯定的ないし好意的なご意見や励ましのお言葉を承るようになった。あれから四半世紀を経て二十一世紀を迎えた今日，まさに隔世の感がある。平成9年9月に同志社大学で開催された日本会計研究学会の特別記念講演のなかで，アメリカ会計学は近年において「静態化」にシフトしているとする井尻雄士教授のご指摘は記憶に新しい(井尻雄士「アメリカ会計の変遷と展望」『會計』第153巻第1号，平成10年1月，123頁)。経済環境の変化，会計理論及び会計実務の進展との関係で，静態論の重要性がようやく再評価されたといってよい。

　このような状況のなかで，静態論及びそれに関係する様々な会計思考としての静的会計の全容をもう一度見直し整理するとともに，且つ現代の企業経営や会計における諸問題はもちろん，特にドイツの商法及び倒産法における諸問題との関連で，この静的会計について論究することは大きな意義があると解される。本書をあえて『会計理論と商法・倒産法』というタイトルで上梓した理由は，実はここにある。従来に比して静的会計の理解が深まり，その関心が高まれば筆者の望外の喜びである。

　本書は大きくⅠからⅤまでの5つのセクションからなる。
　Ⅰは静的会計の総論を扱った部分である。これは3つの章から成り立つ。

「第1章　静態論の潮流と種々相」では，特にドイツにおける商事貸借対照表との関係で静態論の発展を概観するとともに，静態論がもつ様々な面について検討する。「第2章　静態論の種類」では，その基礎的前提面，会計の基本思考面，貸借対照表作成基盤面といった角度から静態論を分類し，その多様性について明らかにする。「第3章　静的会計の発展とその現代的役割」では，静態論の系譜との関連で会計理論面及び会計実務面について静的会計の役割について詳論する。

ⅡからⅣまでは，企業経営上及び会計上の諸問題と静的会計との関連性のなかで，特に最近において議論の対象となる3つの個別論点について検討したものである。

Ⅱは，近年アングロサクソンの会計で強調されている資産負債アプローチと静的会計との関係を論じたものである。これも3つの章からなる。「第4章　精算表の発展と資産負債アプローチ」においては，19世紀以降における各国の精算表の発展のなかで果たして資産負債アプローチと接点をもちうる様式があるのかどうかについて検討する。「第5章　資産負債アプローチと会計処理」においては，資産負債アプローチに適合する会計処理といえるものにはどのようなものがあるかについて検討する。「第6章　資産負債アプローチと静態論」では，両者が一体どのように関係しているのかについて考究する。

Ⅲは，コーポレート・ガバナンスと静的会計の関係について論じたものである。これも同様に3つの章からなる。「第7章　コーポレート・ガバナンスの概要」では，OECD及びEUにおけるコーポレート・ガバナンス論の概要を明らかにするとともに，これと会計との接点について検討する。「第8章　コーポレート・ガバナンスと財産目録」では財産目録がコーポレート・ガバナンスのなかで，特に利害関係者への会計情報提供面及び監視機能面で果たす役割について解明する。「第9章　コーポレート・ガバナンスと静的会計」では，静的会計がコーポレート・ガバナンスに関して，会計情報提供面，利害関係調整面及び企業経営監視面と関係する諸点について詳論する。

Ⅳは決算制度とは異なる特殊会計制度と静的会計との関係について論じたも

のである。これは4つの章から成り立つ。「第10章 ドイツ特殊会計制度と静的会計」では、いわゆる非常貸借対照表のうちで特に静的会計との関連がある損失通告貸借対照表、債務超過貸借対照表、倒産貸借対照表及び清算貸借対照表について論究したものである。「第11章 ドイツ倒産法における債務超過の判定」では、ドイツ旧破産法を受け継いだ倒産法における債務超過の判定について考察する。「第12章 ドイツ倒産法における支払不能の判定」では、倒産法における支払不能及び新たに導入された支払不能の恐れに関する判定について考察する。「第13章 わが国の特殊会計制度と静的会計」においては、わが国の特殊会計制度のうちで静的会計との関連性が強い非常貸借対照表、とりわけ会社再建型に属する会社の整理、会社更生法及び民事再生法とのそれと、会社の清算型に属する通常の清算、特別清算及び破産法のそれについて取り扱ったものである。

Ⅴは本書の結びとして静的会計の総括と展望について論じたものである。「第14章 静的会計の論理と残された課題」において、静的会計の基本的特徴をその歴史的発展の流れで整理しその意義を明らかにすると同時に、残された今後の課題についても触れる。

本書の刊行にあたっては、日本大学商学部から出版助成金(B)の交付を受けることになった。ここに記して感謝する次第である。

今回も本書の出版に際して特段のご配慮と、いろいろお世話いただいた森山書店社長菅田直文氏及び取締役編集部長土屋貞敏氏に深謝し、お礼を申し上げる。

平成17年8月

五十嵐　邦正

目　　次

I　静的会計総説

第1章　静態論の潮流と種々相
　1　は じ め に …………………………………………………………… 3
　2　商事貸借対照表の解釈と関連した静態論の発展 ……………… 4
　　（1）　比較的古い文献における静態論の時代区分 ……………… 4
　　（2）　比較的最近の文献における静態論の時代区分 …………… 12
　3　商事貸借対照表の解釈から独立した静態論の発展 …………… 22
　　（1）　新静態論の発展 ……………………………………………… 22
　　（2）　その他の静態論の流れ ……………………………………… 24
　4　む　す　び ……………………………………………………………… 27
　　（1）　静態論の系譜と特徴 ………………………………………… 27
　　（2）　静態論の意味 ………………………………………………… 28
　　（3）　静態論の分類 ………………………………………………… 30
　　（4）　静態論の機能 ………………………………………………… 31

第2章　静態論の種類
　1　は じ め に …………………………………………………………… 37
　2　基礎的前提面に基づく静態論分類 ……………………………… 37
　　（1）　存在論的静態論と規範論的静態論 ………………………… 37
　　（2）　解散静態論と継続静態論 …………………………………… 38
　　（3）　決算静態論と非常静態論 …………………………………… 39
　3　会計の基本思考面に基づく静態論分類 ………………………… 40

（1）法律的静態論と経営経済的静態論 ……………………… 40
　　　（2）旧静態論と新静態論 ……………………………………… 41
　　　（3）狭義の静態論と広義の静態論 …………………………… 42
　　　（4）債権者静態論と株主静態論 ……………………………… 44
　　　（5）債務弁済判定静態論と分配静態論 ……………………… 44
　4　貸借対照表作成面に基づく静態論分類 ………………………… 46
　　　（1）財産目録静態論と簿記静態論 …………………………… 46
　　　（2）貸借対照表等式静態論と資本等式静態論 ……………… 46
　　　（3）財産価値静態論と財産価値否定静態論 ………………… 47
　　　（4）時価静態論と原価静態論 ………………………………… 49
　　　（5）全面時価静態論と部分時価静態論 ……………………… 49
　　　（6）財産評価静態論と財務分析静態論 ……………………… 50
　　　（7）財産全部処分静態論と財産一部処分静態論 …………… 51
　5　むすび ……………………………………………………………… 52

第3章　静的会計の発展とその現代的役割

　1　はじめに …………………………………………………………… 57
　2　静的会計の歴史的発展 …………………………………………… 57
　　　（1）旧静態論の生成と展開 …………………………………… 57
　　　（2）新静態論の生成と展開 …………………………………… 59
　　　（3）制度静態論 ………………………………………………… 59
　3　会計理論面における静的会計の役割 …………………………… 61
　　　（1）会計思考の面 ……………………………………………… 61
　　　（2）簿記手続の面 ……………………………………………… 64
　　　（3）会計処理の面 ……………………………………………… 68
　4　会計実務面における静的会計の役割 …………………………… 83
　　　（1）決算の意味 ………………………………………………… 83
　　　（2）経営管理と静的会計 ……………………………………… 85

5　む　す　び ………………………………………………………… 87

II　資産負債アプローチと静的会計

第4章　精算表の発展と資産負債アプローチ
　1　は　じ　め　に ………………………………………………………… 95
　2　アメリカの精算表 ……………………………………………………… 96
　　（1）精算表の生成 …………………………………………………… 96
　　（2）精算表の名称 …………………………………………………… 96
　　（3）精算表の様式 …………………………………………………… 97
　　（4）精算表の機能 …………………………………………………… 99
　3　ドイツ語圏の精算表 …………………………………………………… 100
　　（1）精算表の生成 …………………………………………………… 100
　　（2）精算表の名称 …………………………………………………… 103
　　（3）精算表の様式 …………………………………………………… 103
　　（4）精算表の機能 …………………………………………………… 107
　4　フランスの精算表 ……………………………………………………… 108
　　（1）精算表の生成 …………………………………………………… 108
　　（2）精算表の名称 …………………………………………………… 110
　　（3）精算表の様式 …………………………………………………… 110
　　（4）精算表の機能 …………………………………………………… 111
　5　その他の諸国の精算表 ………………………………………………… 114
　　（1）ポルトガルの精算表 …………………………………………… 114
　　（2）わが国の精算表 ………………………………………………… 115
　　（3）イギリスの精算表 ……………………………………………… 116
　6　む　す　び ……………………………………………………………… 116

第5章　資産負債アプローチと会計処理
　1　は　じ　め　に ………………………………………………………… 125

2　資産負債アプローチと精算表 ……………………………… 125
　　　（1）従来の精算表様式 ……………………………………… 125
　　　（2）ドイツ語圏の精算表様式 ……………………………… 126
　　　（3）資産負債アプローチと精算表の様式 ………………… 129
　　3　資産負債アプローチと帳簿締切手続 ……………………… 131
　　　（1）従来の帳簿締切手続 …………………………………… 131
　　　（2）資産負債アプローチと帳簿締切手続 ………………… 132
　　4　資産負債アプローチと財産目録 …………………………… 137
　　　（1）財務諸表の体系とその問題点 ………………………… 137
　　　（2）資産負債アプローチと財産目録 ……………………… 140
　　5　む　す　び ……………………………………………………… 144

第6章　資産負債アプローチと静態論

　　1　は じ め に ……………………………………………………… 147
　　2　資産負債アプローチの特徴 ………………………………… 147
　　　（1）資産負債アプローチの基本スタンス ………………… 147
　　　（2）貸借対照表の解釈 ……………………………………… 148
　　　（3）資産負債アプローチと財産評価 ……………………… 149
　　　（4）資産負債アプローチと利益計算 ……………………… 151
　　3　静　態　論 ……………………………………………………… 153
　　　（1）静態論の基本的スタンス ……………………………… 153
　　　（2）貸借対照表の解釈 ……………………………………… 154
　　　（3）静態論と財産評価 ……………………………………… 155
　　　（4）静態論と利益計算 ……………………………………… 156
　　4　む　す　び ……………………………………………………… 158

III　コーポレート・ガバナンスと静的会計

第7章　コーポレート・ガバナンスの概要
1　OECD のコーポレート・ガバナンス原則 ………………………… 165
　（1）　OECD コーポレート・ガバナンスの概要 ………………… 165
　（2）　OECD コーポレート・ガバナンス原則の特徴 …………… 173
2　EU におけるコーポレート・ガバナンス論 ……………………… 174
　（1）　「比較研究報告書」におけるコーポレート・ガバナンス …… 175
　（2）　「ハイレベル・グループ報告書」における
　　　　　コーポレート・ガバナンス ……………………………… 179
　（3）　「EU 委員会報告書」におけるコーポレート・ガバナンス …… 185
3　コーポレート・ガバナンスの基本的特徴と会計 ……………… 189

第8章　コーポレート・ガバナンスと財産目録
1　は じ め に ……………………………………………………… 193
2　利害関係者への情報提供機能と財産目録 ……………………… 194
　（1）　利害関係者の視点と財産目録 ……………………………… 194
　（2）　利害関係者に対する財産目録の役割 ……………………… 196
3　監視機能と財産目録 …………………………………………… 201
　（1）　監視機能と財産数量計算 …………………………………… 201
　（2）　監視機能と財産金額計算 …………………………………… 203
4　む　す　び ……………………………………………………… 205

第9章　コーポレート・ガバナンスと静的会計
1　は じ め に ……………………………………………………… 209
2　会計情報提供面と静的会計 …………………………………… 209
　（1）　債権者に対する会計情報 …………………………………… 210
　（2）　株主に対する会計情報 ……………………………………… 212

3　利害関係調整機能と静的会計 ………………………………………… *213*
　　　（1）　財産一部処分計算と静的会計 …………………………………… *213*
　　　（2）　財産全部処分計算と静的会計 …………………………………… *222*
　　4　企業経営の監視機能と静的会計 ……………………………………… *228*
　　　（1）　財産管理責任の面 ………………………………………………… *228*
　　　（2）　財産実在証拠書類の面 …………………………………………… *229*
　　　（3）　リスク情報開示の面 ……………………………………………… *230*
　　5　む　　す　　び ………………………………………………………… *232*

Ⅳ　特殊会計制度と静的会計

第10章　ドイツ特殊会計制度と静的会計

　　1　は　じ　め　に …………………………………………………………… *239*
　　2　非常貸借対照表の概要 ………………………………………………… *239*
　　　（1）　非常貸借対照表作成の事由 ……………………………………… *239*
　　　（2）　非常貸借対照表の種類 …………………………………………… *240*
　　3　損失通告貸借対照表 …………………………………………………… *242*
　　　（1）　損失通告の法規定 ………………………………………………… *242*
　　　（2）　損失通告の定義 …………………………………………………… *243*
　　　（3）　損失通告における計上及び評価の原則 ………………………… *243*
　　4　債務超過貸借対照表 …………………………………………………… *246*
　　　（1）　法　的　基　盤 …………………………………………………… *246*
　　　（2）　債務超過の意味とその確定 ……………………………………… *247*
　　　（3）　債務超過の認識とその把握方法 ………………………………… *248*
　　　（4）　債務超過における貸借対照表項目の計上と評価 ……………… *248*
　　5　倒産法における会計 …………………………………………………… *251*
　　　（1）　序 …………………………………………………………………… *251*
　　　（2）　倒産法に基づく内部会計 ………………………………………… *252*
　　　（3）　倒産法における外部会計 ………………………………………… *253*

6　清算貸借対照表 ………………………………………………… 255
　　　（1）　清算開始の会計 ……………………………………………… 255
　　　（2）　清算手続完了後の会計 ……………………………………… 255
　　7　む　す　び …………………………………………………………… 257

第11章　ドイツ倒産法における債務超過の判定

　　1　は　じ　め　に ………………………………………………………… 261
　　2　ドイツ旧破産法と債務超過 ………………………………………… 261
　　　（1）　1855年プロシア破産法と債務超過 ………………………… 261
　　　（2）　1877年破産法と債務超過 …………………………………… 263
　　　（3）　1884年株式法改正・1892年有限会社法制定・
　　　　　　1897年商法と債務超過 ……………………………………… 265
　　　（4）　文献上における債務超過の判定に関する見解 …………… 266
　　3　ドイツ倒産法における債務超過 …………………………………… 268
　　　（1）　1985年倒産法委員会による債務超過 ── 三段階方式 …… 268
　　　（2）　1992年政府草案及び1994年法務委員会における債務超過 … 269
　　　（3）　現行倒産法における債務超過 ……………………………… 269
　　4　む　す　び …………………………………………………………… 281

第12章　ドイツ倒産法における支払不能の判定

　　1　は　じ　め　に ………………………………………………………… 289
　　2　支払不能及び支払不能の恐れに関する法規定 …………………… 289
　　　（1）　旧破産法の規定 ……………………………………………… 289
　　　（2）　倒　産　法　の　規　定 …………………………………………… 291
　　3　支払不能及び支払不能の恐れに関する判定方法 ………………… 294
　　　（1）　支払不能の判定方法 ………………………………………… 294
　　　（2）　支払不能の恐れに関する判定方法 ………………………… 297
　　4　む　す　び …………………………………………………………… 305

第13章 わが国の特殊会計と静的会計

1 はじめに …………………………………………………………… *311*
2 会社再建型手続と静的会計 ……………………………………… *311*
　（1）会社の整理 ………………………………………………… *311*
　（2）会社更生法 ………………………………………………… *313*
　（3）民事再生法 ………………………………………………… *316*
3 会社清算型手続と静的会計 ……………………………………… *319*
　（1）通常の清算手続 …………………………………………… *319*
　（2）特別清算手続 ……………………………………………… *321*
　（3）破産法 ……………………………………………………… *322*
4 むすび ……………………………………………………………… *324*

V 総括と展望

第14章 静的会計の論理と残された課題 ……………………… *331*

参　考　文　献　　（335）
用語索引・人名索引　　（343）

I 静的会計総説

第1章
静態論の潮流と種々相

1 はじめに

　周知の通り，ドイツ会計学を論じる場合に一つの重要なメルクマールは，貸借対照表をどのように捉えるかという問題である。この貸借対照表の見方（Bilanzauffassung）に関しては，これまで貸借対照表について利益計算を重視する考え方と，それとは対照的にある種の状態表示的側面を重視する考え方とが鋭く対立している。前者を動態論（dynamische Bilanzauffassung）といい，後者を静態論（statische Bilanzauffassung）という。従来，ドイツ会計学を静態論から動態論への発展史と解する見解が一般的である。たしかに，静態論及び動態論という用語自体をはじめて用いたのはシュマーレンバッハ（E. Schmalenbach）である。その後の貸借対照表論の進展を考えるとき，彼の主張する動態論が果たしてきた役割はきわめて大きいといわなければならないであろう。その意味で，既述の図式も十分首肯できるところである。

　けれども，それが静態論の完全な否定を意味するとすれば，それは必ずしも正鵠を射たものとはいいがたい。後述するように，静態論から動態論へという図式において，否定されたとされる静態論は，あくまである特定のタイプのそれにすぎないからである。言い換えれば，それ以外の多種多様な静態論のタイプが実は存在するだけでなく，今なお静態論はドイツにおいて論じられているのである。本章では，ドイツ会計学の主流を形成する動態論と著しく好対照をなす静態論に関するこれまでの潮流を概観するとともに，その様々な側面からみた種々相にも論究することにしたい。

2 商事貸借対照表の解釈と関連した静態論の発展

静態論の潮流を考察する場合，一つの有力な手掛かりとなるのは，それと商事貸借対照表（Handelsbilanz）との関係である。その理由は，ドイツ会計学の中心をなすのが貸借対照表法（Bilanzrecht）であり，静態論も実はある意味でそれとの関係で生成し発展してきたといっても過言ではないからである。そこで，その問題を取り上げるにあたって，まずオーバーブリンクマン（F. Oberbrinkmann）の所説について検討する。彼は過去から現在までに至る商事貸借対照表法の発展史との関係で，静態論及び動態論について詳しく論じているのである[1]。彼に従うと，静態論は次の2つの時代区分に整理される。1つは比較的古い文献における静態論であり，これは1861年普通ドイツ商法（Allgemeines Deutsches Handelsgesetzbuch）から1965年株式法（Aktienrecht）の制定までの期間に相当する。もう1つは，比較的最近の文献での静態論であり，これは1965年株式法の制定から1985年商法制定を経て今日に至るまでの期間に相当する。

（1） 比較的古い文献における静態論の時代区分

まず最初に比較的古い文献での静態論に関してである。オーバーブリンクマンはこの時代の静態論について次の3つの段階に整理する。すなわち，第1段階から第3段階までである。このうちで第1段階は，1861年普通ドイツ商法の制定からシュマーレンバッハ学説が登場するまでの期間である。第2段階は，シュマーレンバッハ学説が登場した1908年頃から，それが完成する1919年までの期間である。そして，第3段階は，シュマーレンバッハ学説が確立してから1965年株式法の改正までの期間である。以下，これに即してその内容をみていく。

① 第 1 段 階

いうまでもなく，普通ドイツ商法の制定はニュルンベルク会議のなかで活発

に議論された。このなかで提出されたのがプロシア草案とオーストリア草案であった。1856年プロシア第1草案の第33条では，1794年プロシア普通国法 (Preußisches Allgemeines Landrecht; ALR) に依拠してすべての商人に財産目録及び貸借対照表に計上される財産に関してその取得原価による評価が想定されていた。ところが，1857年プロシア第2草案第31条では債権者保護の見地から真実の財産状況 (wahre Vermögenslage) を把握するために，取得原価による財産評価基準に代えて，時価評価に基づく財産測定が重視されるようになったのである。他方，オーストリア草案第58条では財産目録及び貸借対照表に計上される商品や売掛債権などの財産に関して，真実価値 (wirklicher Werth) による評価が主張されたのである。

このような種々の草案の討議を通じて最終的に制定されたのが1861年普通ドイツ商法である。その結果として，第28条ではすべての商人に対して商業帳簿の作成が，また第29条では開業及び毎決算時点において財産と負債の関係を示す決算書 (Abschluß) としての財産目録及び貸借対照表の作成がそれぞれ義務づけられた。そして，第31条ではこの財産目録及び貸借対照表の作成に際して，すべての財産及び債権についてその作成時点での「付すべき価値」による評価が定められたのである。これらの規定をめぐって静態論的思考が重視されるようになったのである。

第1段階はさらに詳しく検討すると，前半と後半に分けられるとオーバーブリンクマンは考える。このうち前半では簿記及び貸借対照表に関する規定よりも，むしろ商業帳簿の証拠力 (Beweiskraft) に関心が置かれた。また貸借対照表規定に関していえば，法規定及びニュルンベルク会議の議事録を基礎として，商人自身に対する自己情報任務としての財産測定が一義的であるという見解が支配的であった。「この財産測定を支持する文献では，自己情報の内部で利益測定に全く独自の意義が与えられない[2]」のが特徴である。その結果，それは，普通ドイツ商法第107条における合名会社の利益測定に関する規定と直接的に関係づけられてはいないのである[3]。

その後，初期静態論との関係で重要なのは，有名な1873年帝国高等商事裁

判所（Reichsoberhandelsgericht）の判決である。このなかで注目すべきは以下の通りである。第1に，商人の貸借対照表はある特定時点において一方で財産状態の把握を直接的な目的とすると同時に，他方で異なる時点の貸借対照表の純財産比較に基づいて成果の測定にも間接的に役立つ点である。第2に，一般に財産評価にあたって客観的真実の財産表示の面から取引で獲得しうる時価ないし売却価値に基づいて評価する点である。いわゆる擬制的・瞬間的・一般的換価による思考（Idee einer fingierten augenblicklichen allgemeinen Realisierung）がこれである。第3に，その評価にあたって企業の清算を前提とせずに，企業の継続を前提とする点である。

このように，第1段階の前半では普通ドイツ商法規定及びその沿革，さらには1873年帝国高等商事裁判所の判決を中心として貸借対照表に関して真実な財産表示の面がとりわけ重視されていたことがわかる。ここにその大きな特徴が存するのである。なお，利益測定に関しては当初はそれを全く無視する立場と，1873年帝国高等商事裁判所の判決にみられるように，純財産の測定を主としながらも，その二時点間の比較に基づく利益測定を副次的に容認する立場とが混在していたようである。いずれにせよ，財産測定を中心とする考え方が支配的である。この点から事実上，ドイツ静態論が生成したといわれるゆえんである。また，財産評価については客観的な真実の財産表示目的から財産の時価評価が展開されていたのである。なお，この時期には企業の解散を前提とし，清算価値による財産評価を展開する学説も存在していたはずであるが，この点に関してオーバーブリンクマンは論及していない。

第1段階の前半から後半へのきっかけとなったのは，1871年に刑法典（Strafgesetz）のなかに罰則規定が設けられた点である。すなわち，商人が支払不能となったときに商業帳簿及び貸借対照表の作成を怠っていた場合には，詐欺破産として懲役に処せられるようになったのである（刑法第281～第283条）。この規定により，商業帳簿及び貸借対照表の作成が強制力を有するに至ったのである。支払不能の回避とそれによって債権者保護を目指すこの規定は，その後，1877年破産法（Konkursordnung）第209条・第210条に受け継がれたので

ある。この破産法における罰則規定との関係で，商法上の商人自身に対する自己情報義務に関する静態論的な新たな方向が示されてくるのである。その大きな特徴は，貸借対照表に関して財産測定だけを重視する傾向である。例えばピュシェルト（S. E. Puchelt）やカイスツナー（H. Keyszner）などのコンメンタールがそうである。また，1880年から1906年までの期間では帝国裁判所もまたもっぱら財産測定を中心とした貸借対照表解釈を前提としていたといわれる。

他方，このような財産測定を中心とした貸借対照表解釈と並んで，従来同様に二元的な貸借対照表観も文献及び判例で見出すことができる(4)。例えばリング（V. Ring）やゴールドシュミット（L. Goldschmidt）などがそうである。そこでの共通点は純財産の測定が一義的であり，成果測定はその純財産測定の結果として派生的に生じるあくまで副次的な地位として解されている。

商法上の貸借対照表の目的観に関するこのような相違点はあるにせよ，財産評価に関してはすでに触れた1873年の帝国高等商事裁判所の判決で明示された評価する者の主観的な要素を排除し，時価に基づく客観価値（objektiver Wert）を重視する傾向がこの第1段階の後半でも引き続き見出される。これとの関連で，販売価値として市場のなかで示される価値は事実上，継続企業のもとでの普通価値（gemeiner Wert）を意味するという，主として税務上の判決での見解がその後広まっていく。この普通価値はプロシア普通国法第112条で客観価値として論じられたものである。それは，ある財がその客観的性質上すべての所有者にとって有する価値を意味し，明らかに個人的な主観価値と対立する。その結果として，帝国高等商事裁判所の判決で明示された客観価値は，プロシア普通国法での普通価値と一致するという解釈が主張されるのである。

オーバーブリンクマンが指摘するこの第1段階は，筆者が主張する旧静態論（alte statische Bilanzauffassung）に該当する。そこでは，法律的会計思考を基底とし，財産表示に重点を置きながら，財産評価に関して時価主義に基づく財産価値論的アプローチをとるのがその特徴である。オーバーブリンクマンが触れていないこの時期に属するその他の論者として，ジモン（H. V. Simon），シュ

タウプ (H. Staub) 及びレーム (H. Rehm) がいる。ジモンは主観的個人価値説，またシュタウプ及びレームは営業価値説 (Geschäftswerttheorie) の提唱者として有名である[5]。

② 第 2 段 階

比較的に古い文献における静態論の第2段階は，オーバーブリンクマンによれば，シュマーレンバッハ学説の生成と密接に関係する。というのは，静態論 (Statik) 及び動態論 (Dynamik) という用語をはじめて用いて両者の貸借対照表の見方に関する根本的な違いを明確化したのはシュマーレンバッハだからである。ところで，この第2段階においては，次の2つの特徴があるとオーバーブリンクマンは考える。1つは，シュマーレンバッハによる静態論の概念規定に関してである。もう1つは，静態論の立場から貸借対照表法史に関する再構成が試みられる点である。

オーバーブリンクマンは，シュマーレンバッハが静態論について3つの異なる解釈を示すと解する。第1は，シュマーレンバッハの初期において商法上の商業帳簿及び貸借対照表規定を解釈しようとする時期においてみられる考え方である。特に彼の「簿記法の欠点」(1907/08年) と題する論文のなかでシュマーレンバッハは静態論を破産法に方向づけられた貸借対照表の見方と捉えるのである。つまり，「企業の破産時に債権者にとってのリスクは，財産状態に関する概観によって回避されるはずである。財産状況を知らないことがしばしば倒産の原因であろう。[6]」という考え方がこれである。

第2は，その後の論文，とりわけ「修繕の記帳」(1907/08年) 及び「減価償却」(1908/09年)，さらに「普通貸借対照表法について」(1916年) などの論文にみられる静態論の考え方である。そこでは，静態論を財産測定という貸借対照表任務をもつ考え方であると解するのである。その点に関してシュマーレンバッハは，普通ドイツ商法第28条における"財産の状態"あるいは第29条における"財産と負債の関係を示す決算書"にみられる財産概念について検討した結果，それが多義的で必ずしも明確でなく，貸借対照表法の要求からは役立ちうるものを見出すことができないと主張する。オーバーブリンクマンはシュ

2 商事貸借対照表の解釈と関連した静態論の発展　9

マーレンバッハによるこの静態論の概念規定の問題点を次のように指摘する。「シュマーレンバッハは，立法者が意図した上述の財産概念の目的方向を否定する。それによって同時に財産測定に彼が狭めて固定化し，静的と呼ぶ貸借対照表任務は法と結合できないと総括する。(7)」つまり，従来貸借対照表法においては財産測定を一義的とし，その結果に基づいて成果測定を副次的とする静態論的な解釈が一般的であったけれども，シュマーレンバッハは財産測定のみに静態論を限定しようとしたというわけである。これがシュマーレンバッハによる静態論の狭義的解釈にほかならない。

　第3は，その後の「普通価値に関する理論的研究」(1917/18年) と題する論文のなかで"真実価値"をもはや市場価値の意味ではなくて，将来収益価値 (Zukunftsertragswert) と捉える結果，静態論を貸借対照表法から全く切り離す考え方である。そして，ついにシュマーレンバッハは，「動的貸借対照表論の基盤」(1919年) の論文において静態論自体の説明を完全に放棄するに至るのである。この点に関してオーバーブリンクマンはシュマーレンバッハの静態論の概念規定を以下のように厳しく批判する。「彼の論考に基づいて，しかも将来に決定的な説明モデルとして引き合いに出される静的貸借対照表観は，この理由から貸借対照表任務として単に財産測定だけを含む。この時点まで広範囲に認められていた二元論は，成果測定の放棄によっても発展全体によっては正当づけられず，しかも限定された財産測定面に狭められる。(8)」

　このようなシュマーレンバッハによる静態論の概念規定と並行してこの時期において注目すべきは，貸借対照表規定をめぐってその生成史に関する理論形成と，静態論という用語はまだ定着していないにせよ，事実上その内容を包含する会計思考とが展開する点にその特徴がある。そのなかでオーバーブリンクマンはパッソウ (R. Passow)，コフェロ (R. Kovero)，リオン (M. Lion)，オスバール (W. Osbahr)，フィンダイセン (F. Findeisen) などの考え方を重視する。その理由はこうである。

　パッソウは，ドイツ貸借対照表法史において最も議論のあったいわゆる"付すべき価値"(1897年商法第40条) の解釈について真実の客観的売却価値を意味

すると結論づける。他方で，これが必ずしも取得原価評価を前提とした実務に適合せず，1897年商法第40条の規定の削除を提案し，これに代えて正規の企業運営の諸原則（Grundsätze der ordentlichen Geschäftsführung）に適した評価を主張するのである。また，パッソウはその当時の会計実務についても十分検討した結果，貸借対照表の意義として次のように解釈する。すなわち，第1に総額に基づく財産状態，つまり総資産と総負債の把握，第2に純財産の把握，そして第3に純財産の増加ないし減少としての損益の把握である。このパッソウの貸借対照表観は，オーバーブリンクマンによれば，その当時の静態論の現状を示すと解されている。特にこのパッソウにおいては，従来よりも利益測定により高い地位が与えられる。

この時期においてコフェロもまた静態論の立場を強調している。彼は，ニュルンベルク会議の審議内容を検討した結果，"付すべき価値"を真実価値と捉える。その場合，彼のいう真実価値は価値の真実性と現在性を有するものでなければならず，しかも従来の解釈のように販売市場を指向した時価としての客観的売却価値ではない。これとはむしろ対照的に調達市場を指向した時価，すなわち客観的現在取得価値（gegenwärtiger objektiver Anschaffungswert）としての再調達原価を主張するのがその特徴である。そして，かかる評価を前提とするときには，取得原価を中心とした会計実務との間に評価差額が生じる。両者間の調整を図るために，財産表示の見地から未実現損益の貸借対照表への表示がコフェロ学説において重要な課題となるのである。

リオンは商法と税法に組み込まれる法的な貸借対照表の意義について検討し，そこでは企業の純財産表示が一義的であるとみなす。その点から彼は明らかに静態論の立場に立つ。利益測定は貸借対照表の直接的な任務ではなく，二時点間の貸借対照表による比較によってはじめて利益測定が可能となるというのである。そこでは企業継続の前提で利益測定が行われる。これに対して，通説は"価値"のもとで真実の客観的売却価値を中心とすると解する。その結果，取得原価に基づく商慣習と商法上の評価規定とは結合しえないと主張する。

オスバールは，1897年商法第39条に基づいて商人には財産と負債の対照による純財産表示が要求され，その勘定表示は債務弁済能力の測定にもまた役立つと考える。商法上の評価に関しては客観的売却価値が絶対的貸借対照表真実性の面から要請されると解する。したがって，減価償却は二時点における客観的売却価値の差額として把握される。また，オスバールは従来の貸借対照表に関する種々の考え方についても類型化を試みている。その1つは既述のような純粋の商法的見解，2つめはジモンを中心とした法学的見解（法解釈に留意しながら経済的真実性の把握を目指す。），3つめはフィッシャー（R. Fischer）を念頭に置いた経済的見解（簿記問題として貸借対照表を捉える。），そして4つめは営利経済政策的見解（簿記と貸借対照表を営業管理手段として捉える。）である。

経営経済的税務論の創始者といわれるフィンダイセンを静態論の継承者とオーバーブリンクマンはみなす。というのは，1920年のライヒ所得税法の説明に触れて，フィンダイセンは利益を一会計期間の純財産増加であると主張するからである。

このように，比較的古い文献の第2段階では，一方で静態論的な貸借対照表任務のうちで副次的な利益測定を排除し，もっぱら財産測定任務のみに限定する考え方がそれ以降普及すると同時に，他方で貸借対照表法上の財産評価に関しては一般に時価に基づく財産測定を重視するシュマーレンバッハの考え方が支配的であったとオーバーブリンクマンは捉えるのである[9]。

③ 第 3 段 階

比較的古い文献における静態論の第3段階に至ると，従来とはやや異なる傾向が生じる。というのは，静態論はこれまで貸借対照表法との関係で重視されてきた会計思考であるのに対して，それとは異質の方向性が示されてくるからである。すなわち，法律的会計思考とは一応離れて，むしろ静態論は経営経済的思考と結合する方向が顕著になるのである。この辺の事情についてオーバーブリンクマンは次のように述べる。「論者は貸借対照表法の解釈問題から方向転換し，シュマーレンバッハに依拠して静的な貸借対照表論ないし貸借対照表理論と呼ばれる経営経済的考察に静的貸借対照表観を移行させる。[10]」

例えばテア・フェーン (V. ter Vehn) は，経営経済学者としてはじめて静的貸借対照表が未実現利益も考慮する財産計算であると規定している。さらに，この経営経済学としての静態論者として有名なル・クートル (W. le Coutre) は，実務の貸借対照表がけっして財産の判断に役立たず，しかも一会計期間に稼得された利益の一部しか示さないと主張する。その結果，実務の貸借対照表は企業の投下資本の維持を前提とした消費可能利益を示すと解される。それ故に，それは財産貸借対照表というよりは，むしろ資本貸借対照表 (Kapitalbilanz) としての性質を有すると解されるのである。そこでは特に財産及び資本の経営経済的機能や，経営管理のための貸借対照表分類論が特に強調される結果，逆に財産評価論に重点が置かれないのである。この点について「歴史的取得原価を同時的に擁護することに伴い，商事貸借対照表に関する主に静的解釈との根本的な差異が生じる[11]」とオーバーブリンクマンは述べる。

このような理由から，経営経済学における静態論は従来の貸借対照表法解釈とは異なる見方を示し，経営管理の一手段としての貸借対照表に関する静的側面が一層重視されるのである。そこでは，これまで主張されていたように，主として時価に方向づけられた財産測定を一義的とし，それに基づく純財産比較による利益測定を二義的とする静態論とは全く異質の内容を示すのである。その結果，「取得原価への方向性は概念上静的貸借対照表理論を静的貸借対照表法解釈から完全に分離させる[12]」とオーバーブリンクマンは述べている。

この第3段階は，筆者の主張する新静態論 (neue statische Bilanzauffassung) に該当する。これについては，次節で詳しく述べる。

(2) 比較的最近の文献における静態論の時代区分

比較的古い文献における静態論と対照的なのが，比較的最近の文献における静態論である。オーバーブリンクマンによれば，この起点は1965年株式法の改正である。これ以降，現在に至るまでの期間が比較的最近における静態論に属するとオーバーブリンクマンは規定する。さらに，彼はこの時期を次のように細分する。1つは1985年商法制定までの第1期である。もう1つは1985年

商法制定以降の第2期である。以下，それぞれの内容について検討する。
① 第1期における静態論
　第1期はおおむね次の前半と後半に細分される。前半は1965年株式法の制定から1970年代の中頃までの約10年間に相当する。これに対して，後半は1970年代中頃から1985年商法の制定までの期間である。
A 前　半　の　期　間

（イ）モクスターの　　この前半の期間において特徴的なのは，モクスター
　　"新静態論"構想　　（A. Moxter）が静態論の再構成を試みる点である。
　　　　　　　　　　　　彼は商業帳簿規定の意味を債権者保護の見地から破産法上の罰則規定のなかにみる。それによると，第1に全く帳簿をつけていない場合，第2にそれを破棄した場合，第3にそれを隠匿した場合，第4にそれから財産状況を認識できない場合，第5に適切な会計を怠る場合に，支払不能ないし破産したときには罰せられる（旧破産法第239条，第240条）。この規定を根拠にしてモクスターは，普通ドイツ商法第29条及び1897年商法第39条における貸借対照表の任務を明らかに静的な債務弁済能力の意味に解するのである。ここで問題となるのは，この債務弁済能力を解散財産（Zerschlagungsvermögen）の意味で捉えるのか，それとも継続財産の意味で捉えるのかである。
　このうちで継続財産の意味での債務弁済能力についてすでに論じたのがジモン学説であるとモクスターは考える。しかし，継続企業の前提では債務弁済能力の判定にとって決算時点で作成される貸借対照表は不十分であり，それには資金計画書（Finanzplan）が不可欠であると説く。これに対して，企業の解散を予定する場合にはじめて債務弁済能力の判定は有益となると彼は考える。既述の1873年帝国高等商事裁判所の判決で示されたこの企業の解散を前提として個別売却価値評価による財産評価が，債務弁済能力の判定に重要な手掛かりを提供すると彼は主張するのである。
　他方，有限責任を前提とする株式法上の計算規定に関してもモクスターは静態論の立場から説明する。いうまでもなく株式法の規定においては株主に対す

る配当規制（Ausschüttungssperre）が重要となる。この配当規制は静態論の基本思考を表現したものと彼は解するのである。つまり，債務弁済能力のコントロールは単に財産及び負債に関する情報に関係するだけでなく，債務弁済能力のリスクとの関係で配当規制にもまた関係するというのである。ここでは配当規制も実は債権者保護の見地に基づく責任財産の意味で静態論的に解されていることは注目すべきである。その結果，「株式法上の取得原価主義は最低責任財産の維持に対する中心価値としての個別売却価格に反しない。取得原価は価値評価の上限を制限し，それによって一般に個別売却価格を規制する。[13]」

このように，一般商人に対する財産の個別売却価格規定にせよ，株式法上の取得原価を中心とした配当規制にせよ，いずれもモクスターは債権者保護の見地に基づく債務弁済能力との関係で捉える点にその大きな特徴があるといってよい。彼がかかる考え方を"新静態論"（Neostatik）と呼ぶのは，かつて1873年の帝国高等商事裁判所の判決結果を再構成した理論であることに起因する。このモクスターの解釈について，オーバーブリンクマンは批判的である。その主な理由は，第1に1861年普通ドイツ商法の制定当時においては支払不能の防止策として経済状況に関する自己情報を一義的に商人に義務づけたにすぎず，けっして債務弁済能力に関する自己情報に限定していなかった点である。第2に，モクスターが貸借対照表の任務をもっぱら債務弁済能力という財産測定のみとみなし，その財産測定から誘導される成果測定を軽視する点である[14]。

なお，ここでモクスターの"新静態論"は，すでに触れた筆者のいう新静態論とは異質である点に留意する必要がある。というのは，前者はもっぱら商事貸借対照表の解釈と関連し，その再構成を企図した静態論であるのに対して，後者はむしろ商事貸借対照表の解釈との関連から独立した静態論を意味するからである。

(ロ) 1965年株式法及び1969年所得税法に基づく静態論解釈の方向

1965年株式法の計算規定のなかで注目すべき改正が行われた。第1は，第153条3項において自己創設

による無形財の計上が禁止されたのである。第2は第152条7項において引当金の計上が限定され，いわゆる費用性引当金（Aufwandsrückstellung）の計上が禁止されたのである。第3は第152条9項において借方計算限定項目（Rechnungsabgrenzungsposten）の計上が制限され，その計上に際しては費用期間の特定化が前提となったのである。このような改正点から，貸借対照表客観性（Bilanzobjektivierung）と，法的観察法（rechtliche Betrachtungsweise）が重視されるようになったのである。ここに従来支配的であった動的及び経営経済的な解釈を中心としたGoBが終焉する傾向が生じてきたのである。そして，この株式法の改正点を1969年の所得税法の改正も盛り込んだため，税務貸借対照表（Steuerbilanz）にも一段と動的支配の崩壊が決定的と解されるようになったのである。

これとの関連で注目すべき動向を示すのが連邦財政裁判所（Bundesfinanzhof）の判決内容である。なぜならば，商事貸借対照表法は，いわゆる基準性原則（Maßgeblichkeitsprinzip）を通じて税務上の判例の中心的な位置を占めるからである。その直接的な契機となったのが1969年6月24日の連邦財政裁判所の判決である。引当金の計上に際して動態論の見地から費用収益の対応原則ではなくて，ストックとしての厳格性，つまり法的な性質がその計上の要件とされたからである。これを通じて動態論から静態論への方向転換が印象づけられたのである。このような背景から，様々な形での"静態論"的会計思考が展開されるのである。

なかでも最も特徴的なのは，貸借対照表法上の種々の規定と，既述の連邦財政裁判所の判決で示された基本思考，すなわち経済観察法（wirtschaftliche Betrachtungsweise）である。ここで経済観察法とは，法解釈方法の判断との関係で法規定を理解するだけでなく，この法規定が適用される実情の判断にもなる考え方を指すといわれる。連邦財政裁判所が引当金問題で重視する経済観察法は，「経営経済的に特徴づけられる帰属方法ではない。むしろ，事業財産の増減が経済的に生じたかどうかが重要となり，法形式的な（formalrechtlich）債権債務の発生は重要ではないという一般的な思考に基づく。[15]」それ故に，経

済観察法ではあくまで法の目的が解釈の中心である。したがって，それは法認識の目的論的な方法（teleologische Methode der Rechtsfindung）として性格づけられるのである。

かかる法的意味での貸借対照表の性質が強まるにつれて，当然，貸借対照表の内容も変化せざるをえない。そこで再び登場するのが法的な意味での貸借対照表の性格づけに関連した"静態論"の重視である。

これを如実に示すのが経済観察法の結果として，静態論を経営経済的な動態論の逆とみる見解である。例えばミュンヘン連邦財政裁判所長のバイセ（H. Beisse）は適正な期間利益の測定を重視する会計思考を動態論，また特別な財産概観を伴う利益測定貸借対照表を静態論と規定する。商事貸借対照表法は個別売却原則を伝統とし，解散静態論を中心とするのに対して，税務貸借対照表法は継続静態論が決定的であるとバイセは理解している[16]。

ドイツ連邦会計検査院であるアイベルスホイザー（M. Eibelshäuser）は，1969年所得税法改正以降の連邦財政裁判所の判例を分析した結果，次のように結論づける。一方で有形財や無形財に関しては商法上の個別売却可能性を中心とする解散静態論に基づく厳格な静的思考を緩和して，継続静態論を前提として商人の判断を制限する客観性が要請される。これに対して，特に引当金に関しては法的意味における負債もしくは経済的発生原因の狭い解釈に方向づけられた限定的な負債概念に依拠しており，その意味でここでは依然として解散静態論に立脚すると解するのである。貸借対照表の借方側及び貸方側のいずれにおいても，客観性が考慮されているとアイベルスホイザーは主張するのである[17]。

連邦財政裁判所の判事であるグロー（M. Groh）は商事貸借対照表の一義的な目的を企業の成果に関する様々な利害関係者への情報提供と解する。その点から商事貸借対照表は，たしかに利益計算を中心とした動態論の様相を帯びる。しかし，グローに従うと，基準性原則に基づいて作成される税務貸借対照表は単に動態論だけでは性格づけることができないのである。というのは，連邦財政裁判所の様々な判決結果を分析した結果，それは彼のいう静態論的要素によって具体化され，客観化される必要があるからである。この期間限定原則に

対する具体化（Konkretisierung）と客観化（Objektivierung）を要請するのが彼のいう静態論的思考にほかならない。このフィルターを通してはじめて，商事貸借対照表は検証可能なものになるというのである。その一例を挙げれば，これまで費用収益の対応原則を中心に無形資産の広範囲な資産化が実務慣行であった。しかし，そのフィルターを通すと，その支出に相当する財貨的要件，たとえば利用権及び利用可能性が重要となる。また，借方計算限定項目の計上に際しては財貨要素に代えて特定期間への限定という客観的要素が重視される。この点は，引当金に関しても同様で，客観性の面から費用性引当金の計上は否定視されるのである。

　デッレーラー（G. Döllerer）によれば，株式法上の貸借対照表は，自己資本及び他人資本の関係表示という静態論的側面と，利益分配という動態論の二面性をもつ[18]。一般に貸借対照表に計上される項目とその評価を一義的に規制するのはたしかに動態論である。しかし，それだけが唯一ではない。たとえば借方計算限定項目の計上に際しては反対給付の価値をもつものだけに限定したり，あるいは債務性の項目のみに引当金を限定する静態論もまた無視できないとデッレーラーは主張するのである。

　ミュラー（W. Müller）は1965年株式法及び1969年所得税法に基づく連邦財政裁判所の判決に共通してみられる引当金に対する客観性の要請に着目する。彼は，債務弁済能力を重視する静態論の立場から，経済観察法に基づくこのような引当金規制が法の安定性に大いに資すると主張する[19]。

　このように，1965年株式法とそれを受けた1969年所得税法に基づいて連邦財政裁判所の判例内容が大きくシフトしたことに伴い，主に資産化及び負債化される項目の具体性及び客観性の面から静態論的会計思考がこの時期に一段と強調されるのである。

B　後半の期間

　1970年代の中頃から，モクスターは商事貸借対照表から税務貸借対照表及び貸借対照表判例（Bilanzrechtsprechung）に考察の対象の重点を移すようになるのである。これに伴い，既述のように1970年代の中頃までに展開されてき

た"新静態論"とはやや異なる考え方を彼は明示するのである。オーバーブリンクマンは，この"新静態論"で明示されたのとは異質の考え方を"抑制された静態論"(moderiert statische Bilanzauffassung) と呼ぶ。モクスター自身もそれを自己の論文で明示している[20]。以下，モクスターのこの新たな考え方について検討する。

ここでまず問題となるのは，何故に"抑制された静態論"と呼ばれるのかである。この点についてオーバーブリンクマンは次の諸点を指摘する。第1は，"新静態論"では企業の解散財産を問題としていたのに対して，この"抑制された静態論"では連邦財政裁判所の判決を基礎として継続企業を前提とする点である。第2は，商事貸借対照表の説明に関して従来は債権者保護の見地から破産防止という財産測定のみを出発点とし，利益測定を静態論の任務とみなしてはいなかったのに対して，税務貸借対照表においては成果測定を副次的な貸借対照表任務と見なす点である。第3は客観性の要請をこれまで以上に重視する点である。ただ，従来もその傾向はたしかにあったけれども，それとは異なる意味内容での強調がなされている。つまり，"新静態論"では個別売却可能な項目だけが貸借対照表に計上されるにすぎず，この個別売却可能な性質を有するか否かが客観性の判断基準そのものであった。これに対して，"抑制された静態論"では個別売却可能性の意味での客観性ではなくて，個別評価原則としての意味での客観性が重視されるのである。言い換えれば，客観性原則は個別評価に際して判断の制限を保証する意味で用いられるようになるのである。この3点に基づき，従来モクスターの"新静態論"において考察対象の中心であった解散財産から，新たに継続財産へ重点が移動したというのである。その結果，かつてジモン学説に対して批判していた継続財産を再び重視するため，モクスターが"抑制された静態論"という用語を用いたとオーバーブリンクマンは解するのである。

このような"抑制された静態論"において重要な役割を果たすのは用心の原則である。慎重な会計処理は，債権者保護の見地から静的な破産防止機能に適合するからである。したがって，この用心の原則が静態論の原則と解されるの

である。そして，この債権者保護にとって不可欠な用心の原則はいうまでもなく不均等原則（Imparitätsprinzip）及び低価原則（Niederstwertprinzip）も含むのである。

さて，この"抑制された静態論"のなかでとりわけ注目すべきは，実現原則（Realisationsprinzip）が実は用心の原則の具体化として静態論の原則として解される点である。つまり，実現原則は静態論における財産測定原則であるというのである。一般に実現原則は収益の実現と関係づけられるが，モクスターによれば，それは費用の実現も規制するのである。すなわち，彼の考え方はこうである[21]。支出が将来収益にもはや貢献しない時点ではじめて費用化され，逆に将来収益になお貢献する支出は資産化されるのである。この意味で，実現原則は一つの財産測定原則に発展するというのである。それ故に，「支出が将来収益に貢献すれば，それは資産化され，その資産化される金額は支出に基づくのである。支出対価（Ausgabengegenwert）の資産化は客観化に通じる。それによって，同時に主観的判断の影響が回避される。しかし，ある対価（Gegenwert）が獲得されるという主観的な説得は，資産化にとって十分ではない。むしろ支出の対価は十分に具体化されねばならない。資産化問題は経済的帰属に従うのであって，法的な観点には従わない。実現原則はこの経済的帰属を解明する。[22]」

これがモクスターの実現原則に対する捉え方である。これについてオーバーブリンクマンは次のように述べる。「モクスターは経済観察法と法形式的観察法を結合して実現原則を位置づける。それ故に，その意義は借方側に限定されず，それは決算日まで実現された販売に役立ったすべての将来支出の負債化も要請する。[23]」このような"抑制された静態論"に関してオーバーブリンクマンは次の点を批判する。第1は，従来同様に債務弁済能力を貸借対照表について重視しながらも，ここではこの財産測定のほかに新たに利益測定も考慮する点が"新静態論"の場合とは異なる。第2は，"抑制された静態論"では継続企業が前面に押し出されているが，しかしこの継続思考は動態論の特質を形成する。第3は，さらにモクスターの実現原則の説明も必ずしも時点的に関係づ

けられた静態論的な財産測定原則とはいえず，やはり動態論的な方向を示す。結局，オーバーブリンクマンはこの"抑制された静態論"について次のように批判するのである。「債務弁済コントロールという解散の仮定は，上述の原則（用心の原則，低価原則，不均等原則，実現原則，発生原因原則—筆者注）から生じる継続思考と矛盾しており，それは解決できない。継続財産の測定はモクスターの意味での債務弁済コントロールを保証しない。[24]」

② 第2期における静態論

1985年商法は，周知の通りEC会社法第4号指令及び第7号指令をドイツ国内法に変換するために改正された。このなかに，継続企業の仮定が明文化されたのである（商法第252条1項2号）。

これに伴い，モクスターは一層継続企業の仮定を強調する必要が生じたのである。また，一般商人に関して従来とは異なり，取得原価もしくは製造原価を中心とした財産評価も明記されたのである（商法第253条1項）。このような点を踏まえてモクスターはこれまでの考え方の新展開を試みるのである。これが彼の主張する分配静態論（Ausschüttungsstatik）にほかならない。ここでは静態論は利益測定にも役立つ財産貸借対照表と解されるのである。したがって，利益測定は，静態論にとって，毎年の財産計算から必然的に生じる副産物であり，利益は財産増加とみなされる。つまり，正当な利益測定は正当な財産測定も要請するのが静態論の特徴である。これに対して，経済的な所得理論に基づいて将来の平均的な所得の金額を目指す動態論によると，正当な利益測定は誤った財産測定に通じる結果をもたらすだけでなく，商法上要請される客観性の要求にもまた反するとモクスターは考えるのである。このような考え方を前提として，彼によれば，商法上，すべての商人は純財産と，用心及び客観性を特徴とする利益測定に基づく純財産増加による分配可能な金額を決定しなければならない。ここから商法上の貸借対照表が実質的に分配静態論としての性質を帯びるとモクスターは主張するのである。

そこで，彼はこの分配静態論に不可欠な計算基準として次の2つを指摘する。1つは実現原則及び不均等原則である。もう1つは客観性原則及び簡便性

原則 (Vereinfachungsprinzip) である。前者のうちで販売利益を法的利益とする実現原則は，用心の原則に合致し，GoB のシステムでは期間限定機能 (Abgrenzungsfunktion) としての役割を果たす。例えば，決算日以降の販売を増加させる支出は資産化されねばならず，また決算日以前に販売を増加させたが，しかし決算日以降になされる支出は負債化されねばならない。この実現原則は計上原則であるだけでなく，取得原価も要請する評価原則でもあり，販売への関係を通じて客観化され，しかも慎重な利益測定に役立つのが特徴である[25]。この実現原則を制限するのが不均等原則である。販売による裏付けがなくとも，販売以前の損失をあらかじめ考慮するのが不均等原則だからである。それ故に，不均等原則は用心の原則に関係する。

後者のうちで客観性原則は法の安定性から要請されるもので，主観的判断の制約をもたらす。例えば決算日原則 (Stichtagsprinzip)，個別評価原則，継続 (企業) 原則，継続性原則，さらに有償取得原則がこれに属する。商事貸借対照表は，経営経済的で動的な利益測定と対照的に，常にこの客観性を要求する。簡便性原則の具体例として彼は自己創設のれんの禁止を指摘する。

かかるモクスターの分配静態論についてもオーバーブリンクマンは次のように批判する。「株式法上の年度剰余額に関する規定 (株式法第58条) は，利益測定と利益処分との間の区別に基づく。分配可能利益については，貸借対照表任務として何ら直接的に一義的な重要性は生じない。債権者保護及び法取引の確保という貸借対照表目的の観点から商人に対して証拠と，総財産マイナス負債イコール純財産ならびに純財産の変動 (利益または損失) に示される自己の一般的な経済状況に関する自己情報を義務づけることが伝統的なドイツ貸借対照表法に合致する。[26]」このように，商事貸借対照表法史の面から，モクスターの分配静態論は妥当性を欠くとオーバーブリンクマンは主張するのである。また，利益測定を財産測定に優先させるモクスターの考え方自体，そもそも静態論の基本思考に反する点も併せてオーバーブリンクマンは指摘している。さらに，収入支出計算の期間限定原則としての主観的判断を制限する意味での客観性原則は，たしかにかつての静態論の伝統にマッチする。ただ，モクスターが

税務貸借対照表との関係で強調する実現原則解釈もまた，実は動態論を基礎とした説明であるとオーバーブリンクマンは理解するのである[27]。加えて客観性原則及び簡便性原則は学問というよりは，むしろ連邦財政裁判所の判例を中心に展開されたものである。つまり，"抑制された静態論"ではじめて登場したものである。したがって，その原則は商法上の文献では必ずしも妥当性をもたないというのである。

以上が，商事貸借対照表の解釈と関係する静態論の流れである。

3　商事貸借対照表の解釈から独立した静態論の発展

このような商事貸借対照表の解釈と関係する静態論の発展とは別に，実はその解釈から独立した静態論の流れも存在する。それについて，オーバーブリンクマンはすでに比較的古い静態論の第3段階のなかでごく簡単に取り上げている。これは筆者の主張する新静態論の流れに属すると解される。そこで，本節ではこの新静態論の発展と，それ以外のユニークないくつかの静態論について論及する。

（1）　新静態論の発展
①　新静態論の成立

法律的会計思考を中心とした旧静態論と対照的なのが，既述の通り経営経済的会計思考を中心とする新しいタイプの静態論，すなわち新静態論である。この点に関してオーバーブリンクマン自身もこの種の静態論にたしかに論及する。オーバーブリンクマンによれば，この時期はシュマーレンバッハ学説の確立以降の時期，つまり1920年代以降に相当すると理解する。しかし，私見ではこの種の新静態論の成立は実は20世紀初頭，実質的には1905年前後までにさかのぼることができる。言い換えれば，法律的会計思考を中心とする旧静態論が後退し，かつシュマーレンバッハ学説が台頭するほぼ同時期に，経営経済的会計思考を中心とする新静態論が生成したと解されるのである。具体的にい

えば，エーレンベルク（R. Ehrenberg）は「経済学における会社貸借対照表の意義」と題する1906年の論文[28]のなかで法律的会計思考とは異なる経営経済的側面からみた貸借対照表について論究しているのである。そこでは，企業の立場の重要性，貸借対照表は企業の資本調達及びその運用形態を示すという見方（以下，これを「資本調達・運用説」という。），さらには貸借対照表分析論的思考の萌芽も示している。

その後，このエーレンベルクの後を受けて1910年代前半にはパッソウ，ライトナー（F. Leitner），ニックリッシュ（H. Nicklisch），ゲルストナー（P. Gerstner）などが企業の立場，貸借対照表の見方として「資本調達・運用説」，そしてその見方と密接不可分な貸借対照表分析論を明示し，新静態論が事実上成立するのである[29]。しかも，この種の新静態論においては，財産の価値論的な説明を総じて放棄し，すでに取得原価評価を所与としたうえでの静態論的会計思考を重視するのが，その一般的特徴である。

② 新静態論の確立と展開

新静態論は1910年代後半から20年代にかけて一層強固な基盤を形成するに至る。それに大きく寄与したのはすでに触れたオスバール及びル・クートル[30]である。オスバールは企業の立場からみた貸借対照表論を提唱し，そのなかで「資本調達・運用説」を主張するだけではない。財産の保有目的に基づく貸借対照表分類論と，それに基づく具体的な貸借対照表分析論を展開するのである。例えば生産及び販売活動に直接的に貢献した資産額と，その運用によって得られた事業利益とによって算定される経営資本収益性がその一例である。さらに，基本的には取得原価評価を基調としながらも，財産の保有目的に応じて取得原価とは異なる評価を容認した評価自由の原則（Prinzip der Bewertungsfreiheit）も示唆している。

このオスバールの後を受けて文字通り新静態論を確立したのは，すでに触れたル・クートルである。彼によれば，実務の貸借対照表を考察した結果，それは時価評価を基調とした財産貸借対照表でもなければ，動態論者が主張するように一会計期間の稼得利益を示す利益貸借対照表でもない。むしろ，それは既

述の通り企業に投下された資本を維持してなお消費可能な利益を示す資本貸借対照表であると性格づけるのである。ここでは負債も投下資本の一種とみなした名目的な資本維持を想定するのである。加えて，彼はオスバールと同様に資本の機能及び任務に即した貸借対照表分類論を重視し，それとの関係でオスバールに比べてより精緻な貸借対照表分析論を展開している。企業の財務内容に関してその根幹的な特徴を表す体質（Konstitution）と，一時的な側面を示す情勢（Situation）とに分けてその分析方法を主張するのである。彼の学説が評価論よりはむしろ分類論ないし分析論と呼ばれるのはこの意味からである。

　さて，1920年代にほぼ確立したこの新静態論は1930年代に至ると，さらに展開するのである。その直接的な契機となったのが国家社会主義体制に基づく財産の経営管理的側面の強調である。この観点から，ル・クートルは「トターレ・ビランツレーレ」（totale Bilanzlehre）を主張するとともに，またトームス（W. Thoms）は1930年代後半に給付計算（Leistungsrechnung）を，そして1950年代ではそれを発展させた機能的勘定計算（funktionale Kontorechnung）を提唱するのである[31]。そこではいずれも通常の在高のみを示す貸借対照表だけに考察対象を限定しないのが特徴である。これ以外に前者では，資本運動もコントロールする目的から試算表や損益計算書も財務分析の対象に加わる。また，後者では，企業にとって重要な投資・流動性・成果に関する三者間の適切な管理目的から仕訳帳及び元帳に基づいて多種多様なビランツ作成方法を模索するのである。

（2）　その他の静態論の流れ

　商事貸借対照表の解釈との関連性及びそれとは独立した新静態論の流れのいずれにも属さないけれども，注目すべきその他の静態論の流れもある。ここでは，差しあたり貸借対照表の見方が$A-P=K$という資本等式に立脚しているものと，$A=P+K$という貸借対照表等式に立脚しているものとに区分して，その学説を整理する。

① 資本等式に基づくもの

まず資本等式に基づく見方に属するものについて論じる。

そのなかでシェアー（J.F. Schär）はユニークな考え方を明示している。簿記の説明について資本等式の完成者といわれるシェアーは，一方で財産価値論に基づく時価評価論を指向し，貸借対照表に関して純財産の二面的表示を主張すると同時に，他方で貸借対照表の説明において明らかに貸借対照表等式に基づく「資本調達・運用説」に類する見方も示唆している[32]。したがって，彼の学説を旧静態論と新静態論の跛行的関係と捉えることができる。ここで"跛行的関係"と呼んだのは，旧静態論と新静態論の結合関係が必ずしも並行的で対等ではなく，むしろ両者の関係が旧静態論にややウェイトを置きながら，新静態論を補足的に位置づけたと解されるからである。

ゼベリンク（K. Sewering）もまたユニークな考え方を統一的貸借対照表論（einheitliche Bilanzlehre）のなかで主張している[33]。企業の財務内容が健全で良好なときには，いうまでもなく企業にとって一義的に重要なのは損益計算である。これに対して，企業の財務内容が悪化してくると，事情は異なる。ここでは倒産の危険性が増すので，損益計算よりもむしろ企業の解散を前提とした会計思考，つまり財産の売却価額による評価が重視される。したがって，前者は動態論としての側面を，また後者は旧静態論としての側面をそれぞれ示したものといってよい。そこで，ゼベリンクは両者を結合させた統一的貸借対照表論を提唱するのである。すなわち，財産の売却価値評価と実務上の利益計算の見地に基づく取得原価との調整がこれである。その結果，両評価額の差額は未実現利益の形で一種の積立金として処理されるのである。

② 貸借対照表等式に基づくもの

貸借対照表等式に基づく様々な静態論もいくつか存在する。

1つは，A＝Pという会計学説に立脚した静態論である。これに属するのはベルリーナー（M. Berliner）と1930年代におけるニックリッシュである[34]。ベルリーナーによれば，決算貸借対照表はそもそも企業の清算を想定して行われるもので，それ故に決算貸借対照表は解散財産とそれに対する処分計画案

(Verteilungsplan) を示すのである。その結果，貸借対照表の貸方側は企業の解散を予定した場合の財産処分計画案という面から，すべて返済されるとみなされている。つまり，そこでは A＝P という考え方に立脚しているといってよい。また，後期のニックリッシュにおいても，本源的経営は家計であり，その派生的経営としての企業は本来的に資本をもたず，ただ家計からの資本拠出分を預かり管理しているにすぎないとする考え方を示すので，やはり A＝P としての会計学説と捉えることができるのである。

　コフェロもすでにオーバーブリンクマンの説明のなかで触れた通り，客観的現在取得価値説に基づく時価論を提唱している[35]。ただ，ゼベリンクと同様に再調達原価と取得原価との差額を未実現利益として資本の部に計上するのが特徴である。同様にシュミット（F. Schmidt）も同一企業の設立を想定した場合に必要となる資本総額の意味における資本計算を重視するので，再調達原価に基づく時価評価を主張している。

　モール（H. Mohr）とヘルリ（H. Herrli）もかなり独特の考え方を明示している。すなわち，自己創設のれんのオンバランス化がこれである[36]。自己創設のれんの計算にあたっては，収益還元価値に基づく計算方法を両者とも重視する。静態論的にみて，自己創設のれんは明らかに企業の財産としての性質を有する以上，そのオンバランス化が必要不可欠であると説くのである。したがって，その学説を暖簾学説と呼ぶことができる。

③ **財産目録重視思考**

　静態論は元来，貸借対照表を中心にその財産計算もしくは資本計算を重視する会計思考であるといわれる。しかし，現実の貸借対照表あるいは実務の貸借対照表は必ずしも純粋の静態論そのものを示すわけではなく，それ以外の要素も加味した混在化した内容を事実上示しているという見解がある。言い換えれば，貸借対照表は表面的には財産と負債を示すけれども，その内容に関しては例えば利益計算面からの要請で厳密に財産もしくは負債といえない項目も貸借対照表には含まれる可能性があるという。そこで，この不純物を含む貸借対照表に代えて，純粋の財産及び負債の項目だけを収容した財産目録に着目するの

がティードシェン（S. Tiedchen）の見解である[37]。債権者保護の見地からみて，財産目録に収容すべきものは金銭執行の対象となる財産のみをその回収可能性に基づいて財産目録に計上すべきであると，彼女は主張する。なお，彼女はさらに未決取引や販売取引に基づかない未実現財産，注文数なども債権者にとって有用な会計情報となるので，それらを財産目録の補遺のなかで示すことを提案する。

4 むすび

（1） 静態論の系譜と特徴

以上の論旨から，静態論の流れとその特徴を整理すれば次の通りである。

第1に，静態論の流れを商事貸借対照表との関係で捉えると，それは1861年普通ドイツ商法制定から1965年株式法の制定までの期間と，1965年株式法の制定から現在までに至る期間とに分けて考えることができる。前者はさらにシュマーレンバッハ学説の形成を基軸として第1段階から第3段階までに細分される。この時期の静態論は，商事貸借対照表との結びつきが強く，法律的会計思考を中心として財産価値論的アプローチを重視した旧静態論が展開される。また後者は，1965年株式法改正及び1969年所得税法改正に伴う会計処理基準の変更を契機として，1985年商法改正前までの第1期とその改正後の第2期とに区分することができる。ここでは様々な静態論解釈を通じて商事貸借対照表との関係が強化される。とりわけモクスターを中心に静態論を現行の商事貸借対照表に関する理論的解明に積極的に役立てようとするのがその特徴である。したがって，その意味でいわば制度静態論とも解することができよう。

第2に，商事貸借対照表から独立した静態論の流れもある。これは20世紀初頭に生成し発展した新静態論が主としてこれに該当する。これは，経営経済的思考を中心に貸借対照表分析論を指向する点にその特徴がある。また，旧静態論・制度静態論及び新静態論のいずれの系譜にも属さないそれ以外のユニークな静態論も少なからず存在する。

これが静態論の系譜と特徴である。

（2） 静態論の意味

以下において，静態論の意味について検討する。

静態論の第1の意味は，1910年代後半以降にシュマーレンバッハが主張したように，企業全体価値の評価としてそれを捉える，いわば最広義の考え方である。つまり，各財産の個別評価を想定せずに，企業全体の評価として静態論を理解するのである。その結果，将来収益の資本還元価値計算がそこでは中心となるのである。しかし，この意味での静態論は必ずしも今日では一般的ではない。むしろ，一般に個別財産評価を前提として貸借対照表の状態表示的側面を重視する会計思考が静態論であると解されている。

個別評価を前提とする意味での静態論にも，実は次の2つの考え方がある。1つめは狭義の静態論である。すなわち，貸借対照表に関してある種の状態表示的側面のみを強調する考え方である。したがって，これはもっぱら財産計算を重視した一元論である。かつて，この見解は1861年普通ドイツ商法の制定以降にたしかに存在していた。しかし，それはどちらかというと少数説であったようである。この狭義的な静態論を普及させ決定づけたのは1907年頃から1910年代前半にかけてのシュマーレンバッハである。ただし，この意味での静態論において財産計算の内容をどのように解するかに関しては，必ずしも一様ではない。既述のように，総財産または総資本を中心とした見解，資産及び負債にウェイトを置く見解，その差額たる純財産を重視する見解など多種多様である。

このような狭義の静態論のほかに，2つめに広義の静態論もある。それは，財産計算と並んで損益計算についても視野に入れた，いわば二元的静態論である。これは，財産計算と損益計算の関係をどのように考えるのかによって，さらに次の2つのタイプに分けられる。1つは財産計算を主，損益計算を従とみるタイプである。この見解に従うと，損益計算は財産計算の結果として事後的且つ副次的なものと位置づけられる。この見解を支持するのはジモン，オー

4 むすび　29

バーブリンクマン，ケーネンベルク (A.G. Coenenberg)[38] などである。これに対して，財産計算と損益計算との間には主従関係ではなくて，対等関係があるとみるタイプもある。この立場を主張するのは例えば分配静態論を展開するモクスターである。彼の考え方はこうである。開業貸借対照表ではたしかに全く利益の算定は問題とならず，それは純粋の財産在高計算 (reine Vermögensbestandsrechnung) である。ところが，「それ以降に作成される決算貸借対照表 (Folgebilanz) は，開業貸借対照表と異なり，財産測定原則及び利益測定原則による二元論 (Dualismus) によって特徴づけられる。決算貸借対照表では，財産在高計算が利益計算によって相対化され，しかもこれが再び財産在高計算によって相対化される。[39]」かかる二元論的意味での静態論において注意すべきは，財産計算と損益計算との対等関係を前提とするといっても，そこでの損益計算はあくまで財産計算によって規定される関係にある点である。それ故に，利益は在高計算によって算定され，規制される結果となるのである。言い換えれば，そこでの利益計算はけっして収益費用計算ではないのである。クリーム (B. Kliem) もまたこのようなモクスターと同じ考え方を示している[40]。モクスターに従うと，この意味での二元的な静態論に対立する動態論は，期間利益の比較可能性の見地から経営管理に役立つ損益計算とかなり限定的に規定されるのである。いずれにせよ，二元的な静態論においては，損益計算も内包する点にその特徴がある。

　ただ，この場合において財産計算を主とし損益計算を従とする見解では特に問題はないとしても，両者の対等性を前提とする見解では若干問題を含んでいる。というのは，経営管理の見地から動態論を期間利益の比較可能性を問題とした収益費用計算に基づく損益計算と狭く解釈するからである。その結果，すでに触れた狭義の一元的な静態論解釈の立場に立てば，財産計算と損益計算の対等性に基づく二元論的な静態論は明らかに利益計算を含んでいる。したがって，たとえその利益の算定方法が在高計算によって規制されるにせよ，それが利益計算であることには変わりはない。このため，その意味における二元論的静態論は動態論的側面を内包すると解されるからである。このように，静態論

及び動態論をそれぞれ規定するに際して，そのなかに両者の関係をどのように解するか否かによって，静態論及び動態論の概念規定とその範囲も自ずから異なる可能性があることを指摘しておかなければならないであろう。

その一例を示すのがモクスターによる静態論解釈の変遷である。当初，彼は解散静態論の再評価を通じて狭義の一元論的静態論を想定していたと解される。その後，これは，"抑制された静態論"では継続企業に基づく税務貸借対照表の解釈にあたって財産計算を主とし利益計算を従とする意味での二元論的静態論に変質したのである。そして，1985年商法の制定を契機として分配静態論では，財産計算と損益計算の対等性に着目した二元論的静態論にさらに変化したと解されるのである。

（3） 静態論の分類

このような静態論はいろいろな角度から整理することができる。

その第1は，すでに静態論の系譜で触れた通り，主として法律的会計思考を中心とした旧静態論と，主として経営経済的会計思考を中心とした新静態論とに大別することができる。この点についてモクスターは，前者について旧静的・法律的貸借対照表機能 (alte statisch-juristische Bilanzfunktion)，後者について静的・経営経済的貸借対照表観 (statisch-betriebswirtschaftliche Bilanzauffassung) と呼ぶ[41]。なお，モクスターは1873年帝国高等商事裁判所による解散静態論を中心とした法的規定の解釈については新静的貸借対照表論 (neostatische Bilanztheorie) と名づけている。第2に，同じくモクスターは静態論を財産評価論の面から原初的静態論 (naive Statik) と現代的静態論 (moderne Statik) に区別する[42]。前者は財産測定に関して時価評価を予定した時価静態論 (Zeitstatik) の性格を帯びるのに対して，後者は分配可能利益の面から実現原則を中心とした原価静態論の性格を帯びる。第3に，静態論は，企業の解散を前提とした解散静態論と，企業の継続を前提とした継続静態論に区別できる。第4に，静態論は立論の根拠から存在論的静態論と規範論的静態論に分けられる。第5に，静態論は静的見方から貸借対照表等式的静態論と資本等式的静態論に

整理することができる。第6に，静態論は貸借対照表の作成基盤から財産目録中心的静態論と簿記中心的静態論とに分けられる。

以上が種々の側面に即した静態論に関する主な分類である。

(4) 静態論の機能

さて，最後に静態論の機能に関して考察する。

まず第1の機能として貸借対照表全体の見方として静態論は積極的な役割を果たす。もちろん，その貸借対照表全体をどのように捉えるかに関しては，種々の見方が存在し，必ずしも一様ではない。その点はともかく，それが貸借対照表解釈に大いに資することは多言を要しないであろう。そして，これとの関係でいえば，例えば「資本調達・運用説」は1つの有力な見方を示しており，その見方に関連して展開される貸借対照表分析論もまた重要な意義を有する。逆にいえば，動態論の主張するように，貸借対照表全体を利益測定のみの面から規定することは難しいことを意味するのである。

第2に，静態論は会計情報の提供面から重要な役割を果たしている。近年強調されている資産負債アプローチ（asset-liability approach）では貸借対照表がきわめて重視される。このため，期末時点における時価ベースによるストック情報の開示が要請されるのである。この面と静態論は無関係ではない。たとえば，その他有価証券の時価評価と，それに伴ういわゆる資本直入はまさにその一端を示すといってよい。また，資産及び負債すべてに関する公正価値（fair value）による評価を主張する考え方もこの流れに属するとみることができよう。なお，有用な会計情報の提供面からは，貸借対照表上の資産及び負債とは異なる範囲及び評価を収容しうる財産目録を開示させて，さらなるストック情報の充実を図る方向も一考に値する[43]。

第3に，静態論は一般に個別財産評価を前提とするけれども，個別財産評価に基づいて総資産額ないし総資本額の適正な算定に関係する。いわゆる資本在高計算としての機能がこれである[44]。この面はROIやROEの算定上重要な側面といってよい。

第4に，静態論は財産処分計算とも関係する(45)。企業の解散を前提とした場合には，企業財産すべてに関する財産全部処分計算が問題となる。これに対して，企業の継続を前提とした場合には企業の維持に支障をきたさない形での財産の一部処分計算が問題となると解される。これは実は配当規制と大いに関連する問題である。株式会社では獲得された利益が配当の財源であり，株主が払い込んだ資本の配当は原則として禁止される。ところが，わが国の平成13年商法改正に伴い，その他資本剰余金及び法定限度額を超える資本準備金も，新たに配当の原資となることになった。したがって，株主の払込資本の一部も配当財源となる一方，また獲得された利益のうちで法的に積み立てねばならない利益準備金は配当規制される。このように，わが国の改正商法では，債権者保護思考を堅持しつつ，企業維持を損なわない範囲での財産一部処分計算が一段とクローズ・アップされているといってよい(46)。これはまさしく静態論的会計思考と関係するといえよう。

静態論はこのような4つの機能を有するのである。

以上の諸点からみて，静態論は，今なお動態論と並んで重要な意義を有すると結論づけることができるのである。

〔注〕

(1) 彼の文献は次の通りである。F. Oberbrinkmann, Statische und dynamische Interpretation der Handelsbilanz, Düsseldorf, 1990年。この彼の学説の概要については，拙稿，「ドイツ貸借対照表法の発展と貸借対照表観」『商学集志』（日本大学商学研究会），第67巻第2号，平成9年9月，1～25頁参照。

(2) F. Oberbrinkmann, 前掲書注(1)，83頁。

(3) この点に関してオーバーブリンクマンは批判的である。その理由は，貸借対照表法の発展史からみると，利益測定は企業の経済状態に関する自己情報として認められており，財産測定を一義的としながらも，それとの関係で利益測定は二義的地位をもつと主張する（F. Oberbrinkmann, 前掲書注(1)，84頁）。

(4) F. Oberbrinkmann, 前掲書注(1)，94頁。

(5) これらの文献は以下の通りである。H. V. Simon, Die Bilanzen der Aktiengesellschaften und der Kommanditgesellschaften auf Aktien, 第2版, Berlin, 1898年,

294〜295頁。H. Staub, Kommentar zur Allgemeinen Deutschen Handelsgesetzbuch, 第3・4版, Berlin, 1896年, 65〜66頁。H. Rehm, Die Bilanzen der Aktiengesellschaften, 第1版, München, 1903年, 59頁。なお，この学説の詳細は拙著，『静的貸借対照表論の研究』森山書店，平成8年，第1部（15〜81頁）参照。

(6) F. Oberbrinkmann, 前掲書注(1), 108頁。
(7) F. Oberbrinkmann, 前掲書注(1), 109頁。
(8) F. Oberbrinkmann, 前掲書注(1), 110頁。
(9) F. Oberbrinkmann, 前掲書注(1), 123頁。
(10) F. Oberbrinkmann, 前掲書注(1), 121頁。
(11) F. Oberbrinkmann, 前掲書注(1), 122頁。
(12) F. Oberbrinkmann, 前掲書注(1), 124頁。
(13) F. Oberbrinkmann, 前掲書注(1), 224頁。
(14) F. Oberbrinkmann, 前掲書注(1), 223頁。"新静態論"の考え方についてオーバーブリンクマンは次のように結論づけている。「総じてモクスターの静的解釈は，一部にしか歴史的な再検討の結果と調和しえない。文言，意味の関係づけ，生成史に基づく法律上の解釈の試みの方向で貸借対照表任務及び貸借対照表構想を測定する彼の試論は，歴史的な貸借対照表法の発展，法律資料及び文献や，判例の解釈の分析を十分に考慮していないために本質的に失敗している。帝国高等商事裁判所及びジモンのコンメンタールについての狭義的解釈は貸借対照表法解釈の構成要素ではない。モクスターが述べる貸借対照表観は，それによって貸借対照表法解釈のプロセスで展開された"静的"貸借対照表法観に合致しない。」(F. Oberbrinkmann, 前掲書注(1), 226頁)
(15) F. Oberbrinkmann, 前掲書注(1), 235頁。
(16) この詳細については，拙著，『現代静的会計論』森山書店，平成11年, 49〜50頁参照。
(17) この点については，拙著，前掲書注(16), 417〜418頁参照。
(18) F. Oberbrinkmann, 前掲書注(1), 239頁。
(19) F. Oberbrinkmann, 前掲書注(1), 244〜245頁。
(20) モクスターはそれを次の論文で示している。A. Moxter, Ist bei drohendem Unternehmenszusammenbruch das bilanzrechtliche Prinzip der Unternehmensfortführung aufzugeben?, in: Die Wirtschaftsprüfung, 第33巻第13号, 1980年7月, 346頁。
(21)(22) F. Oberbrinkmann, 前掲書注(1), 255頁。

(23) F. Oberbrinkmann, 前掲書注（1），256頁。
(24) F. Oberbrinkmann, 前掲書注（1），258頁。
(25) F. Oberbrinkmann, 前掲書注（1），279頁。
(26) F. Oberbrinkmann, 前掲書注（1），283頁。
(27) F. Oberbrinkmann, 前掲書注（1），285頁。
(28) R. Ehrenberg, Bedeutung geschäftlicher Bilanzen für die Wirtschaft-Wissenschaften, R. Ehrenberg編, Thünen-Archiv（Organ für exakte Wirtschaftsforschung），第1巻, Jena, 1906年, 521頁。なお, 新静態論の発展については, 拙著, 前掲書注（5），第2部参照。
(29) R. Passow, Die Bilanzen der privaten Unternehmungen, 第1版, Leipzig, 1910年, 69頁。
F. Leitner, Bilanztechnik und Bilanzkritik, 第1版, Berlin, 1911年, 10～11頁。
H. Nicklisch, Allgemeine kaufmännische Betriebslehre als Privatwirtschaftslehre des Handels（und der Industrie），第1巻, 第1版, Leipzig, 1912年, 201～202頁。
P. Gerstner, Bilanz-Analyse, 第1版, Berlin, 1912年, 4頁。
(30) W. Osbahr, Die Bilanz vom Standpunkt der Unternehmung, 第2版, Berlin, 1918年, 12頁。W. le Coutre, Grundzüge der Bilanzkunde, 第1巻, 第2版, Leipzig, 1927年, 88頁。
(31) W. le Coutre, Totale Bilanzlehre, K. Bott編, Lexikon des kaufmännische Rechnungswesens, 第2巻, 第1版, Stuttgart, 1940年, 所収, 2563頁以下。W. Thoms, Das Buchen und Bilanzieren der funktionalen Kontorechnung, Herne/Berlin, 1955年, 5頁。
(32) J. F. Schär, Buchhaltung und Bilanz, 第4版, Berlin, 1921年, 145頁。
(33) K. Sewering, Die Einheitsbilanz, Leipzig, 1925年, 45頁。
(34) M. Berliner, Buchhaltungs- und Bilanzen-Lehre, 第3版, Hannover/Leipzig, 1911年, 63頁。
H. Nicklisch, Die Betriebswirtschaft, 第7版, Stuttgart, 1932年, 375頁。
(35) I, Kovero, Die Bewertung der Vermögensgegenstände in den Jahresbilanzen der privaten Unternehmungen, Berlin, 1912年, 116頁。
(36) H. Mohr, Bilanz und immaterielle Werte, Berlin/Wien, 1927年, 97頁。H. Herrli, Die Façonwerte in der Bilanz, Bern, 1933年, 9頁。
(37) S. Tiedchen, Der Vermögensgegenstand im Handelsbilanzrecht, Köln, 1991年, 56～57頁。

(38) A. G. Coenenberg, Jahresabschluß und Jahresabschlußanalyse, 第17版, Landberg /Lech, 2000 年, 1082～1086 頁.
(39) A. Moxter, Bilanzrechtsprechung, 第4版, Tübingen, 1996 年, 7 頁.
(40) クリームは静態論を絶対的静的貸借対照表（absolut statische Bilanz）と修正された静的貸借対照表（modifiziert statische Bilanz）に大別したうえで，後者については原則として財産測定と成果測定の対等性を認めている（G. Kliem, Bilanzielle Rechnungsabgrenzung, Frankfurt am Main, 2000 年, 14～19 頁).
(41) A. Moxter, Bilanztheorien, statisch, in: E. Kosiol編, Handwörterbuch des Rechnungswesens, 第2版, Stuttgart, 1981 年, 所収, 299～300 頁.
(42) A. Moxter, Das Realisationsprinzip-1884 und heute, in: Betriebs-Berater, 第39巻第28号, 1984 年10月, 1782 頁.
(43) この詳細については，拙著，『現代財産目録論』森山書店，平成14年, 205頁参照.
(44) この詳細については，拙著，前掲書注(5)，551頁以下参照.
(45) この詳細については，拙著，前掲書注(16)，563頁以下参照.
(46) 平成15年10月に公表された「会社法制の現代化に関する要綱試案」によると，利益を財源とする利益配当及び中間配当と，資本を財源とする資本及び法定準備金の減少を伴う払戻し等は，株主に対する剰余金を財源とする「会社財産の払戻し」として整理していた（要綱試案第4部・第5・1(1)）。平成16年12月の「会社法制の現代化に関する要網案」では，株主に対する金銭等の分配（現行の利益の配当，中間配当，資本及び準備金の減少に伴う払戻し）及び自己株式の有償取得を「剰余金の分配」として統一的に財源規制すると整理していた（要網案第2部・第6・1）。なお，平成17年6月に成立した「新会社法」では，「剰余金の配当」という表現を用いている（新会社法第453条・第454条）。

第2章
静態論の種類

1 はじめに

　静態論は，一般に貸借対照表に関してある種の状態表示的側面を重視する会計思考である。これに対して，動態論は総じて貸借対照表に関して利益計算思考を強調した会計思考である。ドイツ会計学はこの静態論と動態論との対立という形で発展してきたといってよい。これまで動態論が中心であるとする見解が支配的である。その結果，今日において静態論は重視されねばならないにもかかわらず，動態論に比べて軽視される傾向にある。しかも，その解明は必ずしも十全とはいえない。そこで，本章では静態論の多様性について，その基礎的前提面，会計の基本思考面，そして貸借対照表作成の具体面というべき3つの角度から静態論を整理し，静態論の多様的側面について検討することにしたい。

2 基礎的前提面に基づく静態論分類

（1） 存在論的静態論と規範論的静態論

　まず会計に対する基礎的前提面に基づく静態論分類について取り上げる。
　貸借対照表の状態表示機能を重視する場合，どのような会計理論を前提とするのかによって，静態論は次の2つに大別できる。1つは存在論的静態論である。これは実務で作成されている貸借対照表についての説明理論にウェイトを置いた静態論である。これに対して，規範論的静態論も考えられる。これは，

実務で作成されている貸借対照表を直接的に問題とせずに，むしろそのあるべき姿ないしその改善に着目した静態論である。

前者の方向を示したのが，すでに触れたパッソウ，ライトナー，ゲルストナー及びル・クートルなどの学説である[1]。これらはいずれも現実の実務で作成されている貸借対照表に関して状態表示的側面を重視し，その静的解釈を一義的とみなす点で共通する。一方，後者の方向を示すのは，コフェロ，ゼベリンク・モール及びヘルリなどの学説である。これらはいずれも実務で作成されている貸借対照表ではなくて，むしろ貸借対照表の状態表示機能をよりよく発揮させるための改善案を提唱する点で共通する。例えばコフェロは，消費者が支払う価格が財貨の最終的な製造コストであり，それまでは一種の生産プロセスであるという国民経済的立場から，客観的現在取得価値という再調達原価による財産評価を主張する[2]。ゼベリンクは，企業の存続に危険性がないときには成果計算が優位性をもつけれども，企業の存続に危険性があり財務内容が悪化したときには財産計算が重視されるという立場から，企業の財務内容に関して結合的・相対的な（kombiniert relativ）財産評価を展開する[3]。モール及びヘルリは，制度上その計上が否定視されている自己創設のれんの資産化を主張している[4]。

（2） 解散静態論と継続静態論

基礎的前提面からは，さらに静態論を解散静態論（Zerschlagungsstatik）と継続静態論（Fortführungsstatik）に区別することができる[5]。いうまでもなく，前者は企業の解散を予定した場合の静態論である。後者は企業の継続を前提とした場合の静態論である。前者においては，企業の倒産というフィクションから出発とし，貸借対照表上の資産は債権者に対する担保資産とみなされる。一方，モクスターによれば，後者に着目するのはジモンである。モクスターはそれについて次のように述べる。「ジモンによると，商人は毎年の貸借対照表作成に際して自己の財産が債権者にとって価値を有するものはどれか，したがって企業はいかなる債権者への担保財産を破産状況のときに具現化しているかに

は関心がない。むしろ商人は，企業が自己にとって価値あるものは何か，企業がいかなる財産を自己に対して具現化しているのかについて知ろうとする。債権者への担保財産ではなくて，商人の財産が毎年の貸借対照表作成に際して求められる。[6]」

この解散静態論と継続静態論の区別に関しては，わが国ではそれほど認識されてこなかった嫌いがある。というのは，静態論は本来的には解散静態論しか存在せず，継続静態論を全く軽視する傾向がこれまで強かったからである。そして，この解散静態論の否定として動態論が支配的となったとするドグマが一般的通説を形成しているのである。この通説に従うと，そもそも解散静態論を意味する静態論は過去の遺物でしかなく，現在では完全に否定されたと解するのである。しかし，このような静態論に関する考え方は不当であり，一面的なそしりは免れえないであろう。

また，解散静態論の見直しが進められてきている。例えば監査基準の改正に伴い，新たに監査人は継続企業の前提に重大な疑義を抱かせる事象及び状況について適切に開示しなければならないことになった。これは，ある意味で一種の解散静態論の重要性もしくはその再評価を間接的に示唆したとも解される。

（3） 決算静態論と非常静態論

存在論的静態論及び規範論的静態論，解散静態論及び継続静態論と並んで軽視できないのは，決算静態論と非常静態論との区別である。前者は期間計算を前提として当該期末時点での定期的な静態論を想定したものである。これに対して，後者は臨時的に特別な事由から問題となる静態論である。いわゆる年次貸借対照表と非常貸借対照表に対応させて，この決算静態論と非常静態論を筆者が名づけたものである。

一般に静態論といえば，決算静態論を指す場合が多い。しかし，この静態論は決算静態論だけに限定されるわけではない。特別な事由で臨時的に作成される財務表のうちにも特殊会計としての静態論と密接に関連するものもある。例えば清算貸借対照表（Liquidationsbilanz）及び清算財産目録，破産貸借対照表

及び破産財産目録などがその典型である。このほかにもドイツ法では純財産が資本の2分の1を下回るときに作成されねばならない損失通告貸借対照表（Verlustanzeigebilanz）（ドイツ株式法第92条1項）や企業が債務超過に陥った際に作成が義務づけられている債務超過貸借対照表（Überschuldungsbilanz）（ドイツ株式法第92条2項），さらには企業の倒産時に倒産管財人が作成しなければならない財産一覧表[7]（Vermögensübersicht）（ドイツ倒産法第153条1項）もこの系統に属するといってよい。

なお，ここで留意する必要があるのは，非常貸借対照表のすべてが非常静態論ではない点である。この非常貸借対照表として作成されるものには例えば合併貸借対照表のように必ずしも非常静態論に属さないものも存在するからである。

3　会計の基本思考面に基づく静態論分類

（1）　法律的静態論と経営経済的静態論

次に，会計の基本思考面からも静態論を分類することができる。

第1に，貸借対照表に関する状態表示的機能について法律が規制する貸借対照表を予定する場合と，そうでない場合とが考えられる。前者が法律的静態論である。これに対して，法律的規制を受けずに純粋の経営経済的立場から貸借対照表に接近する静態論もある。これが経営経済的静態論である[8]。

この点に関して，モクスターによれば，法律的静態論の原点は1873年の有名な高等商事裁判所の判決とみなされる。そこではすべての積極項目及び消極項目に関して擬制的・瞬間的・一般的換価に基づくが，しかし事実上清算ではなくて営業活動の継続を前提として財産が評価されねばならないという判決が下されたのである[9]。その後，この法律的静態論はジモンの個人的主観価値説に継承されていくのである。一方，経営経済的静態論に属するのは，モクスターによるとオスバール，ニックリッシュ，そしてル・クートルとみなされる。例えばオスバールは企業の立場から貸借対照表を企業の貨幣経済的構造の

表示と捉えるのである(10)。この経営経済的静態論では,特に貸借対照表の内容を直接的に経営管理の情報要求に方向づける傾向がある。

(2) 旧静態論と新静態論

第2に,貸借対照表に関する静的な見方をめぐって次の2つの区別が考えられる。第1章で触れた旧静態論及び新静態論による区別がこれである(11)。グーテンベルク (E. Gutenberg) によると,前者は法律規定を出発として貸借対照表に関して財産計算的見解 (vermögensrechnerische Auffassung) を重視する立場とみなされる。これに属するのは法律学者の大多数と,ジモン,レーム,シュタウプ等による商法の注解者とされる。また,経営経済学者のなかでもニックリッシュ及びシェアーもこの系列に属するとされる(12)。他方,後者の新静態論は貸借対照表について原則として財産計算に代えて資本計算 (Kapitalrechnung) と捉え,そこでの財産は単に資本の具現形態と解される。この考え方を端的に示すのがル・クートルである。また資本状況を示すのが貸借対照表である以上,この新静態論では貸借対照表は財務分析の対象として重視されることもその特徴である(13)。

このように,貸借対照表の見方に関して主として財産計算に着目するのか,あるいは資本計算に注目するのかによって,それぞれ旧静態論と新静態論が区別されるのである。その場合,この旧静態論はすでに触れた法律的静態論と,また新静態論も経営経済的静態論をそれぞれベースとする点も無視できない。その意味で両者は関連性をもつといってよい。ただ,法律的会計思考がすべて旧静態論を,また経営経済的会計思考がすべて新静態論を直ちに指向するとは限らない。既述の通り,グーテンベルクによると,経営経済学者としてのシェアー及びニックリッシュは財産計算中心の静的見方,すなわち旧静態論に属するからである。もっとも,シェアー及びニックリッシュにおいても貸借対照表に関して資本計算的側面が全く欠如しているとは必ずしも断定できない。実は両者ともそれを明確に示唆しているからである(14)。その結果,依然として法律的静態論は旧静態論と,そして経営経済的静態論は新静態論とそれぞれ関係

をもつことは否定できない。

なお, "新静態論"という用語に関して, モクスターは上述した意味とは異なる内容でそれを用いている。彼は, すでに触れた1873年の帝国高等商事裁判所の有名な判決を起点として法律的会計思考の再構成を目指して, 1985年商法改正前の貸借対照表法解釈を"新静態論"と呼ぶのである。「旧法律的静態論機能が再び全面に現れ, この意味で"新静態論"という[15]」と彼は述べる。彼によると, 「新静態論の対象は貸借対照表法における任務と規定との関係である。法的貸借対照表規定の役割を分析することがそのベースである。それ故に, 法解釈が行われるが, しかしこれに基づいて法の形成 (Rechtsfortbildung) も行われる。[16]」要するに, モクスターのいう"新静態論"[17]はわが国の制度会計を前提として, いわば制度静態論ともいうべき内容を具体的に指すと考えられるのである。

(3) 狭義の静態論と広義の静態論

第3に, 静態論はそもそも状態表示的側面のみを強調する会計思考なのか, それともそれに反しない限り利益計算も包摂するのかという点からも区別することができる。ここでは前者を狭義の静態論, 後者を広義の静態論と呼ぶことにする。

前者が現在では一般的な考え方といってよい。これを確立したのはいうまでもなくシュマーレンバッハである。しかし, この解釈が唯一の見解ではない。歴史的にみると, シュマーレンバッハが静態論を規定するまでは, 必ずしもそうではなかったようである。実はそれとは異なる考え方がその当時は一般的であった。具体的にいうと, 貸借対照表に関して状態表示的側面に加えて利益計算もある程度視野に入れた見方が中心的であったからである。いわゆる広義の静態論がこれにほかならない。これにも実は次の2つのタイプがある。

その1つのタイプは財産計算もしくは資本計算が主で, 損益計算はあくまで従とみる考え方である。つまり, そこでは損益計算は財産計算もしくは資本計算の結果として事後的且つ副次的なものとして位置づけられるのである。これ

を支持するのはかつてはジモン，現在ではすでに論究したオーバーブリンクマン，ケーネンベルク等である。例えばオーバーブリンクマンはシュマーレンバッハが登場するまでの商法上の文献を渉猟した結果，次のように述べる。「指摘した注釈及び判決は，共通して貸借対照表任務の内部で純財産の測定の支配を示す。表現の的確さには差異はあるけれども，成果測定は貸借対照表作成上，派生的で副次的な誘導結果（Folgeergebnis）として説明される。(18)」

もう1つのタイプは，財産計算もしくは資本計算と損益計算との間には主従関係がなく，むしろ両者はほぼ対等関係にあるとする考え方である。この立場を支持するのは，1985年に改正された商法を前提として一般商人及び資本会社の貸借対照表を等しく分配静態論と規定するモクスターである。彼の考え方によると，開業貸借対照表はそもそも全く利益計算が問題とならない純粋の財産在高計算である。ところが，「それ以降に作成される貸借対照表は開業貸借対照表とは異なり，財産測定原則及び利益測定原則による二元論によって特徴づけられる。決算貸借対照表では，財産在高計算が利益計算によって相対化され，しかもこれが再び財産在高計算によって相対化される。そこには容易に見落とされる1つの相互関係がある。つまり，法的な意味での貸借対照表の利益は，やはり外見上から（純）財産増加として示され，したがって財産測定原則によって決定されるようにみえる。にもかかわらず，利益測定原則を支配する実現原則に基づいて，販売によって裏づけられた純財産増加のみが考慮されるにすぎない。(19)」このような財産計算もしくは資本計算と損益計算との対等関係を前提とする二元論的意味における静態論においては，損益計算が財産計算によって規制される関係である点は注意を要する。別言すれば，そこでの損益計算はけっして収益費用計算を予定していないのである。同じくクリームもモクスターと同じ立場に立つ(20)。

このように，狭義の静態論は財産計算もしくは資本計算のみを一面的に重視するのに対して，広義の静態論はそれと並んで損益計算を従または対等に捉える二元論的性質を帯びるのがその特徴である。

(4) 債権者静態論と株主静態論

　第4に，静的面の報告対象を債権者に置くのか，それとも株主に置くのかによって，静態論を債権者静態論と株主静態論とに区別することができる。前者では主として企業債務弁済能力が重要となり，これに基づく会計情報の提供が中心となる。これに対して後者では，株主の払い込んだ資本の運用状況が関心の中心となる。その結果，経営者には株主からの受託資本の運用結果に関する明確化が要求される。

　また，企業の財務内容が悪化したときには，それに伴う会計情報の提供が債権者及び株主に必要となる。例えば，ドイツ法では損失が資本の2分の1に達するときには，損失通告義務がある（株式法第92条1項）。また，企業が債務超過に陥るときには債務超過貸借対照表の作成も義務づけられる（倒産法第19条2項）。そして，当該企業が将来的に再建が可能であるのか，あるいは清算しなければならないのかに関する財務データを債権者及び株主に提供する必要がある。

(5) 債務弁済判定静態論と分配静態論

　モクスターによれば，静態論は次の2つに大別される。1つは債務弁済判定（Schulddeckungskontrolle）に重点を置いた静態論である。もう1つは企業が分配可能利益（ausschüttungsbarer oder verteilbarer Gewinn）に重点を置いた静態論である。

　前者では企業の債務弁済能力ないし支払能力が重要となる。これにはさらに次の2つのタイプに細分される。1つは継続企業を前提とした債務弁済判定静態論である。継続貸借対照表でもたしかに流動性分類を通じてある程度将来の収入及び支出に対する1つの手掛かりを示す。その限りでは，それは債務弁済能力，つまり資金計画の拠り所となりうる。しかし，継続貸借対照表は資金計画そのものではもちろんない。したがって，「継続貸借対照表が将来の収支を完全に示すように作成することは無意味であろう。[21]」

　これに対して，債務弁済判定を解散貸借対照表に関して考えることができ

る。ここではすべての資産は個別売却可能性原則に従って評価される。但し用心の原則の適用により資産として疑わしい項目については，その計上は過小評価されたり，あるいは禁止される。また疑わしい負債についてはそれが計上されるか，あるいは過大評価される[22]。

　後者に関しても前者と同様に2つのタイプがある。

　1つは有限責任の企業を対象とし，しかも解散を想定するタイプである。ここでは破産状況を前提として解散資産と解散負債との関係から債務超過が生じているときに，分配は規制される。解散の仮定により，資産はすべて個別売却可能性で評価されるが，用心の原則に基づいて資産については最低価原則が，また負債については最高価値原則がそれぞれ適用される。さらに貸借対照表作成者の判断の裁量の余地や濫用を回避するために，厳格な客観性が要請される[23]。その結果，資産の範囲は物財及び特定の権利に制限され，それは取得原価もしくはそれを下回る普通価値で評価される。モクスターによると，「分配規制貸借対照表は，慎重を強調した客観性に特徴づけられた解散貸借対照表である。もちろん，客観性が重視されるので，継続財産貸借対照表との境界は不明確となる。[24]」

　もう1つのタイプは継続貸借対照表に関して分配可能な利益を測定する考え方である。1985年ドイツ商法の改正に伴い，有限責任を前提とする資本会社だけでなく，一般商人に関しても取得原価を中心とした評価規定が設けられた（商法第253条1項）。この点に注目し，分配静態論がすべての企業にとって一義的となったとモクスターは解するのである。すなわち，そこでは実現原則と不均等原則が重要となる。実現原則は利益の発生を販売の具体化に関係づけ，また不均等原則は実現時点以前における費用の見越を要請する。この点について，「これらの特性をもつ財産及び利益の測定はその分配測定機能を考慮する場合にだけ意義を有するものとして適用されうるにすぎない。それ以外に原則として考えられる財産及び利益の測定目的はそれとは両立しない[25]」と彼は述べる。

4 貸借対照表作成面に基づく静態論分類

（1） 財産目録静態論と簿記静態論

　貸借対照表作成面からも静態論を分類することができる。

　第1に，貸借対照表作成の基盤を何に求めるかによって，静態論は次の2つに分類できる。1つは財産目録を貸借対照表の作成基盤とみる考え方である。これを財産目録静態論と呼ぶ。他の1つは複式簿記記録を貸借対照表の作成基盤とみる考え方である。これを簿記静態論と呼ぶ。

　静態論では前者が一般的であるといわれる。というのは，貸借対照表の状態表示的側面を重視する静態論にとっては，期末時点で財産の実地棚卸を前提とした財産目録に基づいて貸借対照表を作成するのがその考え方により適合するからである。例えば静態論者のなかでオスバール，ル・クートル，コフェロなどといったその大半がそれを支持している。これに対して，少数説ながら後者を主張する論者もいる。たとえばジモン及びゲルストナー等がその代表者である。ここで留意すべきは，簿記静態論といっても，そこでは財産目録が全く不要であることを意味するわけではない。複式簿記による財産の記録たる当在高を実在高に修正するためには，やはり財産目録が不可欠だからである。ただ，これは簿記記録を単に修正する手段にすぎず，貸借対照表の作成基盤は依然として簿記とみるのがその特徴である。

（2） 貸借対照表等式静態論と資本等式静態論

　第2に，貸借対照表に関する静的見方から，静態論を次の2つに区別できる。1つは資産＝負債＋資本という貸借対照表等式に立脚した静態論である。他の1つは資産－負債＝資本という資本等式に立脚した静態論である。

　前者の代表者はニックリッシュ，ゲルストナー，ル・クートル，ベルリーナーなどである。このうちで負債を資本的に解釈し，資産＝資本（広義）という総資本概念を前提とするのはニックリッシュ，ゲルストナー及びル・クート

ルである。これに対して，資本を負債的に解釈し，資産＝負債（広義）という考え方を示すのはベルリーナーである。ベルリーナーによれば，貸借対照表は企業の擬制的清算を前提として処分される資産総額とその処分計画を示したものと解される。後者の代表者はシェアー及びジモンである。このうちでシェアーは，一方で資産及び負債という具体的側面から，他方で名目資本という抽象的側面から資本の二重表示を重視する。ジモンは資産及び負債を最終的には資本を算定するための計算要素と解している。近年，アングロサクソン会計において強調されている資産負債アプローチは，資産負債にウェイトを置く会計思考であって，もちろんこの資本等式静態論に属するといってよい。

（3） 財産価値静態論と財産価値否定静態論

　第3に，財産評価に関して財産価値論的アプローチをとるのか否かによっても静態論を区別することができる。財産価値論的アプローチを重視する考え方を財産価値静態論，それを否定する考え方を財産価値否定静態論と呼ぶ。

　前者の財産価値静態論は主として19世紀中頃において制定された1861年普通ドイツ商法第31条における「付すべき価値」の解釈をめぐって展開されたものである。いわゆる客観価値としての清算価値説を出発とし，その後企業の継続のもとでジモンの個人的主観価値説，そして再び客観価値化を目指してシュタウプ及びレームによる営業価値説へ発展したことは前章で論及した通りである。これは，すでに触れた法律的静態論もしくは旧静態論に属している。この財産価値論的アプローチはその後においても一部の論者によって主張されている。客観的現在取得価値を提唱するコフェロがその一人である。経営経済学者としてのニックリッシュ及びオスバールもまたこの財産価値論的アプローチを重視している。一方，この財産価値論的アプローチに批判的ないし否定的な静態論もある。これを主張するのは例えばル・クートルやゲルストナーである。取得原価を中心とした評価論の説明にはこの財産価値論的アプローチは必ずしも適切ではないと解されるからである。

　1970年代以降において現在原価会計（current cost accounting）が展開された。

そのなかで「企業にとっての価値」(value to the business) が重視され、いわゆる剥奪価値 (deprival value) が注目された。これは財産価値論的アプローチの一種であり、財産価値静態論とある意味で接点をもつと考えられる。

近年、ローズ (P. Rouse) は伝統的な法的意味での財産権 (property right) とは異なり、経済的意味での財産権に着目する。彼はそれを利益獲得の権利としての消費権もしくは利用権 (right to consum or use)、資産形態を変換させる権利としての転換権 (right to convert)、そしてそれを売却する権利としての譲渡権 (right to alienate) の3つから成ると理解する。このような財産権に基づいて、彼はリース資産及び未履行契約のオンバランス化を説明する。この彼の考え方もある意味で財産価値静態論の系統に属すると捉えることができるであろう。

また、最近ではいわゆる公正価値会計 (fair value accounting) が強調されてきている。ここで公正価値とは一般に財産が強制または清算による売却以外の現在取引において購入（発生）または売却（決済）される金額を指す。その結果、市場性があるときには当該市場価格が、また市場性がないときには将来キャッシュ・フローの現在価値が公正価値とみなされる[26]。このような公正価値会計は明らかに財産価値アプローチを前提としており、財産価値静態論と接点をもつと解されるのである。

いずれにせよ、財産価値アプローチが現在では主流を形成しており、財産価値静態論との関係は軽視できないのである。ただ一点、ここで留意すべき事柄がある。これらの近年における財産価値論的アプローチが"財産価値"に注目する点で、たしかに財産価値静態論との関連性が強い。しかし、貸借対照表全体の解釈として静的目的ではなくて、むしろ動的目的、つまり利益計算を措定しているときには問題が生じる。というのは、各財産に対する価値論的アプローチが結局、利益計算を中心とした動態論と関連づけて解されるからである。具体的にいうと、公正価値で各財産を評価する一義的な主要目的が例えば包括利益 (comprehensive income) の算定自体に重きが置かれる場合がこれに該当する。

(4) 時価静態論と原価静態論

第4に,静態論は財産評価に関して時価を重視する時価静態論と,原価を重視する原価静態論とに分類できる。これは財産価値静態論と財産価値否定静態論とにほぼ対応する。別言すれば,財産価値論的アプローチは総じて時価評価を思考する傾向が強いのに対して,財産価値論的アプローチを否定する考え方は原価評価に比較的になじむからである。

しかし,この関係は常に成り立つとは限らない。例えばニックリッシュは一貫して財産価値論をベースとしながらも,その具体的な評価として原価評価を予定している。この点は基本的にはオスバールも類似している。これに対して,時価評価を主張する場合には,総じて財産価値論が一般的である。ただ,シュミットはたしかに財産価値論的側面を明示する。しかし,企業は国民経済の一分肢であり企業の財産評価はこの国民経済としての市場経済,つまり市場価格に左右されるという立場から,彼は価値よりもむしろ価格に重点を置くともいわれる[27]。

(5) 全面時価静態論と部分時価静態論

第5に,時価を財産評価に適用する場合,静態論をさらに次の2つの種類に細分できる。1つは財産すべてに関して一律時価を適用する静態論,すなわち全面時価静態論である。他の1つは財産の一部にだけ時価評価を適用する静態論,すなわち部分時価静態論である。

前者の傾向を示すものにもいくつかのタイプがある。その1は,企業の解散を前提として清算価値で評価するタイプである。その2は,企業の継続のもとで正常な営業状態において当該財産の売却価格による評価を予定するタイプである。すでに触れた1873年の帝国高等裁判所による判決がこれに該当する。その3は,保有財産と同一物を新たに取得したと仮定した際に支出しなければならない価格,つまり再調達原価による評価を予定するタイプである。コフェロやシュミットがこれを主張する。その4は,当該財産を利用した場合にそれが将来もたらすキャッシュ・フローを現在価値に割り引いた価値で評価するタ

イプである。パーペ（E. Pape）がこれに該当する。また，全面時価静態論では，各財産について上述の時価を一元的に適用させる場合と，公正価値会計にみられるように，各財産の適性に応じて時価を多元的に適用する場合とが考えられる。

これに対して，後者の部分時価静態論においては，ジモンの主張するように使用資産については取得原価を，また販売資産についてはその売却価格で評価するという二元的な見解もある。ゼベリンクは非償却固定資産・販売資産などについてはその売却価格で，償却性固定資産についてはその取得原価を中心とする二元的見解を主張している。いずれにせよ，部分時価静態論は時価と原価とが混在した折衷的な評価論としての性質を帯びるのである。

（6） 財産評価静態論と財務分析静態論

第6に，静態論に関する重点の置き方によっては，それを次の2つに分類することもできる。1つは貸借対照表の状態表示的側面を重視するのが静態論である以上，それとの関係で財産評価を重視した静態論である。これを財産評価静態論と呼ぶ。もう1つは，すでに実務で作成された貸借対照表を前提として貸借対照表のなかから積極的にその状態表示的側面を求めるとする考え方もある。これが貸借対照表分析論に着目した財務分析静態論である。

ドイツ貸借対照表論史上，貸借対照表の目的を何に求めるかをめぐって静態論と動態論との対立が生じたことは既述の通りである。その結果，貸借対照表の目的観の違いにより，必然的にその財産評価も異なると考えられたのである。その意味では，財産評価問題が静態論と動態論とのそれぞれの会計思考における中心的な問題であるといってよい。事実，この点から会計学，とりわけドイツ貸借対照表論は展開されてきたのである。財産評価静態論はその点から主流を形成するのである。

しかし，これだけが静態論ではない。それとは異なる方向の静態論も存在するのである。これが財務分析静態論である。この点の事情についてゲルストナーは次のように述べる。「貸借対照表論者は全くほとんど貸借対照表の内容

の判断問題や，(単に計算的ではなく) その私経済的批判を完全に無視してきたのであり，あるいは全くその課題として取り組んではこなかったのである。ほんのわずかな者だけが経済的貸借対照表分析や判断に若干のページを割いたにすぎず，これに反してその他の者は，全くわずかな，たいてい厳密な学問的な研究ではなくて，かなり実践的な研究においてこの非常に重要な問題に関心を寄せることを試みたのである。(28)」要するに，これは貸借対照表を通じて主に静態比率を用いた財務分析的思考を示したものといってよい。また，これを有効に実施するためには，貸借対照表の分類も重要となる。この点に関してル・クートルは次のように述べる。「静的貸借対照表論はその他の貸借対照表論と対照的に評価論というよりは，むしろ全く意図的に分類論 (Gliederungslehre) である。(29)」

(7) 財産全部処分静態論と財産一部処分静態論

第7に，企業の財産処分に関して企業の解散を前提とするのか，それとも企業の継続を前提とするのかによって，静態論を次の2つに区別することができる。1つは企業の解散を前提とするときには，もちろん資産総額の全部処分が問題となる。これを財産全部処分静態論という。これに対して，企業の継続を前提とするときには，企業の存続に支障がない形で，いわば企業維持を損なわない形での財産処分，すなわち財産一部処分が問題となる。これを財産一部処分静態論と呼ぶ。

前者においては，処分すべき財産総額の換金価値をまず仮定したうえで，その総額を債権者に対してその優先順位を考慮して処分する必要がある。それに処分してもなお残余分が存在すれば，株主に対してその所有持株数に応じて按分して処分される。また，処分すべき資産総額が負債を下回るときには，債権者の利害衝突が生じないように，適正にその処分を決定する必要がある。

一方，後者に関しては理論上難しい問題が含まれている。どの範囲まで資産総額のうちで処分してよいのかについては，利害関係者の対立があるからである。一般に資産総額から負債総額を控除した純財産のうちで，当期であれ過年

度であれ営業活動から獲得した資本の純増加分，すなわち利益相当分が処分の対象となる。この点から株主が払い込んだ資本から区別されるこの利益の範囲をどのように決定するかが，会計上きわめて重要な課題となるのである。言い換えれば，利益相当部分が財産一部処分計算の中核を形成する。

　しかし，最近のわが国における商法改正では，従来の取扱に大きな変化が生じた。株主の払込資本の一種とみなされる資本準備金が一定の条件のもとで株主に対する処分財源となり，同様にその他資本剰余金も株主総会の決議により処分財源となったからである。他方で旧商法では欠損塡補及び資本組入以外には取り崩すことができなかった利益準備金も，一定の条件をクリアーすれば株主に対する処分財源として認められるように取扱が変わった。この点との関連で平成16年12月に公表された「会社法制の現代化に関する要綱案」によると，株主に対する金銭等の分配（現行の利益の配当，中間配当，資本及び準備金の減少に伴う払戻し）及び自己株式の有償取得を，「剰余金の分配」として整理していた[30]。平成17年6月に成立した「新会社法」では，この「剰余金の分配」に代えて，「剰余金の配当」という表現が用いられている（新会社法第453条，第454条）。

　これまでは会計上及び商法上も同じく株主の払い込んだ資本は例外を除き，原則として処分の対象とならず，その取り崩しには厳しい規制があった。いわゆる資本と利益の区別がこれである。その結果，営業活動で得られた資本の純増加を示す利益のみが配当財源だったのである。この区別が既述の商法改正に伴い変更されることになったのである[31]。

5　む　す　び

　以上，静態論の種類について考察した。その結果を要約すれば以下の通りである。

　まず静態論についてその基礎的前提面からは次の3つの分類が可能となる。第1は，会計実務上の説明理論に関心があるのか，それともその改善あるいは

5 むすび

あるべき姿に関心があるのかによって，存在論的静態論と規範論的静態論とによる分類である。第2は，企業の解散を前提とするか否かによって，解散静態論と継続静態論とによる分類である。第3は，決算時点における静態論なのか，それともそれとは異なる特定の臨時時点を想定するかにより，決算静態論と非常静態論による分類である。

次に会計の基本思考面から静態論を分類すると，以下のように整理できる。第1は，主として法律的会計思考に重点を置くのか，あるいはそれと対立する経営経済的会計思考に重点を置くのかによって，法律的静態論と経営経済的静態論による分類である。第2は，貸借対照表の静的見方について財産計算を中心とする旧静態論と，資本計算を中心とする新静態論による分類である。第3は，純粋に財産計算もしくは資本計算のみを重視する狭義の静態論と，そのほかにそれらを損なわない形で利益計算も一定の条件で加味する広義の静態論とによる分類である。第4は，特に利害関係者との関係で債権者静態論と，株主静態論による分類である。第5は，債務弁済能力にウェイトを置いた静態論と分配可能利益の算定に着目した静態論による分類である。

さらに貸借対照表の作成面に基づいて静態論は次のように分類できる。第1は，貸借対照表作成の基盤を財産目録に求める静態論と，複式簿記記録にそれを求める静態論とによる分類である。第2は，貸借対照表の静的見方に基づく貸借対照表等式静態論と資本等式静態論による分類である。第3は，財産評価について財産価値アプローチに着目する静態論と，それを否定的に捉える静態論とによる分類である。第4は，財産評価に関して時価を重視する時価静態論と原価を重視する原価静態論による分類である。第5は，時価評価の適用範囲を資産負債のすべてに適用させる全面時価静態論と，その一部の項目だけにそれを適用させる部分時価静態論とによる分類である。前者のタイプには，すべての財産に関して統一的時価を用いる考え方と，各財産の特性に応じて異なる時価評価を予定する考え方とに細分される。また，後者には，部分時価評価についてアウトプット・バリュー系統を前提とするタイプと，インプット・バリュー系統を前提とするタイプとが存在する。第6は，財産評価に重点を置く

財産評価静態論と，むしろ貸借対照表分析的な側面を強調した財務分析静態論による分類である。第7は，資産のどの範囲を処分の対象とするのかによって，財産全部処分静態論と財産一部処分静態論による分類である。

このように静態論の種類は多種多様である。したがって，静態論は企業の解散を前提とし，資産に関してはその清算価値で，また負債に関しては法的債務性のあるものだけを収容したとする静態論解釈はあまりに皮相的であり，理論上妥当性を欠くと結論づけることができるのである。

〔注〕
（1） これらの学説の概要については，拙著，『静的貸借対照表論の研究』森山書店，平成8年参照。
（2） I. Kovero, Die Bewertung der Vermögensgegenstände in den Jahresbilanzen der privaten Unternehmungen, Berlin, 1912年, 116頁。この詳細については，拙著，前掲書注（1），391頁以下参照。
（3） K. Sewering, Die Einheitsbilanz, Leipzig, 1925年，41～45頁。この詳細は拙著，前掲書注（1），296頁以下参照。
（4） H. Mohr, Bilanz und immaterielle Werte, Berlin・Wien, 1927年, 5頁。この詳細は拙著，前掲書注（1），433頁。H. Herrli, Die Façonwerte in der Bilanz, Bern, 1933年, 93頁。この詳細は拙著，前掲書注（1），454頁参照。
（5）（6） A. Moxter, Bilanzlehre, 第1巻：Einführung in die Bilanztheorie, 第3版, Wiesbaden, 1984年, 6頁。
（7） この財産一覧表から区別されるのは，ドイツ倒産法第155条2項で規定する倒産開始の決議日に作成する倒産開始貸借対照表（Insolvenz-Eröffnungsbilanz）である。
（8） A. Moxter, Bilanztheorien, statisch, in：E. Kosiol編, Handwörterbuch des Rechnungswesens, 第2版, Stuttgart, 1981年, 所収, 294頁。
（9） この判決の内容については，次の文献を参照。安藤英義『新版商法会計制度論』白桃書房，1997年，86頁以下。
（10） W. Osbahr, Die Bilanz vom Standpunkt der Unternehmung, 第3版, Berlin, 1923年, 130～131頁。
（11） E. Gutenberg, Einführung in die Betriebswirtschaftslehre, Wiesbaden, 1975年, 166頁。

(12) E. Gutenberg, 前掲書注(11), 166頁.
(13) E. Gutenberg, 前掲書注(11), 167頁.
(14) シェアーはこの点について自己資本及び他人資本に関する運用報告という, まさに資本計算的側面を示す (J. F. Schär, Eine Bilanzstudie, in : Zeitschrift für handelswissenschaftliche Forschung, 第4巻, 1909年, 473〜474頁). 同様に, ニックリッシュも企業の流動性に関して資本運用報告書という資本計算的側面を明示している (H. Nicklisch, Allgemeine kaufmännische Betriebslehre als Privatwirtschaftslehre des Handels (und der Industrie), 第1巻, 第1版, Leipzig, 1912年, 201〜202頁).
(15)(16) A. Moxter, 前掲論文注(8), 301頁.
(17) モクスターは, 1985年改正前の商法を前提として一般商人の貸借対照表目的を"証拠"(Dokumentation) と債務弁済能力に関する"情報"(Information über die Schuldendeckungsmöglichkeit) に区別する (1985改正前商法第38条). これに対して有限責任があるときには, さらに配当規制も加わる. このため株式会社の貸借対照表目的は"最低限度の配当"及び"情報規定"であると解される (A. Moxter, 前掲論文注(8), 301頁).
(18) F. Oberbrinkmann, Statische und dynamische Interpretation der Handelsbilanz, Düsseldorf, 1990年, 95頁.
(19) A. Moxter, Bilanzrechtsprechung, 第5版, Tübingen, 1999年, 7頁.
(20) G. Kliem, Bilanzielle Rechnungsabgrenzung, Frankfurt am Main, 2000年, 14〜19頁.
(21) A. Moxter, 前掲書注(5), 89頁.
(22) A. Moxter, 前掲書注(5), 92頁.
(23) A. Moxter, 前掲書注(5), 95頁.
(24) A. Moxter, 前掲書注(5), 97頁.
(25) A. Moxter, 前掲書注(5), 第2巻, Wiesbaden, 1986年, 17頁.
(26) この点に関しては, 古賀智敏『価値創造の会計学』税務経理協会, 平成12年, 104〜107頁及び浦崎直浩『公正価値会計』森山書店, 平成14年参照.
(27) R. Winzeler, Bilanz-Bewertungsgrundlagen in der deutschen Betriebswirtschaftslehre, Zürich, 108頁.
(28) P. Gerstner, Bilanz-Analyse, 第1版, Berlin, 1912年, 227頁.
(29) W. le Coutre, Vom allgemein-betriebswirtschaftlichen Ideengehalt der Bilanzauffassungen, in : K. Meithner編, Die Bilanzen der Unternehmungen, 第1巻,

Berlin, 1933 年, 所収, 419 頁。
(30)　「会社法制の現代化に関する要綱案」第 2 部・第 6・1 参照。
(31)　要綱案及び「新会社法」では剰余金に関する処分を問題としており，資本はそれから除外されている。しかし，資本の金額自体も株主の有限責任制度を前提として法が債権者保護の見地から人為的に定めた維持すべき部分にすぎない。もし株主の払込資本全体についてもその処分財源を認めるとすれば，財産処分計算において，資本を除く剰余金に対して処分財源を定める方式のほかに，資本を加えて資本の部全体に対して処分財源を規制する方式も考えられる。

第3章
静的会計の発展とその現代的役割

1 は じ め に

　周知の通り，貸借対照表に関して利益計算を重視する会計思考は動態論，またそれに関して状態表示的側面を重視する会計思考は静態論とそれぞれ呼ばれる。そして，一般に静態論から動態論へと発展してきたといわれ，今日では動態論が主流を形成していると解するのが通説である。たしかに，今日の企業会計の中心課題は期間損益計算であり，その点からこの動態論が中心を占めるのはそれなりに意味を有するといってよい。

　しかしながら，だからといって動態論と対比される静態論が今日では完全に否定されたとする考え方はあまりに極端であり，必ずしも正鵠を射たものとはいいがたい。本章では，静態論を中心とした静的会計の歴史的な発展をたどりながら，その現代的な役割を明らかにすることにしたい。

2 静的会計の歴史的発展

　まず，静的会計の歴史的発展について論究する。これには次の3つの流れに整理することができる。すなわち，旧静態論，新静態論，そして制度静態論がこれである。

（1） 旧静態論の生成と展開
　このうちで旧静態論は1861年普通ドイツ商法の制定を出発点とするもので

ある。当初，この法律の第31条における「付すべき価値」の解釈との関連で主に貸借対照表の本質やその目的及び評価に関して様々な貸借対照表問題が巻き起こったのである。なかでもその普通ドイツ商法の制定当時に一時支配的となったのが，債権者保護の見地から企業の債務弁済能力を判定する目的で，企業の解散を前提として資産をその清算価値で評価するという考え方であった。いわゆる客観的売却価値説がこれである。その後，その評価の妥当性をめぐってかの有名な価値論争が惹起されることになったのである。この点に関してよく引き合いに出されるのが1873年の帝国高等商事裁判所の判決である。ここでは，一方では企業の継続を前提としながらも，他方ですべての積極項目及び消極項目について"擬制的，瞬間的，一般的換価による思考"による評価が要求されたのである。それは企業の継続を前提として正常な販売価値による評価を指すと解されている。その後，この価値論争はジモンの主観的個人価値説を経て，シュタウプやレームによって再び客観価値への方向を目指した営業価値説へと展開していったことは周知の事実である。この財産に対する価値論的アプローチはまさに旧静態論の特徴の一つといってよい。

　この旧静態論は商法の条文解釈を主たる内容として法律的会計思考を中心とし，一般に資本主を重視する立場から貸借対照表の見方に関してはA−P＝Kという資本等式，また資産評価については財産価値論的アプローチによる時価主義をそれぞれ基底とし，財産目録に基づく資本比較法的計算体系を前提とする点にその特徴がある。しかし，その展開にもかかわらず，それは実務上の取得原価に基づく評価を理論的に説明することができないために，20世紀初頭に急速に支持を失い，後退を余儀なくされたのである[1]。

　かかる旧静態論は今日では完全に否定されたとする見方が一般的である。しかし，後述するように，旧静態論は財産価値アプローチや，上場廃止基準問題や破産等に関連する債務超過の面において，現在でもその一定の役割を果たしている。

（2） 新静態論の生成と展開

このような旧静態論と好対照を示すのが新静態論である。これはまさに20世紀初頭に旧静態論の後退に呼応して生成したものである。その先駆形態を示すのがエーレンベルク及びシェアーの所論である。というのは，彼らは新静態論のメルクマールとみなされる「資本調達・運用説」を静的観として明示するからである。新静態論の生成期に属するのはパッソウ，ニックリッシュ，ゲルストナーなどであり，また1920年代以降から1960年代にかけての展開期に属するのがオスバール，ル・クートル，そしてトームスなどである。この新静態論は一般に次の特徴を有する[2]。

まず第1に，ここでは法律的会計思考に対立する経営経済的会計思考が出発点となる。言い換えれば，貸借対照表法の解釈とは一応離れて，貸借対照表に対して純粋の経営経済的な側面から接近しようというものである。第2に，資本主もしくは株主の立場に代えて企業それ自体の立場を重視する。第3に，貸借対照表に関して負債を資本的に解釈し，いわば総資本概念を前提として$A=P+K$という貸借対照表等式に基づいて「資本調達・運用説」を強調する。第4に，その見方との関係において企業の財務内容を判断するために，貸借対照表分類論や貸借対照表分析論に着目する。第5に，資産評価については利益計算の面から取得原価を所与とし，旧静態論のような財産価値論的アプローチに基づく時価主義に否定的な立場に立つ。第6に，貸借対照表作成にあたっては，主として財産目録を重視し，資本比較法的な計算体系を前提とする。

このような「資本調達・運用説」を中心として新静態論は，今日では貸借対照表の解釈に役立つだけではなく，貸借対照表の資本在高計算機能，貸借対照表分類論及び貸借対照表分析論などにおいてもまた，今なお重要な役割を果たしている。

（3） 制度静態論

すでに触れた旧静態論及び新静態論と並んで，1965年株式法及びそれに伴

う1969年所得税法改正を契機として更に装いを新たに登場し，特に1985年商法改正に伴って一段と強調されるようになったのが制度静態論である。この用語自体は必ずしもドイツで用いられているわけではないが，その内容から判断して筆者自身が名付けたものである。これに属するのは，連邦財政裁判所の判事としてかなりの影響力を有するデッレーラーやバイセ，さらにはモクスター等を中心としたシューレである[3]。この制度静態論は，旧静態論と同様に貸借対照表法を直接的に対象としている。その点では確かに両者は共通しているといってよい。しかし，制度静態論は旧静態論と異なり，法律的会計思考を拠り所とせずに，むしろ貸借対照表法について経済的な解釈を試みるのがその大きな特徴である。つまり，法の目的に即したその経済的意味または経済的解釈がそこでの中心的な視点となっているのである。この制度静態論の特徴を端的に示すのが経済観察法と呼ばれる考え方である。この点において，それは新静態論における経営経済的会計思考ともある意味で関係する。しかし，この経営経済的会計思考は経済的観察法と必ずしもイコールではない。というのは，経営経済的会計思考は貸借対照表法の解釈を中心とせずに，もっぱら貸借対照表に関して純粋の経営経済的解釈を重視するからである。この点で，それは経済的観察法から明確に区別されるのである。

　この制度静態論は，単に貸借対照表の見方のみに限定した静態論を問題としているのではない。そこでは法的性質を有する貸借対照表，すなわち商事貸借対照表及び税務貸借対照表の計算構造ないしフレームワークの解明として静態論を重視するのがその大きな特徴である。かかる静態論を制度静態論と呼ぶのはこの意味からである。この制度静態論における主な論点は次の通りである[4]。

　第1に，商事貸借対照表にせよ，あるいは税務貸借対照表にせよ，それらは基本的に財産概観を示す財産貸借対照表とみなされるが，資産として計上されるのは具象性（Vergegenständichung）を有するものに限られる。第2に，しかしこれは純粋の財産貸借対照表ではなくて，分配可能利益計算の観点に基づく計算原則に制約される。ここで注意すべきは，分配可能利益計算が静態論に属

するとみなされる点である[5]。これに対して，動態論ではもっぱら比較可能利益計算が中心であると解される。第3に，その結果，債権者保護の見地から用心の原則に従い，実現原則や不均等原則がそこでの中心的な計算原則を構成する。第4に，特に貸借対照表の計上項目に関して貸借対照表作成者の主観的な裁量の余地を極力排除する見地から，客観性原則（Objektivierungsprinzip）が重視される。

このような内容をもつ制度静態論は，ドイツ貸借対照表法の構造を解明するうえで重要であるばかりでなく，またわが国の制度会計に対しても示唆に富む考え方を明示しているといってよい。

これが静的会計の3つの流れである。それらは，以下に示すように，それぞれ現代の会計にも一定の役割を果たしているのである。

3 会計理論面における静的会計の役割

(1) 会計思考の面

さて，このような静的会計の役割について，いくつかの面から検討する。

まず最初は会計思考の面である。

① 資産負債アプローチの強調

従来，会計の基本思考ではいわゆる収益費用アプローチ（revenue-expense approach）が中心であった。つまり，企業会計の中心課題が適切な期間損益計算である以上，それを的確に把握するためには期間損益の発生原因を示す収益及び費用の認識基準及び測定基準の確立こそ，最も重要な事柄とみなされていたからである。たしかに，期間損益の発生原因を示す収益及び費用の分析を通じて企業の正常な収益力が判定されるため，収益及び費用の把握は不可欠である。このような収益費用アプローチからは，損益計算書が一義的に重要となるのに対して，貸借対照表は二義的もしくは副次的地位にとどまらざるをえない。言い換えれば，貸借対照表は当期の収益及び費用に基づく損益計算に関係

せず，もっぱら次期以降の損益計算に役立つ項目を収容したもの，つまり未解決項目の集合表として捉えられるのである。しかし，かかる収益費用アプローチのもとでは，費用収益の対応原則（matching principle）に基づいて当期の収益及び費用に属さず，しかも必ずしも資産または負債とはいえないような項目も貸借対照表に収容せざるをえない。このため，貸借対照表全体は，企業の外部者たる様々な利害関係者が意思決定を行う際に有用な会計情報として役立たなくなる危険性があるのである。

この点に，収益費用アプローチに代えて資産負債アプローチが積極的に支持される根拠があるのである。すでにドイツにおいて1965年株式法の改正を契機に，またアメリカにおいても1970年代に入ってスプローズ（R. T. Sprouse）の論文[6]をはじめとして，資産負債アプローチが特に重視されてくるのである。ここでは収益及び費用はもっぱら資産及び負債の概念に関係づけて定義されるのである。言い換えれば，まず最初に資産及び負債の定義が一義的であり，その増減として収益及び費用が二義的に捉えられるのである。

このような収益費用アプローチと資産負債アプローチのうちで，静的会計と密接に関係するのは，もちろん資産負債アプローチである。いうまでもなく，静的会計はそもそも資産及び負債の時点的なストックを重視する会計思考だからである。

② **貸借対照表の解釈**

会計思考の第2の面として指摘しうるのは，貸借対照表の解釈に関してである。これには種々の考え方があるが，特に重要なのは次の2つの見方である。

1つは，すでに新静態論のなかで触れたように，企業の立場から経営経済的思考に基づいて貸借対照表を企業の資本調達に関する源泉とその資本に関する運用形態を表示するものととらえる見方である。これは，指摘するまでもなくA＝P＋Kという貸借対照表等式に立脚したものである。ここでは負債としてのPは実質的にはKと同質的に解され，いわゆる総資本概念を前提とするのがその特徴である。この見方は，一般に今日の貸借対照表の解釈に関する通説をなすといってよい。その意味で，新静態論は軽視できないであろう。

もう1つの見方は,企業を株主の集合体ととらえ,この株主の立場から貸借対照表が純財産の状態を表示したものと解するものである。この見方は明らかにA-P=Kという資本等式に基づく。この見方を重視するのは旧静態論及び制度静態論である。これは,ドイツの貸借対照表法はもちろん,同じくわが国の商法及び税法でも重要である。さらに,この見方はある意味でわが国におけるこれまでの経営に対して,株主の重視の観点からROEを高める経営を要求する諸外国の圧力とも無関係ではない。

いずれの見方も今日の貸借対照表解釈にとって一定の役割を果たしているといってよい。

③ 財務表としての財産目録の再評価

静的会計の中心はいうまでもなく貸借対照表である。しかし,この貸借対照表は必ずしも企業に関するストック情報のすべてを収容したものではない。というのは,この貸借対照表に計上される項目,とりわけ資産及び負債として計上される項目の範囲及びその評価に関しては,主として会計システムに大きく左右され制約されるからである。具体的にいえば,今日の貸借対照表においては分配可能利益計算の面から資産の評価は一般に原価を上限に規制される。この結果,有用な会計情報の提供という面からは,その貸借対照表の内容はかなり制約せざるをえない。また財産計算の見地からは,従来の貸借対照表には収容されない資産及び負債の項目もありうる。そこで,そのような資産及び負債の評価並びにその範囲に限界をもつ貸借対照表のほかに,それを補完する意味で有用な会計情報の提供面から資産及び負債の計算表示を専用とした財務表がぜひとも不可欠となるのである。この役割を十分に発揮するのが財産目録である。この積極的な活用は,貸借対照表には収容されないストック情報の開示に大いに意義を有すると解されるのである[7]。

最近特にアングロサクソン会計で展開されているのが公正価値会計や包括利益の問題である。これは,たしかに一つの方向であろう。ただそのなかには,貸借対照表固有のなかで開示すべきストック情報と,それ以外の財務表で開示すべきストック情報とが混同されている嫌いが多分にあることも否定できな

い。この点から，財産目録の重要性を再評価すべきであろう。
④ 財産処分計算との関係
　静的会計は，既述の通り財産処分計算とも密接に関係する。企業を解散した場合には，会社すべての資産に関する財産全部処分計算が問題となる。これに対して，企業の継続を前提とした場合には，企業の維持に支障を来さない範囲での財産の一部処分（資産処分制限計算）に関する範囲が重要となる。これは配当規制と大いに関連する問題である。株式会社においては獲得された利益が配当の財源であり，これまで株主の払込資本については原則として配当規制があった。しかし，最近の商法改正に伴い，その他資本剰余金については配当規制が緩和化され，配当財源の一部とみなされることになった。また，平成16年12月に公表された「会社法制の現代化に関する要綱案」では，株主に対する金銭等の分配（現行の利益配当，中間配当，資本及び準備金の減少に伴う払戻し）及び自己株式の有償取得等について，「剰余金の分配」（株主に対する剰余金を財源とする会社財産の払戻し）として整理されていた[8]。平成17年6月に成立した「新会社法」では剰余金の配当という表現が用いられている（会社法第453条・第454条）。ただ，株主の払込資本を示す資本剰余金に関しても"剰余金の配当"という表現は問題を含んでいる。むしろ，「剰余金の分配」という要綱案の表現のほうがベターであると考えられる。このような考え方は，既述の静的会計における財産一部処分計算と密接に関連すると解されるのである[9]。

（2）　簿記手続の面
　静的会計は会計思考としてのみならず，簿記手続とも関係する。
① 財産目録の重要性
　決算において重要な手続の一つに棚卸表の作成がある。この棚卸表は，いわば実地棚卸に基づく決算整理に必要な項目の一覧表である。その意味で，当在高としての帳簿上の数値を実在高としての数値に修正する必要から，この棚卸表の作成はきわめて重要である。
　しかし，棚卸表に計上されるものは帳簿記録の修正を要する項目だけに限定

されるにすぎない。たとえ帳簿記録を修正する必要がなくとも，資産及び負債の実在高を実地棚卸に基づいて検討し，帳簿記録に関する妥当性の確認は，原則としてすべての項目にわたって不可欠なはずである。この帳簿記録のチェックは財産管理上だけでなく，貸借対照表，ひいては財務諸表全体の作成上もまた重要である。そして，これまでそれを事実上担当してきたものは，すでに触れた財産目録である。その意味から，従来の棚卸表に代えて財産目録を再評価する必要があるといえるのである。注意すべきは，ここでの財産目録はあくまで簿記記録の修正としての意義であって，既述のような外部報告書としての財務表たる財産目録ではない点である。

② 精算表における損益計算書欄と貸借対照表欄の位置関係

今日では8欄精算表がポピュラーである。ここでは一般に修正前残高試算表・整理記入・損益計算書・貸借対照表という順序で各欄が設けられる。なかでも重要なのは損益計算書欄と貸借対照表欄との位置関係である。つまり，貸借対照表欄よりも損益計算書欄のほうが前に位置しているのである。これは一般に決算整理を経た項目のうちで，当期の損益計算を決定する収益及び費用が何よりも不可欠だからである。その結果，貸借対照表欄には当期の収益及び費用とならなかった項目，つまりシュマーレンバッハのいう未解決項目が誘導されて貸借対照表の原型を形成することになるのである。これは，いわゆる損益法もしくは費用収益アプローチによる計算体系に基づく貸借対照表の説明にほかならない。この計算体系に基づく限り，貸借対照表欄よりも損益計算書欄が先行するのは当然の帰結といえよう。

しかし，この損益法もしくは費用収益アプローチに代えて，別の立場に立てば自ら結論も異ならざるをえない。いわゆる財産法もしくは資産負債アプローチのもとでは，損益計算書欄よりもむしろ貸借対照表欄のほうが少なくとも先行すると解される。この考え方においては，期末財産の在高自体の把握が一義的である。損益はあくまで在高差額の結果として二義的且つ副次的に捉えられるにすぎないからである。その意味において，貸借対照表欄の損益計算書欄に対する優位性は決定的であるといってよい。損益計算書欄よりも貸借対照表欄

を先行させた精算表はアメリカにおいて一時1920年代において見出されたが，ドイツにおいてはむしろこのタイプの精算表が伝統的である[10]。

今日，アメリカにおいても国際会計基準（International Accounting Standards；IAS）もしくはそれを引き継ぐ国際財務報告基準（International Financial Reporting Standards；IFRS）においても共通して資産負債アプローチが採られている以上，このドイツ型の精算表のタイプ，つまり損益計算書欄よりも貸借対照表欄を先行させる方式も再評価されてしかるべきであろう。別言すれば，静的会計はこの精算表に設けられる欄の順序とも一定の関係をもつといってよい。近年，特に多様なデリバティブ取引の登場に伴い，またそれを通じていわゆる金融商品の時価評価が展開されている。これは，ある面ではこの静的会計と接点をもつ会計処理として捉えることができる。それは，ある意味で既述のような精算表に設けられる欄の位置関係とも関連するといえよう。

③　帳簿締切手続

静的会計は，さらに帳簿の締切手続とも関連性を有する。

いうまでもなく，帳簿の締切方法には大陸式と英米式とがある。前者は，帳簿の締切にあたって収益及び費用に属する諸勘定からの振替を示す損益勘定と，資産及び負債・資本に属する諸勘定からの振替を示す残高勘定とを設けて諸勘定を締め切る方法である。これに対して後者は，収益及び費用に属する諸勘定を損益勘定に振り替える点では大陸式と同じである。しかし，この大陸式とは異なり英米式では，資産及び負債・資本に属する諸勘定を残高勘定には振り替えない。それに代えて，資産・負債・資本に属する諸勘定については，各勘定ごとにその残高を算出し，各勘定上で個別的に帳簿を締め切るのである。残高勘定への振替を省略し，各勘定上でそれに属する勘定を締め切るために，英米式は大陸式の簡便法ともいわれる。なお，この英米式では各勘定上で資産・負債・資本に属する諸勘定が締め切られるので，それらの全体に関する残高の貸借合計の一致を確認するために作成されるのが，繰越試算表である。

ところで，資産負債を重視する静的会計では，帳簿締切に際して従来とは異なる簿記手続が重要となる。すなわち，帳簿締切においては何よりもまず資

産・負債・資本に属する諸勘定を残高勘定に振り替えるのである。なぜならば，静的会計においては資産及び負債に関する実在高の確定が一義的であり，損益はその差額として事後的に捉えられるにすぎないからである。この場合，資産及び負債だけでなく，資本勘定も残高勘定に振り替えてしまうと，たしかに残高勘定上で損益が計算される。しかし，この手続によれば資本勘定は期末の残高を示さずに，当在高としての金額しか示さない。そこで，その欠点を是正するためには，資産及び負債の諸勘定を残高勘定に振り替えた後に，その差額として算出される期末実在高としての純財産をあらかじめ資本勘定に借記しておけばよい。次に，損益勘定で算出される利益を資本勘定に貸記する。そして，この資本勘定での貸借一致をもって，最終的に帳簿締切手続が完了することになるのである[11]。ここでは，資本勘定が最終的な勘定の締切勘定としての役割を果たすのである。

この方式のほかに，純資産を直ちに資本勘定に振り替えずに，新たに純財産勘定を設ける方式もある。これによると，この純財産勘定に資産及び負債の差額としての純財産を借記し，また当在高としての資本勘定及び損益勘定からの利益をこの純財産勘定に貸記する。つまり，この純財産勘定の一致が最終的な帳簿締切手続となるのである。この方式は，シュアーの主張する純財産の二重表示にマッチすると考えられる。すなわち，この純財産勘定の借方は在高勘定によって実証された純財産 (durch die Bestandskonten nachgewiesenes Reinvermögen) を，またその貸方は計算によって測定された純財産 (durch Berechnung ermitteltes Reinvermögen) をそれぞれ示すというのである[12]。

なお，これまでとは全く異なる帳簿締切法もある。それは残高勘定への振替を省略し，損益勘定への振替のみを行う点ではたしかに英米式と事実上同じである。しかし，その省略の意味する内容については，両者は必ずしも同じではない。従来の英米式では，すでに触れた通り資産・負債・資本に属する諸勘定を各勘定ごとに個別的に締め切るため，それらの勘定記録の正当性を確認することができない。そこで，それを確認する目的から繰越試算表が作成される。これに対して，ここで主張する方式では繰越試算表の作成は不必要となる。こ

の考え方を主張するのはベルリーナーである。彼によれば，帳簿締切に先だって財産の実在高を示す財産目録もしくはこれに基づく貸借対照表がすでに作成されていれば，残高勘定をあえて設ける必要はないのである[13]。したがって，財産目録の作成が残高勘定を不必要とする条件であることがわかる。このように，結果的にはこの帳簿締切法は残高勘定を設けない点では英米式と同じであるけれども，静的会計の立場から財産目録の作成とそれに基づく帳簿記録の実在高への修正を条件とする点で，従来の英米式とは単純に同一のものではないことに留意する必要がある。

(3) 会計処理の面

静的会計は，会計思考及び簿記手続の面以外に，会計処理全般に対してもまた深く関与しうる。ここでは貸借対照表能力，貸借対照表評価，資本在高計算，貸借対照表分類の各面について検討する。

① 貸借対照表能力

まず最初は貸借対照表能力に関してである。これは，いうまでもなく貸借対照表に計上される資産及び負債の範囲決定に関わるものである。

A 期間限定原則としての実現原則

この点に関して注目すべき考え方を示すのはモクスターである。彼は通説とは異なり，実現原則を単に収益認識基準の一種とはみない。これを資産の取得原価との関係のみならず，資産及び負債の計上に関連する基準と解するのである。彼はこれを実現原則の期間限定機能として理解する。この点に関して彼は次のように述べる。「動態論は無条件に適正な期間的（厳格な販売関連的な）利益測定，したがって例えば特定の広告費の資産化を要請する。さもないと，経済的な企業の発展を判断するという動態論の貸借対照表任務は達成されないからである。しかし，貸借対照表上の実現原則の基礎にあるのは，それとは別の貸借対照表任務である。つまり，経済的な企業発展の判断ではなくて，たびたび言及したように，分配可能額の測定である。それ故に，貸借対照表法上の実現原則は用心の原則のなかに組み込まれている。貸借対照表法における実現原則

に関するこの意味と目的から，疑わしい場合には資産計上は中止されねばならないという結論が生じる。したがって，広告費（そしてその他の経済的財貨）を資産計上するのは原則として貸借対照表法上の実現原則に合致しない。このように解された実現原則は財産対象物の資産化に通じるが，おそらく（動的特徴を有する）"未決項目"の資産化には通じない。(14)」このように，実現原則は元来用心の原則の適用形態であるため，動態論のように適正な期間損益計算重視の立場から将来の販売に貢献すると解されるすべての支出の繰延（資産化）が要求されるわけではない。むしろ分配可能額の測定という静的な考え方では，それが疑わしい場合にはその資産化は否定されるのである。彼のいう客観性原則の要請がこれである。純粋の経営経済的な貸借対照表とは異なり，法的な意味での貸借対照表では，客観性原則の面から貸借対照表作成者による主観的な判断の裁量の余地を制限することが不可欠だからである(15)。

かかる意味での客観性が特に静的会計では重視される点にその特徴がある(16)。この点は，今日，研究開発費の資産化に対しては，将来収益への不確実性が伴うので，その資産化を否定し，原則としてその発生期間に費用化させる考え方と一脈相通じるといってよい。

それだけではない。モクスターによれば，期間限定機能としての実現原則は，資産化のみならず，負債化にも一定の役割を果たすのである。例えば，販売以前に得られた前受金の負債計上がそうである。この負債計上も，それらに対応する資産増加を損益計算的に中和化させることを意味するのである。また，販売後に見込まれる将来支出の見越しも同様である。例えば製品保証引当金の計上がこれに該当する。もしその負債を計上しないとすれば，販売に関係した財産増加の計算が過大に測定されてしまうからである。

かかる資産化及び負債化に対する基準としての実現原則が，例えば引当金を含む負債全般にまで十分説得力を有するかどうかは検討しなければならないであろう。それはともかく，実現原則が特定項目の資産化及び負債化について，静的会計における計算原則の一つとして積極的な意味をもちうる点は注目に値する。

B 客観性原則の重視

しかも、それとの関連で貸借対照表作成上の判断に対する制限の意味における客観性の要請という考え方もまた、静的会計にとって特に重要である。この点に関してモクスターによれば、税務貸借対照表判例を分析した結果、資産化に対する客観性原則と関係するのは、有償取得の原則及び独立した評価可能性原則、さらに積極計算限定項目の限定的解釈である[17]。また、負債化に対する客観性原則と関係するのは、決算日の義務についての確実性を要請する具体性原則、未決取引の債権債務の計上を否定する相殺原則、そして対外義務の原則である[18]。

このモクスターと同様に、バイセもドイツ会計の中心的役割を果たすGoBにおける指導原則の1つとして、やはりこの客観性原則を指摘する。バイセによれば、それは形式面では判断の制約原則として機能する。例えば、これに属する明瞭性や概観性、完全性、個別評価、期末時点原則などは、恣意性のない会計報告を条件づけるのである。これに対して、実質面での客観性はすでに触れた"具象性"を意味する。つまり法的な意味での貸借対照表を財産表示として要求するものである[19]。

このように、貸借対照表に計上される項目の計上に際して、主観的な判断の裁量の余地を狭め、その制限を目指す客観性原則は、静的会計にとって重要な役割を果たすのである。これは今日の制度会計上の貸借対照表能力論に関して注目すべき考え方であるといってよい。

C 未履行契約に対する財産権的アプローチ

すでに触れた実現原則を前提とする限り、財貨または用役もしくはそれに対する金銭の授受が当事者間でいずれもまだ履行されていない。したがって、単なる契約の締結段階では、それはオフバランスされるのが普通である。一般に売り手にとっては財貨の提供義務及びそれに対する将来の対価の受取と、買い手にとっては財貨の引渡権利及び将来の代金支払義務とが互いに等価であるというのがその根拠である。このような未履行契約は、これまで貸借対照表能力が認められてこなかったのである。周知の通り、金融派生商品を中心にそのオ

ンバランス化への主張が展開され,わが国でも「金融商品に係る会計基準」が制度化された。これに従うと,デリバティブ取引により生じる正味の債権債務は時価で評価し,ヘッジ取引についてヘッジ会計が適用される場合を除き,これと帳簿価額との差額を原則として当期の損益として処理することになった。そのオンバランスに対する根拠としては,例えば投資家に対する有用な会計情報の提供や企業の実態に即した業績評価の面が中心である。たしかに,これらは未履行契約のオンバランス並びにその時価評価に対して有力な根拠となりうるものではある。しかし,それらとは異なる面からそれを論拠づけることも可能である。この点に関して静的会計と密接に関係すると解されるユニークな説を展開するのがローズである[20]。以下,彼の考え方について検討する。

このローズに従うと,伝統的な意味における資産は財産権の面から規定される。ここで財産権は財の利用に関連する人々の間で認定された行動的な関係と捉えられる。これは法的な意味である必要はなく,一義的には経済的な意味に解されることに留意する必要がある。つまり,法的な意味での財産権は,あくまで財産権の下位概念にすぎないのである。すでに触れたように,この財産権は次の3つから構成される。すなわち,消費権もしくは利用権,転換権,譲渡権である。この3つの財産権のうちで,利用権及び譲渡権は交換を必要とするが,転換権は交換を必要としないのが特徴である。また,これらの資産に対する権利は常に一定ではなく,他人の略奪の企てに対する自分自身の努力による防御と,政府による防御の関数である[21]。ローズは,このような財産権に関してファイナンス・リース取引を例に次のように説明する。レッシーはリース契約の締結に伴い,たしかにリース物件の利用権を取得するが,しかし一般に譲渡権と転換権は取得しない。これに対して,レッサーはリース物件の転換権及び譲渡権を有するが,しかしその利用権をもたないのである。さらに具体的に彼は次のように説明する。A企業がB企業に対して財の引渡に関する売買契約を締結したと仮定する。この場合においてA企業が財を引き渡し,その代金を受領したのが第1のケースである。つまり契約が完全履行されたこのケースでは,特に問題はない。次はA企業がB企業に財を引き渡し,その代

金が債権（売掛金）の形のままという契約の部分履行の第2のケースである。ここでは，A企業は転換権と譲渡権をもつ。というのは，A企業は代金の回収のために，サービス義務を含む契約全体を第三者に売却しうるし，あるいはファクタリングを通じて債権の回収を図るが，そのサービス義務を留保することもできるからである。しかし，A企業は当該財貨に関する利用権はない。この利用権を有するのは財を取得したB企業である。また，財の引渡に関する売買契約を締結したが，いまだ両当事者とも何ら契約を履行していないのが全部未履行の第3のケースである。この第3のケースではA企業は当該契約自体の譲渡権をもつだけでなく，B企業も当該財貨を受け取る権利を第三者に売却しうる。つまり，契約締結の段階では両企業とも譲渡権を有するが，しかし利用権も転換権もないのである。問題はこの譲渡権の価値である。これは契約締結日に通常は契約価格と一致する。したがって，それはゼロである。その日以降，事実上この契約価格とその後における市場価格との差額がその譲渡権の価値となる。他方，財貨の引渡以降によって生じる利用権や転換権は契約価格に一致する。

このような未履行契約のオンバランスに関して，資産の財産権に注目するローズの見解は，旧静態論とほぼ同様に，ある意味で資産ストックについて財産価値論に基づく時価評価論の展開と解することができよう。

② 貸借対照表評価

さて，次は貸借対照表の評価についてである。これには，すでに貸借対照表能力のなかで触れた実現原則に基づく取得原価評価と，それとは異なる時価評価との面が関係する。

A 取得原価評価と静的会計

いうまでもなく，実現原則を収益の認識基準の一種とみなし，それをフローに関する計算基準と解するのが一般的である。この考え方のほかに，この実現原則をストックの問題と関係づけて，資産の増加または負債の減少を販売によって認識することを要請する計算原則と解することもできる。この解釈によれば，実現原則は販売が行われるまでは資産の増加または負債の減少を認識し

ない原則となる。したがって，販売がなされるまで資産の取得原価による評価が要請されるのである。実現原則が資産の取得原価による評価と表裏一体の関係にあるといわれるのは，この意味からである。販売という事実に関係づけて実現原則が資産の増加を認識するのは，モクスターによれば，それが慎重に測定された分配可能額の算定を目指すからである。

　ところで，このような実現原則は総じて動態論に属する計算基準と解される。しかし，モクスターはその見解を以下の理由から疑問視する。「実現原則に取得原価原則が含まれるからといって，実現原則はけっして動的貸借対照表論の専売特許ではない。もちろん，かつては時価を（静的に），あるいは取得原価を（動的に）という公式に基づいて貸借対照表理論を区別する傾向があった。にもかかわらず，それはこの一般化においてけっして正当ではない。それによって，シュマーレンバッハが取得原価のなかに貸借対照表評価の不確実性の結果による応急措置をより多く理解したことが否定される。……〈中略〉……それ故に，シュマーレンバッハは取得原価原則のなかで不確実性に条件づけられた制限を理解する。用心の思考を強調する実現原則の静的解釈は，(動態論と—筆者挿入) 同じ基盤を有する（もし不確実性がなければ，用心の要請は必要ない。)。[22]」

　このモクスターの論述は，取得原価を要請する実現原則が必ずしも動態論に固有のものとはいえず，むしろ貸借対照表評価に関する不確実性の面からは静態論とも結合しうることを明らかにしたものである。別言すれば，用心の原則から財産測定に基づく分配可能利益計算との関係で静態論的な解釈の可能性を試みるのが彼の基本的な立場であるといってよい。このモクスターの見解は傾聴に値する。彼の上述の引用文中で示されているように，静態論といえば資産について時価評価，また動態論といえば原価評価とそれぞれ結びつくという考え方が一般的である。たしかに静態論は貸借対照表の状態表示的側面を重視する会計思考であるため，それが財産の時価評価と結びつきやすいのは否めない。また動態論は利益計算を重視する会計思考であり，その利益計算の内容を分配可能利益の算定とみなせば，財産の原価評価となじむことも首肯しうる。

しかし，静態論及び動態論はそもそも貸借対照表に関する見方であり，必ずしも特定の資産評価を予定するものではない。したがって，元来は静態論及び動態論という貸借対照表の見方自体は財産評価とニュートラルな関係にあるということもできよう。事実，静態論の歴史的発展の過程のなかで，静態論者のなかで資産の時価評価を強調する論者もいれば，資産の原価評価を前提とした論者も存在するからである[23]。このようにみてくると，たしかにモクスターの見解は説得力を有するとみてよい。

この点に関連して，すでに触れたように動態論における比較可能利益計算とは明確に区別される分配可能利益計算のなかに，たしかに静態論固有の特徴を見出すことができるとしても，この分配可能利益計算自体もやはり広義の利益計算の範疇に属するという批判も十分成り立ちうる。そこで，誤解を避けるためには，利益計算という用語を用いないほうがベターであろう。分配可能利益計算に代えて，既述の通り分配可能財産もしくは財産処分計算という考え方がこれに該当する。これは，解散企業における財産全部処分計算と対照的に，継続企業における財産一部処分計算としての性質を有すると考えることができる。この立場に立てば，販売に基づいて資産増加を認識する実現原則は，企業外部に処分の対象となりうる財源の確保を前提とした財産一部処分計算の重要な計算基準を構成すると解されるのである。

このように，資産の取得原価評価を事実上根拠づける実現原則の静態論的解釈は，主として継続企業を前提とした財産一部処分計算と解することができ，わが国及びドイツにおける債権者保護を中心とした配当可能もしくは処分可能な財源と密接な関係を有するといってよい。

B 時価評価と静的会計

ところで，静的会計は単に実現原則に基づく取得原価評価とだけ結びつくだけではない。貸借対照表の状態表示的側面を重視し，そのあるべき姿を問題とすれば，必然的に静的会計は期末の時点計算を強調した財産の時価評価とも関連性を有すると考えられるからである。もちろん，その場合においていかなる時価評価を要請するかは一概にいえない。いかなる貸借対照表の状態表示的内

容に着目するのか，あるいは誰の立場からの状態表示に着目するのかなどによって，それは左右され規定される。

　いわゆる時価主義を基調とした静的会計には，いくつかのタイプがある。まずその第1のタイプは，個々の資産及び負債を個別的に評価せずに，企業全体を一体として，いわば企業価値の意味で財産評価を行うものである。ここでは一般に将来の利益すべてとその清算時の処分額を現在価値に割り引いて企業価値が算出される。いわゆる収益還元価値による評価がこれにほかならない。かかる評価方法は企業の合併や買収といった特殊なケースでは問題となりうるが，しかし通常の決算貸借対照表では用いられない。

　第2のタイプは，債権者保護の見地から企業の解散を前提として債務弁済能力の判定のために資産を清算価値で評価するものである。すでに触れたように，これは1861年普通ドイツ商法第31条における「付すべき価値」の解釈をめぐって当初一時的に支配的になった考え方である。この清算価値に基づいた評価方法もまた，今日では清算や破産といった特殊なケースで問題となるにすぎず，決算貸借対照表では否定視されている。ただ，近年におけるバブル崩壊に伴う金融機関をはじめとした企業の多数の倒産という事実に鑑みると，この清算価値に基づく資産評価を前提とした貸借対照表も決算貸借対照表を補完する有用な会計情報の一側面として従来に比べて重視されつつある。この種の会計情報を，例えば決算貸借対照表とは異なる財務表としての財産目録のなかで開示させるのも一考であろう。

　第3のタイプは，企業の解散ではなくて企業の継続を前提とし，正常な営業活動の枠内で販売価格を中心とした資産評価を予定するものである。この点に関して業績評価の観点から評価差額をすべて当期の損益に算入することもできる。また分配可能利益計算もしくは資産一部処分計算を重視すれば，時価評価に伴う評価差額のうちで未実現利益に相当する部分については当該資産の売却まで利益への算入を繰り延べるが，未実現損失については保守主義の立場から当期の利益に算入することも考えられる。あるいはそれらの評価差額をすべて資産の売却まで繰り延べることもできる。

第4のタイプは，現在割引価値による資産評価を行うものである。具体的にいえば，これは，個々の資産が将来に企業にもたらすと予想される収入額を一定の利子率で割り引いた金額で資産を評価する方法である。受取手形や売掛金などの貨幣性資産に関しては，この評価は比較的に容易である。

　これまで述べてきた資産評価に関する時価評価は，流出資産を将来の現金流入額で測定するアウトプット・バリュー系統に属するものといってよい。これに対して，流入資産を現金流出額で測定するインプット・バリュー系統に属する時価評価もありうる。

　第5のタイプは，まず資産の再調達原価による評価した時価評価である。これは，例えば企業の再生産価値を問題とした場合に特に重要となる。

　第6のタイプは，すでに触れた現在割引価値による評価を適用したものである。つまり，ある資産の購入が予め将来に見込まれるとき，その将来の現金支出額を一定の利子率で割り引いて計算することもできる。この金額は，もし現時点で購入するとすれば，支出しなければならないであろう金額を意味する。なお，この種の計算は単に資産のみならず，負債の評価にも適用しうる。わが国で最近制度化された退職給付引当金の設定方法がその具体的な内容である。

　かつての制度会計では，歴史的な原価による評価が中心であった。近年，デリバティブ問題を契機に金融商品の時価評価並びに販売目的以外で保有する土地の時価評価，さらに退職給付引当金の計上に関する時価評価などに典型的なように，資産及び負債の一部に時価評価が次第に制度化されている。このような時価評価は従来の取得原価主義会計とどのような関係にあるのかは理論上きわめて重要な問題である。その点については，これ以上立ち入らない。いずれにせよ，時価評価の範囲が拡大する傾向は事実である。しかし，だからといって制度上では資産及び負債に関する全面的な時価評価を展開するには，まだ難しい問題が横たわっている。その測定可能性の面もさることながら，貸借対照表に過重な情報提供機能を課すことは貸借対照表の本来的機能，つまり制度上の分配可能利益計算及び財産処分計算や検証可能性といった側面が，かえって損なわれる可能性があるからである。むしろ，有用な会計情報の提供面から

は，貸借対照表自体とは別の財務表，たとえば財産目録を活用し，それを利用した多元的な時価情報の開示も一考に値すると考えられる。この方法によると，従来の制度的な会計システムを変更せずに，多元的な時価情報の開示にも十分対処できるのである。併せて，この財産目録のなかに，重要な財産項目の数量計算も示すことも検討すべき事柄といえよう。

③ 資本在高計算

すでに触れた貸借対照表能力及び貸借対照表評価に基づいて静的会計とみなされる会計思考は資本在高計算（Kapitalbestandsrechnung）である[24]。これは，貸借対照表が期末時点において資本の在高を計算表示する点に注目したものである。ここで問題となるのが，"資本"の具体的な内容である。これには，純財産の意味における自己資本在高計算と，総資本の意味における総資本在高計算とがある。いうまでもなく，前者は資産－負債＝資本という資本等式に，また後者は資産＝負債＋資本という貸借対照表等式にそれぞれ関係する。自己資本在高計算は法律的会計思考を中心とした旧静態論及び経済観察法を中心とした制度静態論とも一定の関係をもつ。さらに，それは現在でも企業を株主の集合体とみなすわが国の商法や税法とも無関係ではない。これに対して，総資本在高計算は経営経済的な会計思考を中心とした新静態論と密接な関係を有する。

ここで注意すべきは，財産法の計算体系を前提とする動態論もまた，この資本在高計算と関係しうる。しかし，この意味での動態論では一期間の利益を適正に計算することが一義的である。したがって，差しあたり当期の利益計算に直接的に関係しない項目を除外し，直接的に当期の利益に影響する項目だけを対象とした財産法による損益計算もまた成り立ちうる。その結果，期首及び期末において同一金額を有する貸借対照表項目については，当期の損益計算に影響しないので，それを除いた形での損益計算も可能である。これがいわば中和化思考である。つまり，当期の損益にだけ直接的に影響しうる，いわば相対的な財産項目のみで利益を計算しようというわけである。

しかし，このような中和化思考を前提とした資本在高計算は，静的会計では

全く問題とはならない。なぜならば，静的会計では自己資本在高計算にせよ，あるいは総資本在高計算にせよ，いずれも"資本"の相対額ではなくて，その絶対額が重要だからである。

　この資本在高計算の面からは，貸借対照表に計上される各項目が，調達資本もしくは運用資本としての性質を実質的に有しているか否かである。別言すれば，たとえ損益計算の見地から簿記手続的に資産化もしくは負債化される項目であっても，調達資本もしくは運用資本としての性質を本来的に具備していなければ，その貸借対照表能力は否定されるのである。また，逆に従来貸借対照表に計上されていない項目であっても，実質的にそれらを示すものは，貸借対照表に計上されねばならないのである。

A　調達資本の面からの検討

　まず調達資本の面で問題となる貸借対照表項目は，資本調達と関係する繰延資産項目である。これには例えば社債発行差金，社債発行費，新株発行費等，建設利息などがある。社債発行差金及び社債発行費は資金調達費用の一種であるので，社債のマイナスとみなしうる。このような考え方を新株発行費等に適用すれば，それは払込資本のマイナスとしての性質をもつ。同じく建設利息も，企業が設立されたときに株主によって払い込まれた資本が再び株主に返戻されたものと解することができる。このため，建設利息も払込資本のマイナスとみてよい。

　さらに検討を要するのは，引当金の一部の項目である。修繕引当金は固定資産に関する将来発生しうる費用の見越しとみなし，負債性引当金の一種と捉えるのが一般的である。しかし，この修繕引当金を，すでに固定資産について価値減価が生じているものを原状回復するためのものとみなされ，それらを固定資産に対する評価勘定と解することもできる。つまり，資本在高計算の見地からは，固定資産においてすでに価値減価が生じていると仮定すれば，修繕引当金を当該固定資産から控除することも一定の合理性をもつといってよい。

　また株主に対する未払込資本請求権はたしかに法的にはその資産性が認められるが，しかし資本在高計算の見地からは資本のマイナスと解される。

B 運用資本の面からの検討

調達資本と同じく運用資本の面からもいくつか考察すべき項目がある。

第1は贈与による固定資産等の取得である。これについてわが国の「連続意見書」では，その公正な評価額による計上を要求している。当該資産が営業活動で利用されている以上，それを適当な評価額でオンバランスするのは資本在高計算の見地からみて妥当である。これとの関連でいえば，圧縮記帳に関する処理法のうちでいずれの方法を採っても利益の金額は変わらない。しかし資本在高計算の見地からは，取得原価を直接的に減額する方法よりも，むしろ間接的な繰延利益方式が妥当と解される。

第2はファイナンス・リース取引に基づくリース資産の計上に関してである。このオンバランスは一般に経済実質優先思考から根拠づけられている。たとえリース資産に対する法的所有権がなくても，それは経済的な利用権の取得とみなされるからである。この取得原価のリース資産の計上は，企業における適正な資本収益性の測定にとって不可欠である。この資本利益率の算定にあたって，貸借対照表の資本在高計算はその分母たる資本に対して重要な計数値を提供するからである。

第3は，債権の名目金額または社債の券面額と異なる金額でそれらを買い入れた場合の処理である。この場合，債権金額または社債の券面額で計上すると，それは実際に支出し投資した金額と相違する。そこで，資本在高計算の見地からは償却原価法（従来のアキュムレーションまたはアモチゼーション）による処理がより適当であると考えられる。

第4は，割賦販売について回収基準を適用する際の処理法である。周知の通り，これには販売時に対照勘定で処理しておき，現金回収の都度，当期の収益を認識し同時にその対照勘定を回収分だけ反対記入する方法と，販売時には販売基準で記帳しておき，期末に回収基準に修正する方法とがある。いずれの方法を採っても，当期の利益の金額には変わりがないが，貸借対照表に計上される項目について違いが生じる。後者の処理法で生じる割賦売掛金の未回収分に対する割賦未実現利益を割賦売掛金に対する評価勘定とみなし，割賦売掛金か

ら直接的に控除すれば，貸借対照表の合計数値に関して両者の方法とも同一金額となる。これに対して，割賦未実現利益を割賦売掛金のマイナスと捉えずに，それ自体資産と負債（繰延利益）として計上すれば，この割賦未実現利益の金額だけ貸借対照表の合計金額が膨らむ。しかし，この処理法では割賦売掛金が販売基準に基づいて計上されているのに対して，利益はそれとは別の回収基準に基づいて計上されている。この理由から，この方法は資本在高計算及び資本収益性の算定の面で問題を含んでいる。

C 資産評価と資本在高計算

すでに触れた資本在高計算は，制度会計上の原価評価を前提としたものである。ところで，資産評価には取得原価のほかに時価評価もある。その1つとして資産の再調達原価に基づく評価を前提として，シュミットが主張した企業の再生産価値の意味における資本在高計算が考えられる[25]。つまり，現時点で同一企業を設立したと仮定した場合に必要となるであろう資本総額を意味する資本在高計算がこれである。同様に，正味実現可能価額で資産を評価すれば，正常な状態において企業の売却に基づく資本在高計算が成り立ちうる。ただ，この場合には各資産の個別的な売却を想定するために，もちろんその金額は企業全体の売却を想定したときのそれとは異なる。

このように，資産の原価評価にせよ，あるいは資産の時価評価にせよ，資産すべてに関していずれかの評価を統一的に適用する場合，資本在高計算はそれぞれそれなりに意味を有する。ところが，この資本在高計算の機能が著しく損なわれるのは，資産評価に関して複数の資産評価が混在するケースである。ここでは各資産の評価額自体は，それぞれの資産にふさわしい評価基準で決定されるので，特に問題はない。しかし，そのように個別的に決定され，且つ異なって評価された金額を単純に合計して得られる合計額は，必ずしも意味のある数値とはいえなくなる可能性がある。別言すれば，各資産の評価額が損益計算もしくは財産計算などの見地からそれぞれ決定され，それなりに一定の合理性を有していても，その合計額が資本在高計算の面から意味ある数値を提供しうるかは，なお検討しなければならない問題である。

その一つの典型が「企業にとっての価値」との関係で展開されている剥奪価値による資産評価である。これは，ある財が企業から奪われたと仮定したときに蒙るであろう最大限の損失を意味する。この剥奪価値は，事実上個々の資産の正味実現可能価値，現在価値，そして再調達原価の三者間の関係から決定される。すなわち，前二者のいずれか高いほうと後者とを比較し，その低いほうが剥奪価値とみなされる。したがって，この考え方に従うと，資産の多元的評価による折衷的方向を示唆したものといってよい。この点は，資産の性質によって公正価値の内容に関して各財産の評価が事実上相違する公正価値会計についても同じような問題を含んでいる。それ故に，そのように決定された各資産の加算ないし合計の意味が，資本在高計算の立場からは問われねばならないであろう。

このようにみてくると，貸借対照表の合計において資産と負債及び資本との一致を単に形式的に確認するだけでは不十分である。むしろ各項目の合計ないし加算が，ある特定の観点から一定の積極的な意味をもちうるように各項目の貸借対照表計上ないし評価のあり方を規制する点に，この資本在高計算の重要な役割が存するといえよう。

④ **貸借対照表分類論**

貸借対照表に関する分類論もまた静的会計と密接な関係がある。

一般に貸借対照表は流動・固定の区分に基づいて分類され，原則として流動性配列法で表示される。これは，流動・固定の区分に基づいて企業の短期的な支払能力を判定する目的からである。かかる短期的な支払能力の判定という考え方は，いうまでもなく利益計算中心の動態論に関係するというよりは，むしろ貸借対照表の状態表示的側面を重視する静的会計論と密接に関連するといってよい。なお，一般に流動性配列法が採用されているが，ドイツ等で伝統的な固定性配列法も一定の合理性をもつ点に留意する必要がある。「資本調達・運用説」を前提とする場合，自己資本（または自己資本及び長期他人資本）によって調達した資本をまず最初に固定資産に運用し，短期的に調達した他人資本を次に拘束が短期的な流動資産に運用すべきとする，いわゆる貸借対照表黄金律

(goldene Bilanzregel)といわれるドイツで伝統的な財務分析手法は，固定性配列法と密接な関連性をもつのである。

これ以外にも貸借対照表の状態表示的側面を強調し，さらに経営管理に役立つ分類も考えられる。例えば，特に資産の分類に関してル・クートルはその機能ないし役割を重視した分類論を提唱する[26]。これによると，資産は企業本来の目的たる生産及び販売に直接的に利用されている営業資産，正常な営業活動が妨げられることを予め想定して準備されている安全資産，第三者のために企業が管理している管理資産，企業規模の拡張のために保有していたり，あるいは業種の転換等によりもはや営業活動で利用されていない性質をもつ余剰資産に大別される。このなかで彼のいう営業資産は経営管理上重要である。それは企業の事業目的に直接的に利用されている資産グループを指し，本来の業績評価を行ううえできわめて不可欠な数値を提供する。この営業資産の金額を分母とし，営業利益を分子とする経営資本利益率は，まさに企業の事業目的の経営効率を示すからである。また安全資産は概ね財務取引から生じる資産であり，有価証券や貸付金などがその典型である。したがって，この安全資産は主として財務資産から構成され，これと金融利益との関係は，財務資産への投資による運用成果を表し，これもまた重要である。このル・クートルの分類に従うと，デリバティブに基づく正味の債権はこの安全資産に属することになろう。また企業の資産に属するが，事実上企業の利益獲得活動に何ら利用されておらず，例えば単に従業員の預り金を保管しているにすぎない管理資産を，上述の営業資産及び安全資産から区別するのは経営管理上合理的である。さらに，拡張計画のために保有している土地を典型とする余剰資産の分別経理もまた現段階では利益獲得活動にまだ投入されておらず，加えて企業の財務内容が悪化したときに，他の資産に先立ち優先的に処分の対象となる資産部分と解される点で，その把握は意味がある。

このように，従来の伝統的な貸借対照表分類に満足することなく，これをさらに経営管理もしくはディスクロージャーの観点から貸借対照表分類論を一層改善する必要があると解されるのである。この視点はやはり静的会計にとって

重要な課題の一つであるとみてよい。

4 会計実務面における静的会計の役割

すでに触れた会計理論の面において静的会計はその意義を有するだけでなく，会計実務とも一定の関係を有している。

（1）決算の意味

今日の企業会計においては期間損益計算が中心である。いうまでもなく，継続企業が前提なために人為的な会計期間を定めて，そこでの期間損益計算に関する計算基準の確立が会計上きわめて重要な課題である。たしかに，この基本課題は今なお重視されているが，しかしそれ以外の要素もまた実務上無視できなくなってきている。例えば，わが国ではバブル崩壊に伴い，企業の倒産が急激に増加してきた。このような状況のもとでは，これまでのようにもっぱら期間損益計算を中心課題とすることには大きな限界ないし制約があるといわなければならないであろう。もちろん，このような期間損益計算の枠組みのなかで，企業の支払能力をチェックし企業の支払不能を事前に回避しうる施策を求めることも必要である。しかし，他方で従来完全に否定されてきた仮定，すなわち企業が現時点で解散したと仮定した場合に，十分に債務弁済能力があるかどうか，また残余財産がどれだけ分配されるかという問題もまた，以前にも増してかなり重視されてきていると考えられるのである。旧静態論のなかで展開された企業の解散を前提として会計基準の重要性がこれである。この視点が現在ではかなり現実味を帯びてきたといってよい。その意味で，会計実務上，決算をもう一度新たに見直す必要があると解されるのである。改訂された監査基準では，継続企業の前提に重要な疑義を抱かせる事象や状況がある場合には，その旨を監査人は監査報告書に記載しなければならなくなったことも，これと無関係ではない。

この点に関してベルリーナーの考え方は注目に値する。彼によれば，法的関

係が消滅したときに簿記の締切は事実上の最終的な締切であるが，しかし法的関係が存続している間でも作成される決算貸借対照表もまた，仮定された清算もしくは事実上の清算を予定したときの相続財産とその分配計画を示すというのである(27)。このベルリーナーの考え方に従うと，明らかに決算は企業の清算を予定した場合の相続財産とその処分計画を，貸借対照表で表示するものと位置づけられている。ここでは負債と純財産とがけっして対立するものではない。むしろ両者を等しく消極（Passivum）と呼ぶ点に着目するのである。そして，純財産を一種の潜在的な債務関係とみなし，これと負債との計算的な統一的解釈を試みるのである。いわゆるKのP的解釈に基づくA＝Pという考え方がこれにほかならない(28)。

　もちろん，このベルリーナーのように，決算期ごとに清算を前提とした会計計算をすべての企業に適用することには多少問題があろう。そもそも企業の清算自体を全く考慮する必要がなく，明らかに企業の継続が明白である企業には，この適用はあまり意味をもたないと考えられる。そこで，この点に関してゼベリンクの所説が大いに参考になる。このゼベリンクの基本的な考え方は次の通りである(29)。企業の継続が保証され，その財務内容が健全なときには，費用収益中心の成果計算原則が支配する。しかし，これとは逆に企業の財務内容が悪化してくると，成果計算よりもむしろ財産計算が重視される点に彼は着目する。そして，彼は両者の相対的な評価の結合を意図するのである。具体的にいえば，企業の財務内容が健全で保証されている場合には，非償却性固定資産をはじめ棚卸資産などは時価で評価される。しかし，その時価が当該資産の取得原価よりも高いときには，その差額は利益計算に直接的に影響しないように貸借対照表の貸方側に価値修正項目として計上される。もしその売却時価が当該資産の取得原価を下回るときには，その会計処理は資産の種類によって異なる。土地などの非償却性固定資産については，その売却時価が再び価格上昇し原価を上回ることが確実な場合を除き，その差額は借方の価値修正項目として示されずに，当期の損失に計上される。また棚卸資産に関しては，その回転が早く時価が原価よりも一時的に下がっても価格上昇がすぐに見込まれるのが

普通なので，当期の損失に計上せず，価値修正項目に借記される。

ところが，企業の財務内容が悪化し，たとえば個人企業において純財産がゼロとなったり，あるいは株式会社では純財産から積立金を控除した金額がゼロとなる状況になれば，財産の全面的な売却時価評価が要請されるのである。財務内容が悪化したとみなされる判定時点を，ゼベリンクのように解するのが果たして妥当かは問題を含んでいる。その点はともかく，企業の継続が確実な場合でも一定の資産について売却時価評価を予定すると同時に，また財務内容の悪化に伴い，企業の財産計算を重視する考え方は，そのなかに問題点を含むにせよ，十分に傾聴に値する見解といってよい。このゼベリンクの所説は，今日の会計実務に対して少なくとも一つのインパクトを与えることはたしかであろう。

（2） 経営管理と静的会計
① 企業価値評価と静的会計

決算貸借対照表にだけ静的会計は関係するだけではない。期中のその時々の時点においても静的会計は一定の関係をもちうるからである。

この点に関して従来静的会計と関係しうるのは，買収や合併などの特別な事由が生じた場合である。このケースではいわば企業のこれまでの会計計算に対する見直しが，特に企業評価による財産計算との関連で必要となるからである。問題は，かかる事由ほど明確でないが，実質的にこれに準ずる会計処理が必要なるケースがあると考えられる。例えば，企業自体は継続しているが，しかし企業の事業内容が従来に比してかなり大幅な変更を伴った場合がそうである。このケースでは買収や合併に準じて実質的に企業のフレッシュ・スタートまたは準更生が生じたとみなし，新しい会計計算を財産計算に基づいて行う必要があろう。

また，事業内容の大幅な変更を伴わなくとも，随時に企業は企業評価に基づいて財産計算を行い，これまで臨時的にしか作成されていない非常貸借対照表を経営管理上作成し，将来的に企業の有利な方向性を選択する際の判断材料を

得る必要があろう。

② 債務超過の恒常的コントロール

わが国では金融機関の業務停止と，それに伴う公的管理への移行の一つの基準として，最近特に重視されてきたのが債務超過に関する問題である[30]。この債務超過については，企業の継続を前提とした会計基準のもとで生じる場合と，企業の解散を前提としたそれとの場合がある。前者のケースは一般に数期間の貸借対照表の趨勢により，ある程度予測しうる。というのは，それに陥るには一般に数期間にかけて財務内容の変化に関する原因が存するからである。いずれにせよ，この意味における債務超過の判定は，上場廃止基準問題等との関連で重要である。また，後者のケースも無視できない。これについては，企業が自主的にかなり厳しい立場でコントロールしていないと，債務超過が実際に生じているにもかかわらず，それを容易に見逃してしまう嫌いが多分にある。したがって，これを経営管理上常に把握しておく必要があろう。そして，これは，ある意味で旧静態論を中心とした会計思考の実践的適用ともみることができる。しかも，この企業の解散を予定した債務超過問題は単に金融機関のみならず，同じく一般企業にも重要視されてくるとみてよい。いうまでもなく，債務超過は企業の破産原因を表すからである（破産法第16条）。

このような債務超過の有無に関するコントロールにあたって，有力な会計情報の一手段となりうるのが財産目録である。これは資産及び負債について数量計算及び金額計算の詳細且つ完全性を具備するからである。この財産目録を債務超過の有無に関する判定手段として用いる場合，その作成は必ずしも定期的に年に1回の定められた日だけに限定されるわけではない。それよりはむしろ，債務超過の恐れがあるとき，もしくはそうでないときでもその推移を把握することを目的として臨時的，あるいは場合によっては恒常的に債務超過の有無に関するチェックを行う必要がある。何よりも配慮しなければならないのは，債務超過とならないようにするために恒常的な事前のチェックとその対応措置である。

このようにみてくると，債務超過問題をきっかけとして静的会計はある意味

で経営管理と深く関与しているといってよい。

③　ALMと静的会計

　経営管理のうえで近年特に重視されてきているのが資産・負債の総合的管理 (asset liability management; ALM) である。これは，企業のリスクを最小限度にするとともに，最大の収益を獲得するための資産及び負債に関する合理的な管理方法を意味する。したがって，企業の事業目的を達成し企業の経済発展を図るうえで，不可欠な資産及び負債の経営管理上の合理的な管理がALMであるといってよい。逆にいえば，企業が債務超過に陥らないための事前的な管理方法がここでの問題である。

　このALMに関する管理方法は多岐にわたる。ここでは単に資産及び負債のストックのみならず，その変動や一定の条件のもとで将来的な資産及び負債の確率分布など，種々の情報に基づいて企業にとって既述のALMの目標を達成するのに最適な管理方法が重要視されてきているのである。

　このALMのなかに，既述の新静態論で示された分析論と共通点を見出すことができる。この意味において，ALMの基本思考は静的会計と接点をもつと解されるのである。

5　む　す　び

　以上，静的会計の歴史的発展とその役割について概括した。その内容を整理すれば以下の通りである。

　まず第1に指摘すべきは，静的会計は次の3つの流れに大別しうる点である。1つは19世紀中頃から20世紀初頭にかけて展開されたもので，主に法律的会計思考を中心とし財産の価値に着目して時価主義的傾向のある旧静態論の流れである。2つめは20世紀初頭から1960年代頃までに「資本調達・運用説」をメルクマールとして展開されたもので，主に経営経済的会計思考を中心としながら資産の取得原価評価を前提として分析論や分類論といった経営管理的側面を重視した新静態論の流れである。3つめは，1965年株式法改正及び

1969年所得税法改正を契機に再び展開されたもので，そこでは貸借対照表法の経済観察法に基づく貸借対照表法の解釈を試みる制度静態論の流れである。

第2は，このような静的会計においては財産ストックの重要性を強調するため，近年アメリカの会計基準やIAS及びIFRSで主張されている資産負債アプローチと共通点を有するといってよい。その結果，例えば簿記手続の面からいうと，財産の実在高を把握するために財産目録の再評価が必要となるし，また通常の8欄精算表において損益計算書欄よりも前に貸借対照表欄が位置する方式も十分考えられる。さらに，帳簿締切に際して損益勘定への振替仕訳に先立ってまず残高勘定への振替仕訳を先に行い，その後で損益勘定を締め切る方式は，これまで実務でも理論でも主張されてはいないが，静的会計の立場からは一つの新たな考え方を示唆すると解される。

第3は，すでに触れた静的会計の3つの流れはそれぞれ今日の会計理論または会計実務と多面的に接点を有すると考えられる。

まず，第1の流れとしての旧静態論は今日では完全に否定されているといわれるが，しかし姿を変えた形で今なおその役割を果たしていると解される。具体的にいえば，その1は，未履行契約のオンバランスに対して，資産の財産権に着目した考え方である。これは，ある意味で旧静態論の特徴とされた価値論的アプローチの一種とも解されるからである。同様に，「企業にとっての価値」との関係で重視される剥奪価値という考え方もやはり旧静態論における財産価値論的アプローチに通じるとみてよいであろう。その2は，わが国において最近特に金融機関の経営破綻を契機に重視されてきた債務超過の問題である。この債務超過には継続企業を前提とした会計基準を適用した結果として生じるケースと，企業の解散を前提としたケースとがある。このうちで後者はまさしく旧静態論に関係する。決算の意味を改めて考え直す点にもこれは関連する。その3は，実務では決算貸借対照表とは異なり，経営管理の面から買収や合併，さらにリストラクチャリングなどを仮定して臨時的に作成される非常貸借対照表が重視される傾向と関連する。これらの多くは明らかに企業のフレッシュ・スタートを目指すため，財産計算の面から作成されるのが普通である。

したがって，非常貸借対照表を問題とする意味で，旧静態論と接点を有するといえよう。その4は，会計情報の有用性の面から主張される財産計算を中心とした時価主義的傾向もまたこの旧静態論との接点をもつといってよい。これは財務表としての財産目録の再評価とも関係する。

次に，第2の流れとしての新静態論は，貸借対照表の見方（「資本調達・運用説」），貸借対照表における総資本在高計算，さらに貸借対照表分類論や貸借対照表分析論に関係する。ここでは主として貸借対照表に関する法文解釈が主眼ではない。むしろ実務で作成されている貸借対照表の経営経済的解釈とか，その一定の静的分類を前提とした経営管理上の貸借対照表分析及び貸借対照表の積極的な利用方法が中心となるのである。逆にいえば，ここでは資産評価に関しては利益の計算原則を所与とし，それを前提としたうえでの静態論的な側面が強調されるのである。今日，実務で重視されている ALM はこの種の静態論と連関するといえよう。

第3の流れとしての制度静態論は，主として貸借対照表法における実現原則及び不均等原則などの計算原則について経済観察法に基づいて解釈を試みるため，いわゆる制度会計の面にかなりの接点を有する。つまり，商法上及び税法上の貸借対照表作成にあたって，いかなる項目が貸借対照表に計上されるのか，いかなる評価がなされるのかという，いわば貸借対照表能力及びその評価に対して，この制度静態論は今日のドイツ GoB に関するフレームワークを提示するのがその特徴である。例えばそこでは，実現原則の静態論的解釈及び計上に際して貸借対照表作成者による主観的な裁量の余地を排除する客観性原則や，資産の計上にあたって具象性の要求などが要請されるのである。このような制度静態論は，財産処分計算の面では財産一部処分計算ととらえることができる。

以上の考察から明らかなように，静的会計は動態論を補完するだけでなく，最近では経済状況の変化に呼応して静的会計独自の重要性が認識されつつあるといえるであろう。

〔注〕
（1） この点については，拙著，『静的貸借対照表論の研究』森山書店，平成8年，79頁参照。
（2） この点については，拙著，前掲書注(1)，251頁参照。
（3） 商事貸借対照表の発展との関係における静態論の流れについては，拙稿，「ドイツ静態論の潮流と種々相」『経済学論叢』(神戸学院大学)第35巻第3号，平成15年12月，1頁～40頁参照。
（4） この点については，拙著，『現代静的会計論』森山書店，平成11年，第2章(47～93頁)及び第3章第1節(95～119頁)参照。なお，ドイツ貸借対照表法上，商事貸借対照表と税務貸借対照表との密接な関係を示す基準性原則については，拙稿，「ドイツ基準性原則とその動向」『商学集志』第73巻第1号，平成16年3月，19～38頁参照。
（5） 制度静態論によれば，分配可能利益計算は静態論に属し，比較可能利益計算は動態論に属すると解されているが，分配可能利益計算も広義には利益計算の範疇に入ると考えられる。そこで，この誤解を避けるためには，分配可能利益計算という用語に代えて継続企業を前提とした財産の一部処分可能計算が制度静態論の関心事であるとみることができる（拙著，前掲書注(4)，563頁参照）。
（6） R. T. Sprouse, The Balance Sheet—Embodiment of the Most Fundamental Elements of Accounting Theory, in: S. A. Zeff & T. F. Keller 編, Financial Accounting Theory, New York, 1973年, 所収, 164～174頁。
（7） この詳細については，拙著，『現代財産目録論』森山書店，平成14年参照。
（8） 「会社法制化の現代化に関する要綱案」，要綱案第2部・第6・1参照，平成16年12月。
（9） この点については，拙著，前掲書注(4)，563頁以下参照。
（10） この点の詳細については，拙稿，「精算表と会計思考」『商学集志』第66巻第1号，平成8年7月，64～68頁及び「精算表の発展」『商学集志』第73巻第1号，平成15年6月，4～10頁参照。なお，財産法もしくは資産負債アプローチに基づく精算表においては，当在高としての帳簿在高と，実地棚卸によって把握されたその実在高との比較が一義的である。このため，いわゆる整理記入欄は財産ストックの差額として算出される損益欄（損益計算書欄に相当するもの）の次に，事後的に位置することになる。
（11） F. Leitner, Die doppelte kaufmännische Buchhaltung, 第6・7版, Berlin・Leipzig, 1923年, 83頁。

(12) J. F. Schär, Buchhaltung und Bilanz, 第4版, Berlin, 1921年, 148頁。林良治訳, 『シェアー簿記会計学』(上巻) 新東洋出版社, 1976年, 130頁。このシェアーの帳簿締切手続に関しては, 拙稿,「初期シェアー学説における帳簿締切手続」『商学集志』第75巻第1号, 平成17年6月, 1～13頁参照。なお, フランスのグジョン (Goujon) & サルドウ (Sardou) はすでに19世紀後半にこの点について主張している (Goujon et Sardou, Cours complet de tenue des livres et d'operations commerciales, 第6版, Paris, 1877年, 167～173頁)。

(13) M. Berliner, Buchhaltungs- & Bilanzen-Lehre, 第7版, Hannover, 1924年, 266頁。

(14) A. Moxter, Das Realisationsprinzip—1884 und heute, in: Betriebs-Berater, 第28巻, 1984年10月, 1784頁。

(15) A. Moxter, Bilanzlehre, 第1巻: Einführung in die Bilanztheorie, 第3版, Wiesbaden, 1984年, 164頁。

(16) この点に関連して, すでにグロー (M. Groh) が連邦財政判所 (Bundesfinanzhof) の判決に基づいて期間限定の静的機能を主張している (M. Groh, Zur Bilanztheorie des BFH, in: Steuer-Berater, Jahrbuch 1979・80年, 132～133頁。なお, このグローの所説については, 拙著, 前掲書注(4), 423～424頁参照。

(16) A. Moxter, Bilanrechtsprechung, 第2版, Tübingen, 1985年, 22～39頁。

(17)(18) A. Moxter, 前掲書注(16), 63～83頁。なお, モクスターは貸借対照表作成上の判断に関する制限という意味における客観性という考え方と関係するが, しかしそれよりもやや広い意味で客観性という用語をも用いている。すなわち, 法的意味における貸借対照表は本来的に経済的な貸借対照表内容を指向するとしても, 法的安定性 (Rechtssicherheit) や法的明瞭性 (Rechtsklarheit) の要請から, この経済的な貸借対照表の内容が広範囲な客観性によって制約されるという考え方がこれである。この意味での客観性の第1段階は企業全体の評価に代えた個別評価原則を指す。第2段階の客観性は, 個別評価原則に対する全体的な制限を意味する。つまり, 資産化に対する有償取得, 負債化に対する外部義務や未決取引の債権債務に対する相殺性などがそれに該当する。第3段階の客観性は財産対象物及び負債の計上に対して経済的基準が適用されるとしても, 資産の経済的所有及び負債の経済的発生原因に関して必ずしも満足のいく結果は得られないという。そして, 第4段階における客観性原則は耐用年数の見積, 引当金の測定, 評価に対する継続性原則及び直接費のみの原価算入といった評価問題に関するものである (A. Moxter, 前掲書注(16), 第3版, Tübingen, 1993年, 252～253頁)。

(19) H. Beisse, Zum neuen Bild des Bilanzrechtssystems, in : Wallwieser・H. J. Böckung・J. Drukarczyk・R. H. Schmidt編, Bilanzrecht und Kapitalmarkt, Festschrift für Adolf Moxter, Düsseldorf, 1994年, 所収, 16頁。

(20) このローズの考え方については, すでに古賀教授が論究されている (古賀智敏『デリバティブ会計』(第2版), 森山書店, 平成11年, 86頁以下参照。

(21) P. Rouse, The Recognition of Executory Contacts, in : Accounting and Business Research, 第25巻第97号, 1994年, 16～20頁参照。なお, このローズの考え方については拙著, 前掲書注(4), 524～538頁参照。

(22) A. Moxter, 前掲論文注(14), 1783頁。

(23) この詳細は, 拙著, 前掲書注(1), 510頁以下参照。

(24) この点の詳細は, 拙著, 前掲書注(1), 538～549頁参照。

(25) シュミットの財産計算については, 拙著, 前掲書注(1), 409～428頁参照。

(26) これについては, 拙著, 前掲書注(1), 183頁以下参照。

(27) M. Berliner, 前掲書注(13), 63頁。

(28) この学説の概要については, 拙著, 前掲書注(1), 334～362頁参照。

(29) この学説の詳細については, 拙著, 前掲書注(1), 287～310頁以下参照。

(30) この詳細は, 安藤英義「株式会社の債務超過の判定問題」『會計』第155巻第5号, 平成8年5月, 1頁以下参照。

II　資産負債アプローチと静的会計

第4章
精算表の発展と資産負債アプローチ

1 はじめに

　今日わが国の簿記テキストでおなじみなのは8欄精算表である。決算整理前残高試算表・整理記入・損益計算書・貸借対照表の4つの各欄について貸借を有するタイプが一般的である。このほかに整理記入と損益計算書との間に決算整理後残高試算表欄を特に設けた10欄精算表もある。かかるタイプの精算表が確立するまでには，実は諸外国はもちろん，わが国でもまたその興味深い発展があったのである。例えば，リトルトン (A. C. Littleton) によれば，精算表はダフォルネ (R. Dafforne) の1635年における『ミラー商人』までさかのぼるといわれる(1)。そこでは，合計試算表・残高試算表・繰越試算表の各欄が設けられていたという。また渡辺泉教授は，正規の決算とは別に決算の運算と決算過程の全容を確かめるのが精算表であると解する。これに基づくと，精算表はシモン・スティーヴン (Simon Steven) の1605年における『数学的回想録』にまでさかのぼることができるとされる(2)。彼はそのなかで状態表と損益表を指摘している。

　本章では，精算表が次第に普及し始める19世紀以降において主としてアメリカ・ドイツ・フランスなどの欧米諸国を中心に精算表の発展について概観し，その特徴を比較検討するとともに，資産負債アプローチに適する精算表の様式についても併せて考察する。

2 アメリカの精算表

(1) 精算表の生成

まず最初にアメリカの精算表について取り上げる。

アメリカの精算表のルーツとみなされているのは，ゴッダードがBalance Sheetという名称で例示している精算表である。そこでは，元帳における合計試算表・残高試算表・損益勘定・資本金勘定・残高勘定（ゴッダードはこれを損益に先立つ企業の状態と表現している。）の各欄が設けられており，10欄精算表となっている[3]。

その特徴は以下の通りである。第1に，ゴッダードはこのBalance Sheetと呼ぶ精算表の作成目的を帳簿記入に関する恒常的な誤りのチェックにあるとみる[4]。第2に，ゴッダードの精算表の出発点となる合計試算表は決算整理後の合計試算表である。これは商品勘定及び商品販売損益の結果を示す損益勘定の記入から明らかである。この点に関して彼は「元帳への転記が完了すると，バランスシートを作成する準備が整う[5]」と述べる。それ故に，それは決算整理前の試算表を出発とする今日の一般的な精算表とは性質を異にする。第3に，貸借対照表欄はなく，それが資本金勘定欄とそれ以外の在高勘定を示す企業の状態欄の2つに分かれている点である。第4に，このような在高勘定としての資本勘定欄及び企業の状態欄よりも，損益勘定欄が先行している点である。このようなゴッダードの精算表がアメリカにおける精算表の生成と解されるのである。

(2) 精算表の名称

精算表の名称に関して，ゴッダードのBalance Sheetという用語をブライアント（H. B. Bryant）・ストラットン（H. D. Stratton）・パッカード（S. S. Packard）及びフォルソム（E. C. Folsom）も同様に用いている[6]。このBalance Sheetという用語のほかにコルト（J. C. Colt）はGrand Balance Sheetという名称を用

いている⁽⁷⁾。いずれにせよ，19世紀では Balance Sheet という用語が中心である。

その後，20世紀に入ってからコール（W. M. Cole）は Statement という名称を用いている。ペイトン（W. A. Paton）＆スチーブンソン（R. A. Stevenson）は Statement という名称とともに，Working Sheet という用語も用いている⁽⁸⁾。

今日精算表について一般的となっている Working Sheet は，例えばリッテンハウス（C. Rittenhouse）によって1918年に用いられ，その後ケスター（R. B. Kester）やパーシー（A. L. Percy），ペイトンによって継承されている。なお，Work Sheet という名称もリッテンハウス＆パーシーが用いている⁽⁹⁾。

（3） 精算表の様式

すでにゴッダードの精算表のなかで触れたように，アメリカでは多くの欄を設けた，いわゆる多欄式精算表が一般的である。ただ，設けられる各欄や，その順序に関しては必ずしも一様ではない。

設けられる欄の数の面からみると，6欄・8欄・9欄・10欄・12欄・13欄など多種多様である。最も欄の少ない6欄精算表を示すのはコールである⁽¹⁰⁾。そこでは残高試算表・残高勘定・損益勘定の各欄に貸借をそれぞれ設けたものである。コルトは残高試算表・損益勘定・自己資本・残高勘定による8欄精算表を例示する。ただし，この残高試算表は決算整理後のもので，整理記入欄はない。ケスター及びホッジ（A. C. Hodge）＆マッケンジー（J. O. Mckensey）も整理記入欄をもつわが国でおなじみの8欄精算表タイプを例示する⁽¹¹⁾。9欄精算表を例示するのはブライアント・ストラットン・パッカードである。そこでは決算整理前合計試算表・棚卸表・損益・自己資本・資産負債の各欄において棚卸表欄だけが単記となった9欄精算表である⁽¹²⁾。10欄精算表には2つのタイプがある。1つは8欄精算表に決算整理前合計試算表を加えたものである。ペイトン＆スチーブンソンはこれを例示する⁽¹³⁾。もう1つは，8欄精算表に決算整理後残高試算表を加えたものである。リッテンハウスやペイトンがこれを例示する⁽¹⁴⁾。

12欄精算表は，決算整理後残高試算表を加えた10欄精算表に，さらに主たる営業活動に伴う売買損益欄を設けたタイプと，製造原価欄を設けて製造原価の算定を示すタイプとがある。前者を例示するのはリッテンハウス＆パーシーであり，後者を例示するのはペイトンである(15)。13欄精算表はやや特殊である。これを例示するフォルソムによれば，合計残高試算表・棚卸表・損益・3人の個人資本勘定・残高の各欄の合計7欄が設けられており，棚卸表欄だけが単記の13欄精算表である(16)。

なお，最近では残高試算表・修正記入・修正後残高試算表・損益計算書・貸借対照表の各欄を設けた10欄精算表が一般的である(17)。

このような多欄式精算表がアメリカでは支配的である。ここで19世紀から20世紀の20年代までのそれを考察すると，興味ある事柄がある。多欄式を前提とする場合に，実は決算整理を経た後に損益計算書欄を貸借対照表欄よりも先行させるタイプと，それとは逆に貸借対照表欄を損益計算書欄よりも先行させるタイプとが併存するのである。前者を例示するのはゴッダード，ブライアント・ストラットン・パッカード，フォルソム，リッテンハウス，パーシーなどである。これに対して，後者を例示するのは，コール，ケスター，ペイトン＆スチーブンソンなどである。

複式記入を前提とする限り，どちらを先行させてもたしかに表示されるべき会計数値には全く影響しない。その点からは表面的にどちらのタイプでも一向に差し支えないともいえる。しかし，決算整理記入後にどちらを先行させるかは実質的には会計の基本スタンスとも密接に関係すると解される。つまり，会計思考において在高勘定を中心に置くのか，それとも収益及び費用による損益勘定を中心とするのかという問題がこれである。近年の会計思考との関係でいえば，それは資産負債アプローチを重視するのか，あるいは収益費用アプローチを重視するのかという点とも関係する。1920年代以降，いうまでもなく損益計算書欄を貸借対照表欄よりも先行させるタイプが支配的となり，今日に至っている。

（4） 精算表の機能

精算表にはいくつかの機能が考えられる[18]。第1は決算プロセスの全容を示す機能である。第2は帳簿締切に役立つ機能である。第3は一期間の取引に基づく財務内容の概観を表示し，その正否を確認する機能である。第4は財務諸表作成の基礎となる機能である。

この精算表の機能についてこれまで多種多様な見解が展開されてきており，必ずしも一様ではない。ゴッダードはこれらの機能のうちで第2の機能を重視する。彼の場合には決算整理を経た後に精算表が作成され，そこでは元帳記録の誤謬を発見し，帳簿を検証したうえで，最終的な帳簿締切が重要な関心事となる[19]。ブライアント・ストラットン・パッカードは上述の機能のうちで第1の決算プロセスの全容及び第3の財務内容の概観機能を重視する[20]。フォルソムは第2の帳簿締切機能を重視する[21]。6欄精算表を前提とするコールは，第3の財務内容に関する概観機能，とりわけ企業成果の算定に注目する[22]。ケスターは，第2の帳簿締切，第3の財務内容の概観，そして第4の財務諸表の作成基礎という3つの機能を指摘する[23]。

1920年代に入ると，ホッジ＆マッケンジーは第3及び第4の機能に着目する[24]。ペイトン＆スチーブンソンもこれと同様である[25]。リッテンハウス＆パーシーは第2及び第4の機能を指摘する[26]。ペイトンは第2及び第4機能を明示する[27]。

最近では第2及び第4機能を指摘する論者が多い。例えばキーソ（D.E. Kieso）＆ウェイガント（J.J. Weygant）やメイグス（R.F. Meigs）＆メイグス（W.B. Meigs）がそうである[28]。ホーグレン（C.T. Horngren）・ハリソン（W.T. Harrison）等は第2，第3及び第4機能を指摘する[29]。

ところで，この精算表が簿記一巡の手続に属するか否かが問題となる。この点に関してすでにペイトンは1926年の『会計学』のなかで精算表が実地棚卸の後に直ちに会計サイクルに導入されるべきであると主張する[30]。後にペイトンは1938年の『会計学のエッセンス』のなかで簿記プロセス（bookkeeping process）と会計手続（accounting operation）を区別し，前者のなかには精算表の

作成を含めないが,しかし後者にはそれを含めている[31]。最近では精算表を会計サイクルに含めるか否かについては次の2つの考え方がある。1つは,それを含める考え方である。メイグス＆メイグスはその立場を示す[32]。2つめは,それを必ずしも不可欠なものとしてではなく,オプションという形で理解する考え方である。フィニー（Finney）＆ミラー（Miller）や,ホーグレン等,キーソ＆ウェイガントはそれを示唆する[33]。ただ,このような精算表と会計サイクルとの関係で違いはあるものの,いずれも精算表が財務諸表作成の直接的な手段とみなされている点で共通する。ここに精算表を正規の簿記手続のなかに含めるべきであるという根拠が存している[34]。

たしかに,精算表は簿記上の帳簿組織にとって不可欠な構成要素ではない。それは主要簿でもないし補助簿でもないからである。しかし,既述の通りこの精算表が決算手続のなかで果たす役割はけっして過小評価されるべきではない。その点から精算表は実質的に会計サイクルに属すると解して差し支えないであろう。また,簿記会計の教育上からみて,この精算表の理解は大きな意義を有していることは多言を要しないはずである。

3 ドイツ語圏の精算表

（1） 精算表の生成

ドイツ語圏の精算表の歴史はアメリカに比べてそれほど古くはない。筆者が調べた限りでは,その萌芽はすでに19世紀の中頃にまでさかのぼることができる。ゴットシャルク（C.G. Gottschalk）は6欄精算表を例示している。そこでは決算整理前合計試算表・財産在高・損益結果の各欄を設けている[35]。ここには整理記入欄はない。また,この財産在高欄及び損益の結果欄とも貸借の合計金額は一致しておらず,その欄外で純財産及び損益が算定されている。ここでは財産在高欄が損益結果欄よりも先行しているのがその特徴である。

その後,19世紀末になって精算表についてやや詳しく論及するのはドラパラ（T. Drapala）である。彼は決算整理前合計試算表・財産目録・成果の各欄

をもつ6欄精算表と，そのなかに決算整理前残高試算表も加味した8欄精算表について触れている[36]。この精算表は決算手続の一覧を示すので，もっとも望ましい形であるという。彼はこの点について次のように述べる。「精算表は理論及び実務にとって同様に意義がある。というのは，比較的古いテキストでは同じものが全く考慮されないか，あるいはほんのわずかしか注目されてこなかったし，実務では現在までほとんど全く知られていないままであったからである。これに対して，精算表は比較的最近のテキストでは常により大きく注目されている。その理由は，この種の表が体系的な（複式）簿記の全体的な締切に対する最善の説明と同じく，最善の締切手続を形成する点に求められねばならない。実務上もまた精算表は，試算表により同時に財産貸借対照表と損益計算書が総合され，その際に年間のかかる仮決算が精算表のなかで省ける限り，これ（精算表―筆者注）が決算手続に対する重要な節約を意味することによって，より大きな価値がある。[37]」この彼の論述から，精算表自体はドイツ語圏でもこれ以前にもさかのぼることができるようである。ただ，その具体的時期についてはまだ文献上確認できていない。

　その点はともかく，ドイツ語圏の文献で精算表について詳述するのはドラパラがはじめてであるといってよい。その点で，これは精算表に関する重要なコメントである。なお，ドラパラは前述した6欄精算表を具体的に例示している[38]。

　20世紀に入ってから精算表を例示するのはシェアーである[39]。彼は6欄精算表と10欄精算表を示す。前者には2つのタイプがある。1つは（決算整理前）合計試算表・期末貸借対照表・損益の各欄を設けたタイプである。これはユニークである。というのは，合計試算表欄のなかに各勘定の帳簿棚卸高と並んで財産目録に基づくその実地棚卸高も計上されているからである。しかも，この実地棚卸高が同額で期末貸借対照表欄に記入され，両者の差額が結果的に損益欄に記入される仕組みとなっている。2つめは，残高試算表欄，次に実地棚卸による財産目録に基づく結果を収容した期末貸借対照表欄，そして損益欄を設けたタイプである。10欄精算表は合計試算表・残高試算表・期末貸借対照

表・損益・資本勘定を有する精算表である。6欄精算表あるいは10欄精算表のいずれのタイプにおいても，財産の実地棚卸の結果を収容した財産目録欄を設けるのが特徴である。これに対して，アメリカの精算表は実地棚卸の結果の一部をたしかに棚卸欄もしくは整理記入欄で示す。しかし，それは実地棚卸の結果のすべてではない。むしろ，帳簿残高とその実在高とが一致せず，前者の修正を要する項目だけその欄に示すにすぎないのである。したがって，逆にいえば帳簿残高がその実在高と一致する場合には，その記録を修正する必要はないので，棚卸欄もしくは整理記入欄への記入は不必要である。

なお，シェアーは，6欄精算表に関して純利益の二重表示という考え方を示している。つまり，一方は財産目録を中心とした財産在高の増加として算定される"実証された純利益"である。これに対して，他方は損益勘定で算定される"計算された純利益"である[40]。ここで注意すべきは，シェアーの考え方が単純に純利益の二重計算ではない点である。というのは，たしかに両者の純利益の金額は同一であるが，しかし算定された利益の質的内容が全く異なるからである。実地棚卸に基づく財産目録の作成を通じた財産在高系統の純利益はあくまで実証されたものであり，したがって一義的に重要なものであると解される。これに対して，損益勘定で算定される純利益は単純に計算されたものにすぎないことに留意する必要がある。

その後，1910年代から20年代にかけて静態論者の多くが精算表を例示している。ライトナー，ベルリーナー，ゲルストナー，ライシュ（R. Reisch）&クライビヒ（J. K. Kreibig），ル・クートル等がその代表者である。ドイツ語圏ではカルフェラム（W. Kalveram）が文献上1938年にドイツ語圏ではじめて整理記入欄に相当するものを例示したのがその大きな特徴である。12欄精算表を例示するのはライトナーである。ここでは期首在高・期中取引・合計試算表・残高試算表・決算貸借対照表・損益計算書の各欄は設けられているが，整理記入欄はない。

（2） 精算表の名称

　ドイツ語圏でも精算表について様々な名称が用いられている。すでに触れたように，ゴットシャルクはそれについて Probebilanz もしくは Interimsabschluss と呼んでいる。ドラパラは Abschluß-Bilanz, Abschluß-Tableau, Bilanz-Tableau という用語を用いている。シェアーは精算表について特に名称を付してはおらず，単に期末貸借対照表に対する予備手続きと呼ぶにすぎず，これは後に至っても同様である[41]。一般には精算表を Abschlußtabelle と呼ぶ場合が多い。ライシュ＆クライビヒ，ライトナー，カルフェラムがそうである[42]。ル・クートルはこれに類する Abschluß-Tableau という用語を用いる[43]。最近では精算表について，ガベレ（E. Gabelle）をはじめとして多くの論者は Hauptabschlußübersicht と呼ぶ傾向が強いが，クレッセ（W. Kresse）は Bilanzübersicht という表現を用いている[44]。

（3） 精算表の様式

　ドイツ語圏における精算表の様式は，アメリカと同様に多欄式である。最も欄が少ないのは6欄精算表である。たとえばすでに触れたゴットシャルク，ドラパラ等がそうである。そこでは合計試算表・決算残高・損益の各欄が設けられている。20世紀に入ってからはシェアーやライシュ＆クライビヒもこれとほぼ同様であるが，ただライシュ＆クライビヒは決算残高という呼び方に代えて財産目録を用いており，ベルリーナーは残高試算表・財産貸借対照表・損益の各欄を設けた精算表を例示する[45]。合計試算表・残高試算表・棚卸表・損益の各欄を設けた8欄精算表を明示するのはゲルストナーであり，ル・クートルも同様に合計試算表・残高試算表・決算残高勘定・損益勘定の8欄精算表を示す[46]。10欄精算表を例示するのはシェアー，カルフェラムである。シェアーは合計試算表・残高試算表・決算残高・損益・資本勘定の各欄を設け，またカルフェラムは合計試算表・残高試算表・修正価値（Korrekturwert）・財産目録・経営成果の各欄を設けている[47]。ライトナーは，期首残高・期中取引・合計試算表・残高試算表・決算貸借対照表・損益計算書の各欄を設けた

12欄精算表を例示している(48)。

このように，19世紀中頃から20世紀の30年代までは，次の特徴がある。第1は，既述のカルフェラム以前においては原則としてドイツでは整理記入欄が設けられていない点である(49)。第2は，ドイツの多欄式精算表において設けられる欄のなかで，決算残高勘定もしくは財産目録欄が損益勘定もしくは損益計算書の欄よりも先に位置している点で共通する。

最近では既述の第1の特徴はなくなり，一般に整理記入欄は設けられるようになる。例えば，ヴェーエ（G. Wöhe）は合計試算表・残高試算表・修正記入・決算貸借対照表・成果概観の各欄を設けた10欄精算表を，ジコルスキー（R. Sikorski）はこの10欄精算表のなかで残高試算表から出発し，記帳替欄の後に決算整理後残高試算表を加味した10欄精算表を，そしてガベレは決算整理前合計試算表・残高試算表・記帳替・決算整理後残高試算表・貸借対照表・損益計算書の各欄を設けた12欄精算表をそれぞれ例示している(50)。ブレットナー（W. Blödtner）等はさらにこの12欄精算表に期首貸借対照表及び期中取引の2欄を加味した16欄精算表を例示する(51)。このように，最近でも第2の特徴は依然として継承されており，貸借対照表欄もしくは財産目録欄が損益計算書欄に優先している。

なお，このドイツ語圏においてユニークな精算表を示すのはビーダーマン（H. Biedermann）である。これは図表4—1の通りである。

整理記入欄をもたない伝統的なタイプのほかに，彼は整理記入としての要素を加味した欄をもつ8欄精算表を例示している。そこでは整理記入的要素を示す欄は，一般的な精算表のように，決算整理前残高試算表と損益計算書との間に位置していないのが大きな特徴である。図表4—1から明らかなように，その精算表では（決算整理前）残高試算表・財産目録貸借対照表・在高差異・損益計算書という順序による各欄が設けられている。まず，財産の当在高を示す残高試算表とその実在高を示す財産目録貸借対照表との在高比較により，両者の差額が在高差異欄に計上される。次に，その在高変動の原因記録をさらに在高差異欄のなかに追加させる形で整理記入が行われる。そして，最後に損益計算

図表 4—1　機能勘定を財産目録在高勘定と販売勘定に分解する精算表

勘定タイプ		I 残高試算表		II 財産目録貸借対照表		III $\Delta i = \text{II} - \text{I}$ 在高差異		IV $= \text{I} + \text{III}$ 損益計算書	
		借方 +	貸方 −	借方 +	貸方 −	借方 +	貸方 −	費用 +	収益 −
財産目録在高勘定 S'/i	積極勘定								
	貨幣勘定	255		255				a	e
	財産目録勘定								
	商品	20		15			5		
	固定設備	80		70			10		
	消耗品	10		12		2			
	中間利子	4		5		1			
K	消極勘定								
	買掛金		100		100	100			
	自己資本		250		250	250			
売買勘定 U	費用勘定(投入，コスト)					売買勘定への振替			
	仕入	100				5		105	
	減価償却費	—				10		10	
	消耗品費	30					2	28	
U'	収益勘定(売上)								
	売上		134						134
	受取利息		15				1		16
		499	499	357	350	18	18	143	150
	成果				7			7	
				357	357			150	150

出典：H. Biedermann, *Kontentheorie und Abschlußtechnik*, 第6版, Zürich, 1948年, 45頁

書欄が誘導される仕組みとなっている[52]。さらに，整理記入的要素を在高差異欄から独立させたものが図表4—2のIV欄である。なお，利益処分後の貸借対照表を想定した精算表も彼は例示する。それによると，残高試算表・財産目録貸借対照表・貸借対照表修正・成果計算・利益処分・期末貸借対照表の各欄を設けた精算表を示している[53]。いずれにせよ，このような整理記入欄を財産目録欄と損益計算書欄との間に置くユニークな精算表様式は，資産負債アプ

図表 4−2 整理記入欄を独自にもつ精算表

勘定タイプ	勘定	I 残高試算表 借方	I 残高試算表 貸方	II 財産目録貸借対照表 積極	II 財産目録貸借対照表 消極	III = I − II 損益計算書（投入努力）支出（損失）	III = I − II 損益計算書 収入（利益）	IV 財産目録価値差額を売買勘定に振替 借方	IV 財産目録価値差額を売買勘定に振替 貸方	V = III + IV 事業成果（販売努力）費用	V = III + IV 事業成果 収益	VI 中間成果 (N) 費用	VI 中間成果 (N) 収益
財務勘定	K勘定 { 自己資本		2000		2000								
	長期借入金		800		800								
	買掛金		688		688								
	G勘定 { 現金預金	436		436									
	売掛金	960		960									
中性勘定	n勘定 { 有価証券	210		205		5						5	
	貸倒引当金		60		77	17						17	
	不動産利益		12				12						12
	為替差損益	7				7						7	
事業勘定	i勘定（陸目録価値勘定） { 固定資産	1500		1400		100			100				
	商品	820		720		120			120				
	消耗品	72		80				8	1				
	支払中間利子	4		3		1			3				
	受取中間利子		20	23					1				
						3		4					
	費用に対する引当金		35	31									
	前払税金	10				10			10				
	u勘定（損益勘定） { 仕入	3300				3300		120		3420			
	売上		4860				4720		4		4720		
	販売費	140											
	損費	780				780		100		776			
	減価償却費	—						1		100			
	受取利息		16				16	3			15		
	支払利息	40				40				43			
		170				170				162			
	消耗品費	42				42			8	52			
	税金							10					
		8491	8491	3784	3619	4595	4760	246	246	4553	4735	29	29
				*3748	165	165		E		182		29	17
成果					*3748	4760	4760			4735	4735		12

*この 3748 という数値は 3784 のミスプリントである。

出典：H. Biedermann, 前掲書, 156〜157 頁

ローチにとっての精算表のあり方を考えるうえで注目に値するといえよう(54)。

(4) 精算表の機能

さて，ドイツにおいて精算表の機能として考えられるのは以下の通りである。第1は，主として決算貸借対照表の作成に重点を置いた決算プロセスを示す機能である。これを主張するのはシェアーである。既述の通り，精算表は決算貸借対照表の予備手続と解されている。第2は，その結果として当期の経営成績及び財政状態といった財務内容の概観を示す機能である。例えば，同じくシェアーは決算貸借対照表の予備手続として純利益の二重表示も指摘する。また，それとの関係で帳簿上の財産在高の記録を表すゾル・ベシュタントとそのイスト・ベシュタントとの比較によって，いわゆる財産法的な損益の算出プロセスも精算表を通じて明らかとなる。

第3は，帳簿締切に役立つ機能である。この機能と第2の機能を併せた考え方をライシュ＆クライビヒは次のように述べる。「帳簿締切の際には記帳の誤りや脱漏が発見されることがまれではない。しかし，すでに一部において締め切られた元帳の修正はできないので，多くの企業では期末の試算表を基に暫定的に元帳を代表する決算簿が作成される。この決算簿において決算作業が完全となり，しかも各勘定の一致を確認してはじめて財産目録項目と成果項目を振り替える。常に煩瑣な決算簿に対する代わりとなるのがいわゆる精算表であり，それは同じく勘定の一致の確認に役立ち，しかもさらに勘定の流れに関する概観を可能とする。(55)」

なお，最近ではヴェーエは精算表の機能として，次の4つを指摘する(56)。第1は，記入の誤謬発見機能である。第2は，企業管理上，簿記の枠外で減価償却額や計算限定項目の設定などのように，決算整理を要する項目の最終決定を行う機能である。第3は，経営の経済的状況に関する追加的な情報提供機能である。第4は，商事貸借対照表から税務貸借対照表を誘導するのに役立ち，また外部監査人が記帳の変化を確認する際に監査に役立つ機能である。このうちで第1機能から第3機能までは，すでにアメリカで触れられており，特に目

新しいものはない。第4の機能に関してはほとんど論及されてはいない。これに関連して，精算表は，企業自身が行った記帳の変化に関するチェックを外部監査人に可能とする点もユニークである。

なお，ドイツでは決算プロセスを中心とした精算表に関連してHauptabschlußübersicht という独特のものが存在する。これは，期首貸借対照表・期中取引・合計試算表・残高試算表Ⅰ・整理記入・残高試算表Ⅱ・期末貸借対照表・損益計算書の各欄を設けた16欄精算表である。これは単に期末の決算プロセスだけではなく，期首貸借対照表や期中取引も加味した一期間全体の経営状況を一覧表としたものである。この経営概観精算表ともいうべきものは，年次決算書の準備に役立つだけではなく，事業財産（Betriebsvermögen）の発展における洞察を専門知識のある第三者に提供する。したがって，記帳義務のある事業は，税務当局にこの経営概観精算表の提出義務があるとされる[57]。所得税法施行令第60条1項2文に従うと，複式簿記の原則に即した帳簿がつけられるとすれば，損益計算書が添付されねばならないと規定されている。ちなみに，この経営概観精算表の歴史は古く，1943年所得税法追加規則（Ergänzungsrichtlinien）にまでさかのぼることができる。つまり，この経営概観精算表は税務上の課税所得計算にとって重視されているのである。その追加規則では，既述とほぼ同様の多欄を設けたモデルが例示されている[58]。ただし，その当時のモデルでは整理記入欄と決算整理後残高試算表欄がない12欄精算表となっている。

4　フランスの精算表

（1）精算表の生成

フランスでは精算表の萌芽とも解されるべき考え方をはじめて示したのは，5勘定説（cinquecontistes）の一人として知られるデグランジュ（E. Degranges, père）である。仕訳帳と元帳を一覧表とした仕訳元帳制の提唱者としても有名なこのデグランジュは，その例示のなかで精算表のプリミティブな原型を部分

4 フランスの精算表　109

的に示している。すなわち，仕訳元帳制のモデルのなかで決算整理前合計試算表，財産目録に基づく財産の実在高を表す残高勘定，そして商品販売損益算定に際しての決算整理欄に相当する欄がすでに設けられている。したがって，実質的には精算表の萌芽といってよい。ただ，今日の一般的な精算表と違って，その3つのセクションがまだ一つの有機的な関係を保つ一覧表という形式までになっていないのがその特徴である[59]。

その後，19世紀中頃にフランスにおいて独特の精算表が生成する。その創始者と考えられるのはデプランク (L. Deplanque) である。彼もまた5勘定説の一人といわれる。彼は，すでに触れたアメリカ及びドイツの多欄式精算表とは全く異なり，ユニークな精算表を例示する[60]。分割式精算表がこれである。ここで分割式精算表とは，決算整理前に合計欄及び残高欄をもつ部分と，決算整理後に合計欄と残高欄をもつ部分とに二区分された精算表である。なお，このような精算表を例示するデプランクの『簿記』の第8版は1855年であるが，その初版は，レイモンダン (G. Reymondin) によれば1840年で[61]，両者とも825頁で同じである。それ故に，この同一頁数から推測すると，かかる分割式精算表のルーツは1840年までさかのぼることができるかもしれないが，これは推論の域をでない。

このようなタイプの分割式精算表はその後19世紀中頃以降に多くの論者によって継承されることになる。例えば，クルセユ・セニュイ (J.G. Courcelle-Seneuil) をはじめ，ルフェーブル (H. Lefèvre)，フォーレ (G. Faure) などがそうである。20世紀に入ってからもティリ (C. Thiry) 及びデシャン (H. Dechamps) をはじめ，クロワツェ (A. Croizé) & クロワツェ (H. Croizé)，ガルニエ (O. Garnier)，ピンザール (C. Pinsart)，バタルドン (L. Batardon) 等がそれを継承している。その傾向は最近になってもほぼ同様である。ガルニエ (P. Garnier)，ブルロー (A. Burlaud)，メリオン (G. Melyon) & ノグエラ (R. Noguera) は依然として伝統的な分割式精算表を例示している[62]。

なお，一般的な多欄式精算表をフランスで例外的に例示しているのはゴレ (F. Goré) & デュピュ (C. Dupouy) である[63]。そこでは残高試算表・整理記

入・損益計算書・貸借対照表の各欄をもつおなじみの10欄精算表に,前期までの貸借対照表をその前に加えた内容となっている。

(2) 精算表の名称

精算表の名称としてデプランクは,決算整理前合計残高試算表を"暫定的バランス"(balance de provisoire)と呼び,また決算整理後に作成されるものを"全体的及び最終的バランス"(balance générale et définitive)と呼ぶ。これに対して,クルセユ・セニュイは決算整理前合計残高試算表を"検証のバランス"(balance de vérification)といい,決算整理後のものを"実地棚卸に基づくバランス"(balance d'inventaire)と呼ぶ。ティリは決算整理前合計残高試算表を"確認に関する全体的なバランス"あるいは"暫定的バランス"と呼び,決算整理後のものを"確認に関する全体的及び最終的バランス"と呼ぶ。

このように,決算整理前のものと決算整理後のものとを区別するにせよ,いずれも"バランス"という用語を共通して用いるのがその特徴である。この傾向は最近でも同様である。例えば,メリオン＆ノグエラは決算整理前合計残高試算表をバランスと呼び,決算整理後のものを"実地棚卸後のバランス"(balance après inventaire)と呼んでいる[64]。また,決算整理後に作成されるものは,"実地棚卸に基づくバランス"という用語が19世紀後半から20世紀の中頃まで一般的であったようである。

(3) 精算表の様式

既述の通り,フランスの精算表の特徴は,決算整理の前後で2つに分割されるタイプである。以下,その内容についてさらに詳しく論じることにしたい。

まず決算整理前の"暫定的バランス"あるいは"検証のバランス"については,特に問題はない。これには,合計欄と残高欄があり,今日の一般的な決算整理前の合計残高試算表を意味する。

これに対して,決算整理後に作成される"バランス"も同じく合計欄と残高欄が設けられる点で共通する。一見すると,これは決算整理後合計残高試算表

と考えがちであるが，実はそうではない。まずその合計欄の内容を検討すると，次の事実が判明する。利益または損失を表す各項目の貸借合計金額は同一であり，その残高がすでに損益勘定に振り替えられた後の数値となっている。同じく損益勘定も貸借同一金額であり，これもまた資本勘定に振り替えられた後であることがわかる。つまり，"全体的及び最終的バランス"あるいは"実地棚卸に基づくバランス"における合計欄は，決算整理仕訳を行い，且つ損益勘定を資本勘定に振り替えた段階における貸借合計金額を示したものである。したがって，それは今日の精算表では全く念頭に置かれていない数値であるといってよい。言い換えれば，決算整理前の段階において精算表の様式のなかに合計試算表はたしかに設けられる場合もある。しかし，決算整理後には合計数値は全く問題にならないのが普通である。というのは，決算整理を経た後では，貸借対照表や損益計算書といった最終的な財務諸表の作成にとって有用な残高金額の把握が一義的となるからである。

　一方，決算整理後のバランスにおける残高欄は，事実上財産目録もしくは貸借対照表に計上される項目が収容される。つまり，この残高欄は通常の決算整理後残高試算表とイコールではなく，むしろ決算整理を経た後の在高勘定のみの数値，すなわち財産目録と同一結果を示したものである。ここにフランスにおける精算表の大きな特徴の一つがある。すなわち，精算表の最終欄は財産目録あるいは貸借対照表に計上される数値を収容するのである。フランス商法上，財産目録の作成が義務づけられていたのがこの精算表の様式にも大きく影響したと解されるのである。

　このようなフランスの精算表では，整理記入欄がないだけでなく，さらに損益計算書欄もないのに気づく。この2つの欠如はフランス精算表の大きな欠点を示すともいえよう。

(4) 精算表の機能

　すでに触れたように，一般に精算表は正式な決算に先立って帳簿締切手続全体を確認し，しかも企業の財務内容に関する概観を把握する点にその特徴があ

る。これまでは，この精算表は仮決算ともいわれ，正規の決算手続の枠外に位置づけられる傾向にあった。かつてのアメリカ及びドイツがその典型である。

　これに対して，フランスの場合にはやや事情を異にしている。というのは，フランス型の精算表の作成に際しては，必ずしも正規の決算手続の枠外とはいえない側面が含まれているからである。それを具体的に示すのは，特に決算整理後に作成される"バランス"の内容である。既述の通り，決算整理後に作成される"バランス"の合計欄は，損益勘定で算出された当期の損益をすでに資本勘定に振り替えた後の段階で作成されたものである[65]。さらに，この段階における"バランス"の合計欄における最終合計金額は，実は仕訳帳の記入と照合されるのである。つまり，決算整理後に作成される"バランス"においては，単に企業の財務内容の把握に対するデータの入手だけが問題ではない。これに加えて，仕訳帳と元帳との間での記帳チェックにも利用されているのである。この"バランス"を通じた確認手続が大きな特徴であるといってよい。したがって，この面からフランスの精算表が正規の決算手続の枠外にあるというよりは，むしろその枠内にある正規の決算手続の一環と解して差し支えないであろう。

　ところが，通常の簿記テキストではそのような手続きがないのが普通である。そこでは仕訳帳と元帳との記入に関する照合関係の確認がなされるのは，一般に決算整理前の段階までにすぎないからである。決算整理前に作成される合計試算表を通じて，仕訳帳の合計金額と元帳の合計金額とが照合される。それ以降はそのような確認手続は行われない。決算整理後には仕訳帳において決算整理仕訳及び決算振替仕訳が行われる場合，決算整理仕訳の合計金額及び決算振替仕訳の合計金額によりそれぞれ二重線で締め切る方法と，両者を独立させずに加算したうえで二重線を引いて締め切る方法が一般的である。いずれにせよ，それらの合計金額は，前に述べた決算整理前の段階で算出した合計金額とは全く切り離され，それぞれ独立した金額となっている。

　他方，決算整理後に作成される"バランス"の残高欄は，もちろん決算整理後残高試算表ではない。それは，デプランクをはじめとして19世紀から20世

紀において総じて実質的に財産目録もしくはその要約としての貸借対照表を意味するのである。これは，フランスでは1953年デクレの制定まで，財産目録が商法上中心的な存在であった点にまさしく符合するとも解されるのである。財産目録もしくは貸借対照表に決定的な重きを置く会計思考がフランスの精算表にも反映しているといえよう。

なお，最近ではようやくこの伝統的なフランス型精算表とはやや異なるタイプも出現するようになってきている。それは，たとえばガルニエやブルローのように，決算整理後に作成される"バランス"に関してその合計欄及び残高欄が文字通り決算整理後合計残高試算表を意味するタイプである[66]。したがって，その残高欄は従来のように財産目録もしくはその要約としての貸借対照表とイコールではなく，今日の10欄精算表での決算整理後残高試算表を意味するのである。しかし，最近でも依然として伝統的なフランス型の精算表を継承し，決算整理後の"バランス"における残高欄が貸借対照表を誘導するタイプを例示する論者もいる。たとえばメリオン＆ノグエラがそうである[67]。このように，決算整理後の"バランス"の内容に関しては，若干従来とは異なるタイプが現れてきているものの，その内容が変化してもその合計欄の最終合計金額はやはり仕訳帳の合計金額との照合関係を重視する手続は依然として継承されているのである。

以上の点から，フランスの精算表は正規の決算手続の一環に属すると解して差し支えないであろう。いずれにせよ，精算表において決算整理後もなお"合計"金額の積極的な意味づけを行う点は注目に値する。その点に関して，メリオン＆ノグエラは仕訳帳の合計＝元帳の合計＝"バランス"の合計を明確に指摘している[68]。

ちなみに，フランスの分割式精算表における決算整理後の"バランス"に関する伝統的なタイプでは，既述の通りその残高欄は財産目録もしくはその要約としての貸借対照表と同一結果となる。それ故に，このタイプの精算表を例示する論者の多くは，決算整理仕訳及び損益勘定の資本勘定への振替仕訳までの段階で帳簿を締め切る手続を主張している。言い換えれば，在高勘定の帳簿残

高を財産目録で示される財産の実在高に修正し,両者の一致を確認すれば,あえてこれらの在高勘定に関する帳簿締切手続を行う必要はないと説くのである。その結果,いわゆる英米式の帳簿締切法ともこの精算表のタイプは一定の関係を有するのである。ただ,アメリカで展開されている英米式とは違って,繰越試算表の作成を要しない独特の"英米式"を示唆する点がその大きな特徴である。

5 その他の諸国の精算表

(1) ポルトガルの精算表

アメリカ・ドイツ・フランス以外でも精算表は文献上示されている。たとえば,ポルトガルがそうである。そこではすでに1880年に"任意的なバランス"(balanço volante) と呼ばれた8欄精算表が示されている。ただし,合計試算表・残高試算表・財産目録・損益の各欄を設けたものであり,そこには整理記入欄はない。しかも,財産目録欄が損益欄の前に位置しており,ドイツ語圏の精算表と同じタイプに属するといってよい。さらに注目すべきは,例示されている精算表において財産目録欄と損益欄は貸借の合計が一致していない点である。財産目録欄では資産及び負債の各項目のみを計上しており,その貸借差額の純財産は欄外で算出されている[69]。また損益欄も決算整理前の残高試算表で示されている財産の当在高と,財産目録で示されている財産の実在高との比較によって得られた利益または損失のみが収容されており,純損益は損益欄の欄外で算出される仕組みとなっている。

その後20世紀に入ってからはシェアーと同じ様式の6欄精算表[70]や,すでに触れたのと同じ内容をもつ8欄精算表[71]が例示されている。いずれのタイプにせよ,ポルトガルの精算表はドイツ語圏のそれに類似したものといえる。

（2） わが国の精算表

わが国における精算表の歴史については，すでに安平教授が文献を整理している[72]。それに従うと，明治時代の後半から昭和の初期にかけては整理記入欄ではなくて棚卸欄があるものの，通常の形式をすでに備えたもの，貸借対照表欄が損益計算書欄よりも先に位置するものなど多種多様である。また精算表を決算表とか決算運算表といった名称でも呼ばれていたようである。

なかでも筆者が調べた結果，明治25年に勝村栄之助氏はすでに陸軍経理学校試験用の教材のなかで，試算表・棚卸表・損益・資本主・資産負債の各欄からなる9欄精算表を例示している。このなかで棚卸表のみが複記ではなくて，

図表4−3　縦形式の精算表

資産		損益*		試算表				利益		負債	
				借方		勘定科目	貸方				
				0	—	1. 資本金	3,000	—				
1,130	—			5,051	—	2. 金銀	3,921	—				
948	50			3,645	—	3. 商品	2,751	—	54	50		
				500	—	4. 中橋商店	757	50			257	50
				222	—	5. 竹内商店	222	—				
700	—			1,578	—	6. 受取手形	878	—				
				0	—	7. 小澤商店	452	50			452	50
891	—			891	—	8. 公債證書	0	—				
		95	—	95	—	9. 営業費	0	—				
				11,982	—		11,982	—				
		95	—			純損失			40	50		
									95	—		
						現在元入高					2,959	50
3,669	50										3,669	50

※これは損失のミスプリントと考えられる。
出典：佐野善作『商業簿記小教科書』同文館，明治36年，102ページ

単記である[73]。額賀金太郎氏はそれを一部改良し，棚卸表を複記とした10欄精算表を明治29年に例示している[74]。わが国でユニークな精算表を示すのは佐野善作教授である。通常の試算表・棚卸表・損益表・貸借対照表の各欄を設けた精算表様式のほかに，図表4―3のような精算表を例示している。

（3） イギリスの精算表

イギリスでは，19世紀から20世紀の中頃まで，一部の例外を除くと，ほとんど精算表について例示されていない。これについてすでに渡辺泉教授の指摘がある[75]。筆者が調べたなかで興味をもった精算表を例示したものがある。それはフィールドハウス（A. Fieldhouse）が1914年に修正記入・（決算整理前）残高試算表・貸借対照表・損益勘定の各欄を設けた精算表である[76]。ここでは決算整理前の残高試算表よりも実は修正記入欄が一番先に位置しているのがその特徴である。

6 むすび

19世紀から20世紀にかけての精算表に関する発展について概観した。その結果を要約すれば以下の通りである。

第1に，精算表の生成についていえば，筆者の調べた範囲でアメリカでは1834年のゴッタード，ドイツでは1865年のゴットシャルク，そしてフランスでは1804年のデグランジュ及び1855年のデプランクにそれぞれそのルーツを求めることができる。いずれにせよ，欧米では19世紀以降に精算表は実質的に展開したと解される。

第2に，精算表の名称についてである。アメリカでは当初 Balance Sheet も用いられていたが，1920年代以降から Working Sheet あるいは Work Sheet という今日一般的な名称が用いられるようになったようである。ドイツでは Abschluß-Tabelle ないし Abschluß-Tableau という用語が一般に用いられてきたが，そのほかに Bilanz-Tableau や Bilanzübersicht という名称も

用いられている。フランスでは Balance という用語を中心とし，決算整理前の合計残高試算表を balance de vérification といい，また決算整理後のものを balance générale et définitive ないし balance d'inventaire などと呼ぶ場合が比較的多い。わが国では明治時代には決算表ないし決算運算表と呼んだ論者もいたようである。

第3は精算表の様式に関してである。アメリカ及びドイツでは多欄式が一般的であり，少なくとも6欄をもつ精算表からはじまって，13欄も設けた精算表もあり，多種多様である。これに対して，フランスではそのような多欄式精算表に代えて，分割式精算表が一般的である。すなわち，決算整理の前後で一般的な精算表を二分割し，かつそれぞれに合計欄と残高欄を設けたタイプが中心である。これが注目すべき両者の大きな違いである。このような違いのほかに，アメリカの精算表では通常，整理記入欄が設けられる。これに対して，ドイツでは整理記入欄は少なくとも20世紀の30年代の中頃までは設けられてこなかった。19世紀から20世紀にかけてのポルトガルの精算表もドイツ式を継承している。

第4に，これとは対照的にドイツでは帳簿記録の修正としての整理記入欄ではなくて，実地棚卸の全容を示す財産目録欄（もしくはそれに基づいて作成された貸借対照表欄）が設けられるのがその特徴である。その1つの理由は，ドイツやフランスでは財産目録の作成が義務づけられているので，それとの関係で単に帳簿記録の一部のみを財産の実在高に修正するための整理記入だけでは不十分であり，実地棚卸の結果すべてを精算表のなかに示すとともに，財産目録が貸借対照表作成の基盤であることも併せて示す必要があったと考えられる。これに対して，アメリカではそもそもそのような規定がないので，実地棚卸の結果，帳簿記録を修正する必要のある項目だけを棚卸表欄もしくは整理記入欄に収容すればよいという考え方に立っていると解される。つまり，財産目録は簿記手続の枠内に組み込まれてしまったのである。

第5に，ドイツでは帳簿上の財産の当在高と財産目録によって把握される財産の実在高との比較を通じて損益計算書欄が財産目録欄（もしくは貸借対照表欄）

よりも後に位置する特徴がある。これに対して、アメリカでも整理記入欄の後で貸借対照表欄が損益計算書欄よりも前に位置していた精算表の様式が一時的ではあるが、存在したこともあった。しかし、それは主流を形成せず、損益計算書欄が貸借対照表欄よりも先行する様式が支配的となり、今日に至っている。

第6に、フランスではドイツと同様に整理記入欄は設けられておらず、さらに損益計算書欄も設けられていない。つまり、決算整理後に作成される"バランス"の合計欄には、帳簿記録をすでに修正し、さらに損益項目を損益勘定に振り替え、そこで算出される損益を資本勘定に振り替えた後の金額が計上されるのである。その結果、その"バランス"の残高欄は事実上財産目録（ないし貸借対照表）の内容を意味するのである。なお、わが国において佐野教授は通常の多欄式精算表のほかに、ドイツ型の精算表を縦方式で示したユニークなものを示している。ここでは試算表と貸借対照表との間に損益表が位置する方式である。ちなみに、ドイツ語圏の精算表で整理記入欄がはじめて登場するのは1930年代のカルフェラムにおいてである。また、このカルフェラムとは違って、決算整理前残高試算表と財産目録貸借対照表との比較結果を在高差異欄に計上し、次にこの欄にその変動原因を整理記入として追加的に示し、最後に損益計算書欄を誘導させるのはビーダーマンである。このタイプの精算表は、いわゆるアングロサクソンの会計で重視されている資産負債アプローチの観点からみた精算表の作成にとって大いに参考になると考えられる。

第7は精算表の機能に関してである。アメリカ及びドイツでは、それは仮決算という考え方が一般的である。ただ、アメリカでは精算表を利用して財務諸表を作成するという考え方が支配的であるため、この精算表は正規の決算外の手続というよりは、むしろ正規の決算に準じる手続に属するとも解される。フランスでは決算整理前の"バランス"における合計欄の最終合計金額はもちろん、決算整理後の"バランス"における合計欄の最終合計金額も仕訳帳と照合する手続が前提となっている。言い換えれば、決算整理後もなお、仕訳帳と元帳はこの"バランス"を通じて照合関係が保たれているのである。したがっ

て，フランスの精算表は正規の決算手続もしくはそれに準じる手続に属するといってよい。最近のフランスでは決算整理後の"バランス"を損益勘定振替前の段階で行う決算整理後合計残高試算表ととらえる傾向もある。しかし，その照合に関する確認手続は従来通り継承されている点は注目に値する。

　以上，精算表の発展について検討した。これを通じて各国においてそれぞれの特徴があることが判明したのである。昨今，財務諸表の作成に際して，アングロサクソンの会計では資産負債アプローチが主流を形成している。公正価値会計はその典型的な流れであるといってよい。そのような資産負債アプローチにとって適合する精算表のあり方について，これまで十分に検討されてきていないのが現状である。すでにここで論究したビーダーマンの精算表の様式はその一つの有力な手がかりを提供するものといえる。また，精算表の機能として単に仮決算や財務諸表の作成だけでなく，決算整理後もなお仕訳帳と元帳とを照合させる場合には，フランスで示されているように，精算表を利用する方法も一考に値するものとして，今後さらに十分な検討を加える必要があろう。

〔注〕
（1）A. C. Littleton, Accounting Evolution to 1900, New York, 1938年，140頁。なお，精算表に関しては，拙稿，「精算表の発展」『商学集志』第73巻第1号，平成15年6月，1～20頁参照。
（2）渡辺泉『決算会計史論』森山書店，平成5年，42頁。
（3）T. H. Goddard, The Merchant, or Practical Accountant, 第4版，New York, 1834年，記帳例題Ⅰ。この詳細は拙稿，「精算表と会計思考」『商学集志』第66巻第1号，平成8年7月，58頁参照。
（4）（5）T. H. Goddard, 前掲書注（3），48頁。
（6）H. B. Bryant・H. D. Stratton・S. S. Packard, (Counting House) Book-Keeping, New York, 1865年，102・103頁。E. G. Folsom, The Logic of Accounts, New York・Chicago, 1873年，375頁。
（7）J. C. Colt, The Science of Double Entry Book-Keeping, Cincinati, 1838年，81頁。
（8）W. M. Cole, Accounting and Auditing, Minneapolis・Chicago・Seattle, 1910年，

154頁。

W. A. Paton・R. A. Stevenson, Principles of Accounting, New York, 1921年, 208〜209頁及び216〜217頁。

(9) C. F. Littenhouse, Elements of Accounts, New York,・London, 第1版, 1918年, 264頁。

R. B Kester, Accounting, Theory and Practice, 第1巻, New York, 1919年, 386〜389頁。

W. A. Paton, Accounting, New York, 1926年, 437頁。C. F. Rittenhouse & A. L. Percy, Accounting Problems ; Elementary, New York, 1924年, 224頁。

(10) W. M. Cole, Accounts, 改訂版, Boston・New York etc., 1915年, 40頁。

(11) R. B. Kester, 前掲書注(9), 388〜389頁。A. C. Hodge & J. O. Mckensey, Principles of Accounting, Chicago・Illinois, 1920年, 323頁。

(12) H. B. Bryant・H. D. Stratton・S. S. Packard, 前掲書注(6), 102及び103頁。

(13) W. A. Paton・R. A. Stevenson, 前掲書注(8), 208〜209頁。

(14) C. F. Rittenhouse, 前掲書注(9), 264頁。W. A. Paton, Essentials of Accounting, New York, 1938年, 556〜557頁。

(15) C. F. Rittenhouse & A. L. Percy, 前掲書注(9), 244〜245頁。W. A. Paton, 前掲書注(14), 572〜573頁。

(16) E. G. Folsom, Logic of Accounting, New York・Chicago, 1873年, 377頁。

(17) C. T. Horngren・G. L. Sundem・J. A. Elliott, Introduction to Financial Accounting, 第5版, New Jersey, 1993年, 197頁。D. E. Kieso & J. J. Weygandt, Intermediate Accounting, 第9版, New York etc., 1998年, 96頁。

(18) 渡辺泉教授は精算表の機能として次の2つを指摘する。1つは, 正規の決算外で企業損益の確定計算とその正否の検証で, いわば決算の運算表としての機能である。もう1つは, 一期間における企業の営業活動の結果の概観で, いわば企業の財産や損益の状態の一覧表としての機能である(渡辺泉, 前掲書注(2), 41頁。)

(19) T. H. Goddard, 前掲書注(3), 48頁。

(20) H. B. Bryant・H. D. Stratton・S. S. Packard, 前掲書注(6), 101頁。

(21) E. G. Folsom, 前掲書注(6), 375頁。

(22) W. M. Cole, 前掲書注(8), 156頁。

(23) R. B. Kester, 前掲書注(9), 391頁。

(24) A. C. Hodge & J. O. Mckensey, 前掲書注(11), 319・322頁。

(25) W. A. Paton・R. A. Stevenson, 前掲書注(8), 207・218頁。

(26) C. F. Rittenhouse & A. L. Percy, 前掲書注(9), 224頁。
(27) W. A. Paton, Accounting, 前掲書注(9), 436頁及び前掲書注(14), 548頁。
(28) D. E. Kieso & J. J. Weygandt, 前掲書注(17), 93頁。R. F. Meigs & W. B. Meigs, Financial Accounting, 第6版, New York etc., 1989年, 141頁。
(29) C. T. Horngren・W. T. Harrison etc., Financial Accounting, Australia, 1993年, 143・152頁。
(30) W. A. Paton, 前掲書注(9), 431頁。
(31) W. A. Paton, 前掲書注(14), 357頁。
(32) R. F. Meigs & W. B. Meigs, 前掲書注(28), 155頁。
(33) Finney & Miller, Principles of Accounting, intermediately, 第8版, New Jersey, 1980年, 143頁。C. T. Horngren・W. T. Harrison etc., 前掲書注(29), 143頁。D. E. Kieso & J. J. Weygandt, 前掲書注(17), 74頁。
(34) 安平昭二『簿記―その教育と学習』中央経済社, 平成4年, 37頁。中村忠・大藪俊哉『簿記の問題点をさぐる』(改訂版) 税務経理協会, 平成9年, 24頁。
(35) C. G. Gottschalk, Grundlagen des Rechnungswesens, Leipzig, 1865年, 218頁。
(36)(37) T. Drapala, Die Bilanzen, deren Eintheilung, sowie Grundlagen und Bedeutung, (その3), in: Zeitschrift für Buchhaltung, 第5巻第50号, 1896年5月, 108頁。
(38) T. Drapala, Das Buchführungswesen bei Advocaten, in: Zeitschrift für Buchhaltung, 第9巻第12号, 1898年11月, 271頁。
(39) J. F. Schär, Einfache und doppelte Buchhaltung, 第3版, Berlin, 1907年, 149・183頁。
(40) J. F. Schär, 前掲書注(39), 285頁。
(41) J. F. Schär, Buchhaltung und Bilanz, 第4版, Berlin, 1921年, 185頁。
(42) R. Reisch & J. K. Kreibig, Bilanz und Steuer, 第1巻, 第3版, Wien, 1914年, 186頁。F. Leitner, Die doppelte kaufmännische Buchhaltung, 第1巻, 第6・7版, Berlin・Leipzig, 1923年, 123頁。W. Kalveram, Kaufmännische Buchhaltung, 第3版, Berlin, 1938年, 206頁。
(43) W. le Coutre, Grunzüge der Bilanzkunde, 第1巻, 第2版, Leipzig, 1927年, 42頁。
(44) E. Gabelle, Buchführung, 第2版, München・Wien, 1993年, 216頁。W. Blödtner・K. Bilke・M. Weiss, Lehrbuch Buchführung und Bilanzsteuerrecht, 第4版, Herne・Berlin, 1997年, 104頁。R. Sikorski, Buchführung, 第4版, München,

1997 年, 68 頁。W. Kresse, Die neue Schule des Bilanzbuchhalter, 第 1 巻, 第 7 版, Stuttgart, 1995 年, 40 頁。

(45) J. F. Schär, 前掲書注(39), 183 頁。R. Reisch & J. K. Kreibig, 前掲書注(42), 186 頁。

M. Berliner, Buchhaltung- und Bilanzen-Lehre, 改訂第 3 版, Hannover・Leipzig, 1911 年, 230〜231 頁。

(46) P. Gerstner, Bilanz-Analyse, 第 1 版, Berlin, 1912 年, 37 頁。W. le Coutre, 前掲書注(43), 37 頁。

(47) J. F. Schär, 前掲書注(39), 149 頁。W. Kalveram, 前掲書注(42), 206 頁。

(48) F. Leitner, Grundriss der Buchhaltung und Bilanzkunde, 第 2 巻：Bilanztechnik und Bilanzkritik, 第 1 版, Berlin, 1911 年, 20 頁。

(49) この唯一の例外はオーデンタール（J. Odenthal）＆カルメス（A. Calmes）である。彼らは財産目録欄が損益計算書欄よりも先行するタイプと, その逆のケースとを例示している。（J. Odenthal & A. Calmes, Lehrbuch der kaufmännischen doppelten Buchhaltung, 第 4 版, Leipzig, 1919 年, 8・21・25・31・54・74・85 頁参照）。

(50) G. Wöhe, Bilanzierung und Bilanzpolitik, 第 8 版, München, 1992 年, 134〜135 頁。

R. Sikorski, 前掲書注(44), 68 頁。E. Gabelle, 前掲書注(44), 220 頁。

(51) W. Blödtner・K. Bilke・M. Weiss, 前掲書注(44), 104 頁。

(52) H. Biedermann, Kontentheorie und Abschlußtechnik, Zürich, 1948 年, 45 頁。

(53) H. Biedermann, 前掲書注(52), 139 頁。

(54) このビーダーマンときわめて類似した精算表を森田教授は財産法決算表のなかで指摘している。そこでは試算表・貸借対照表・利益原因分析表・整理記入・整理後利益原因分析表の各欄が設けられている（森田哲彌「資産負債アプローチと簿記」森田哲彌編『簿記と企業会計の新展開』中央経済社, 平成 12 年, 所収, 17 頁）。

(55) R. Reisch u. J. K. Kreibig, 前掲書注(42), 182 頁。

(56) G. Wöhe, 前掲書注(50), 129-130 頁。

(57) K. Peter・K. Jochim von Bornhaupt・W. Korner, Ordnungsmäßigkeit der Buchführung nach dem Bilanzrichtlinien-Gesetz, 第 8 版, Herne・Berlin, 1987 年, 112 頁。

R. Sikorski, 前掲書注(44), 65 頁。H. Horschitz・W. Groß・W. Wertner, Bilanzsteuerrecht und Buchführung, 改訂新版, Stuttgart, 1996 年, 38 頁。

(58) K. Peter・K. Jochim von Bornhaupt・W. Korner, 前掲書注(57), 365〜370 頁。

(59) E. Degranges, père, Supplement à la tenue des livres vedue facile, ou nouvelle méthode, Paris, 1804年, 巻末頁。この具体的な内容については, 拙稿, 「フランスにおける精算表」『商学集志』第72巻第3号, 平成15年3月, 5頁参照。
(60) L. Deplanque, La Tenue des Livres en Partie Simple et en Partie Double, 第8版, 1855年, 294～295頁及び300～301頁。
(61) G. Reymondin, Bibiliographic méthodique des Ouvrage en langue française parus de 1543 à 1908 sur la science des comptes, Paris, 1908年, 54頁。
(62) この詳細については, 拙稿, 前掲論文注(59), 13頁以下参照。
(63) F. Goré et C. Dupouy, Comptabilité Générale de L'entreprise industrielle et commarciale, Paris, 1975年, 742～743頁。
(64) G. Melyon et R. Noguera, Comptabilité Générale, Paris, 1999年, 474及び476頁。
(65) この詳細については, 拙稿, 前掲論文注(59), 16頁参照。
(66) P. Garnier, Comptabilité commerciale, comptabilité générale, 第6版, Paris, 1984年, 262頁。A. Burlaud, Comptabilité et Droit Comptable, Paris, 1998年, 73頁。
(67) G. Melyon et R. Noguera, Comptabilité Générale, 第6版, Paris, 1999年, 75頁。
(68) G. Melyon et R. Noguera, 前掲書注(64), 501頁。
(69) J. J. Rodriges De Freites, Elementos de Escrituração Mercantil, Porto, 1880年, 91頁。
(70) J. Carreira e A. Carreira, Apontaments de Cintabilidade Commercial, Lisbon, 1901年, 117頁。F. C. Dias, Revista De Comerco E Contabilidade, Lisbon, 1926年, 83頁。
(71) F. V. Con alves Da Silva, Noções de Contabilidade, Edicão, 1934年, 88頁。
(72) 安平昭二『簿記―その教育と学習』中央経済社, 平成4年, 27～29頁参照。
(73) 勝村栄之助『商用簿記学原論例式全』八尾書店, 明治25年, 167・168頁。
(74) 額賀金太郎『簿記法原理問答全, 実用商用簿記例題全』英簿學出版, 明治29年, 巻末6頁。
(75) 渡辺泉, 前掲書注(2), 68頁脚注参照。
(76) A. Fieldhouse, Clark's Elementary commercial Book-Keeping, 第19版, London, 1914年, 318頁。

第5章
資産負債アプローチと会計処理

1 はじめに

近年，特にアングロサクソンの会計を中心としていわゆる資産負債アプローチが重視されてきている。いうまでもなく，これは会計上の基礎概念としてストックとしての資産及び負債を基底とする会計思考である。したがって，そこではこの資産及び負債の確定を通じて，純財産の把握並びにこの純財産の変動に基づく期間損益の算定システムが重視されるのである。この資産負債アプローチはもちろん会計処理にも影響すると考えられる。その基礎となるべき会計思考は，理論上具体的な会計処理も規制すると解されるからである。資産負債アプローチを前提とした場合の会計処理のなかで，これまで十分に検討されてこなかった領域がある。例えば簿記手続がこれに該当する。具体的には資産負債アプローチのもとで精算表の様式[1]及び帳簿締切手続が果たして従来のままでよいのかは検討すべき問題である。また，資産負債アプローチにおいては資産負債の会計処理に関する財務表として貸借対照表だけで十分なのかについてもさらに考察する必要があろう。

本章では，このような諸問題について検討することにしたい。

2 資産負債アプローチと精算表

（1） 従来の精算表様式

わが国のテキストでは8欄精算表が一般的である。すなわち精算表の欄とし

て決算整理前残高試算表・整理記入・損益計算書・貸借対照表の各欄が設けられている。また10欄精算表もある。これは，既述の8欄精算表のなかで整理記入欄と損益計算書欄との間に決算整理後残高試算表欄を挿入した様式である。最近のアメリカではこの10欄精算表が一般的である。

このような8欄精算表にせよ，あるいは10欄精算表にせよ，整理記入欄の後では損益計算書と貸借対照表との位置関係に関して常に損益計算書欄が貸借対照表欄よりも先行する。これにはそれなりの理由がある。つまり，帳簿記録について棚卸表の作成結果として修正すべき事項を精算表の整理記入欄に記入した後には，当期の損益計算が一義的であるために，当期の損益を決定する費用及び収益がまず把握されるのである。その結果，この損益計算書欄の後に当期の費用または収益を表さない項目が貸借対照表欄に誘導される仕組みになっているのである。別言すれば，損益法に基づく計算体系が精算表のなかに設けられる欄の順序にも反映していると考えられるのである。このようにみてくると，今日の精算表様式のなかに，特定の会計思考，つまり損益法的な会計システムをある程度予定していると解してまず差し支えないであろう。

（2） ドイツ語圏の精算表様式
① 一 般 的 様 式

それとは異なる様式をもつ精算表がドイツ語圏で存在する。最近のドイツ語圏の精算表においては，10欄精算表が一般的である。それによると，決算整理前残高試算表・整理記入・決算整理後残高試算表・貸借対照表・損益計算書の各欄を設けた10欄式である。さらに，期首貸借対照表欄，期中取引欄及び決算整理前合計試算表欄を10欄式に追加させた16欄精算表もある。もう少し時代をさかのぼると，1930年代の前半あたりまではドイツ語圏の精算表は6欄精算表が中心であった。しかも，そこでは決算整理前残高試算表・財産目録（貸借対照表）・損益計算書の各欄が設けられていただけである。そこから明らかなように，整理記入欄がないのが特徴である。また，そこでは損益計算書欄よりも財産目録欄もしくは貸借対照表欄が損益計算書欄よりも先に位置するの

がドイツ語圏の伝統的な様式であったのである。

　これにもやはり理由がある。19世紀中頃から20世紀の30年代前半にかけては，ドイツにおいて財産目録の作成が商法上義務づけられていた。そこで，精算表のなかにかつて財産目録欄が設けられていたと考えられる。また，このような精算表を通じて帳簿上の当在高と財産目録に収容される財産の実在高との財産比較による損益の算定手続が重視されてきている。これは財産在高の差額に基づく財産法の計算体系もしくは資産負債アプローチに属する会計手続である。したがって，財産目録欄の後に必然的に損益計算書欄が位置すると解されるのである。あくまで当期の損益は在高差額として把握される性格を帯びるからである。ドイツにおいて今日でも精算表の様式においてこのタイプを継承し，貸借対照表欄が損益計算書欄よりも先行するのは，依然としてドイツ会計制度にみられる在高中心思考を反映しているといってよい。この点に関してバイセによれば，法的な意味での貸借対照表は"動的"ではなくて，GoBは"静的"性質を有している[2]。その結果，その貸借対照表は判断の制約原則としての役割をもつ客観性原則との関係で財産の具象性を重視した静態論としての性格を帯びるというのである。それ故に，貸借対照表は，動態論者の主張するような単なる計算項目の集合表ではない。例えば計算限定項目はもっぱら債権及び債務としての性質をもつと捉えられるのである。

　ただ，従来型の精算表では財産目録欄があり，且つ整理記入欄がない。これに対して，現代型の精算表では財産目録欄はないが，整理記入欄を設けているのが違いである。財産目録欄を設けた場合には，明らかに決算整理前残高試算表における財産の当在高と財産目録欄における財産の実在高との比較によって，損益算定が明確となる。これに対して，財産目録欄に代えて整理記入欄を設けた場合には，決算整理前残高試算表において修正を要する項目のみしかそのなかに記入されない。つまり，実地棚卸に基づく財産の一覧表としての財産目録に相当するものは，そこでは明確に示されないのである。ここで次の2つの考え方が成り立つ。1つは，たしかに財産目録は精算表の様式には表示されないけれども，整理記入後に貸借対照表欄に収容される在高勘定を先に確定す

る手続のなかに，依然として実質的には従来同様に在高項目に対する優先思考を見出しうるという考え方である。他の1つは，精算表の様式のなかで財産目録欄が消失してしまい，その内容を少なくともその様式のなかからは読みとることができない以上，たとえ貸借対照表欄が損益計算書欄よりも先行していても，それは必ずしも在高比較による期間損益の算定を予定としたとはいえないという考え方である。別言すると，複式簿記記録の修正後に，貸借対照表欄を損益計算書欄の前に置こうと，あるいはその逆であろうと，両者の位置関係はある特定の会計思考を反映しているとは断定できず，単に慣行に基づくにすぎないというものである。この2つの考え方はたしかにそれぞれ一理ある。少なくともドイツ会計制度の伝統的な会計思考の面からみると，前者が妥当であると解されるであろう。

② ビーダーマンの精算表

ドイツ語圏においてはこのような一般的な精算表の様式のほかに，ユニークな精算表様式もある。それを例示するのは前章で触れたビーダーマンである。彼は残高試算表・財産目録・損益計算書の各欄を設けて整理記入欄のない6欄精算表のほかに，残高試算表・財産目録・在高差異・損益計算書の各欄を設けた8欄精算表である[3]。

この精算表で興味あるのは，残高試算表と財産目録との在高比較によって生じる差異に関して，単にその差額のみならず，それに伴って必要となる新たな収益または費用項目に関する振替分も在高差異欄に追加し，それらが最終的に損益計算書欄に収容されるのである。つまり，在高差異の結果として生じた原因記録が損益勘定に追加される仕組みとなっている。この在高差異欄は事実上，整理記入欄に相当するといってよい。そして，これが，在高差異欄をもつ4勘定系統理論（Vier-Kontenreihentheorie）の要求に基づく統一的な説明に適合すると彼は主張するのである。ビーダーマンは，このタイプの精算表をさらに展開し，利益処分後の貸借対照表作成に向けての精算表の様式を以下の図表5—1のように例示している。

また，末尾の損益計算書欄を商業簿記に基づく損益計算欄，工業簿記に基づ

図表 5-1 利益処分を加味した精算表

	残高試算表		財産目録貸借対照表		整理記入		損益計算書		利益処分勘定		期末貸借対照表		
	借方	貸方	積極	消極	借方	貸方	費用	収益	借方	貸方	積極	消極	
繰越利益		10		10					12＊	10		12	｝利益処分後
配当金		2		2					70			72	
積立金		30		30					8			38	
成　果				80			80			80			
									90	90			

＊次期繰越利益
出典：H. Wiedermann, 前掲書, 139 頁

く損益計算欄，損益3区分による損益計算欄を設けた精算表も例示している(4)。さらに，彼はこの種の精算表様式とは違って，残高試算表・追加及び振替・合計試算表・財産目録・損益計算書の各欄を有する精算表も例示する(5)。ここでは第2順位として追加及び振替欄がある。一見すると整理記入欄の様相を示しているが，実はそうではない。材料費・労務費・経費を製造勘定に振り替えたり，その他これに準じた勘定間の振替に用いられているからである。また，固定資産の評価減の処理もこの欄で行われていない。それ故に，その面からこの追加及び振替欄はいわゆる今日の整理記入欄とは性質を異にするといってよい。したがって，この精算表の様式では財産の実地棚卸を前提とした帳簿記録を修正する整理記入欄は存在しないと考えられる。

（3） 資産負債アプローチと精算表の様式

このように，従来の一般的な精算表の様式とドイツ語圏のそれとの間には，整理記入欄を設けるか否か，さらに貸借対照表欄もしくは損益計算書欄のいずれを先行させるのかに関して違いがあることが判明した。そこで，次に資産負債アプローチにとって適合する精算表の様式について検討する。

この問題に関して重要な示唆を与えるのは，ドイツ語圏の精算表の様式であ

る。そこでは明らかに在高中心思考がそのなかに反映していると考えられるからである。問題は，どの様式が資産負債アプローチに最もよく適合するかである。既述の通り，ドイツ語圏の精算表の様式には次の3つのタイプがあった。1つめは残高試算表・財産目録（貸借対照表）・損益計算書の各欄をもつ6欄精算表である。ここでは整理記入欄がない。しかも，損益計算書欄といっても厳密な費用及び収益項目という形ではなく，財産の当在高と実在高との比較によって在高差異がそこに収容されるにすぎない。2つめは，残高試算表・整理記入・決算整理後残高試算表・貸借対照表・損益計算書の各欄を有する10欄精算表である。ここでは整理記入欄及び決算整理後残高試算表欄が設けられると同時に，それ以降に貸借対照表欄が損益計算書欄よりも先行するのが特徴である。3つめは，ビーダーマンが例示するように，残高試算表・財産目録・在高差異及び振替・損益計算書の各欄をもつ8欄精算表である。ここでは財産の当在高とその実在高との比較を通じて在高差異が把握されるとともに，それに伴って生じた新たな費用及び収益項目の追加が在高差異及び振替欄に記入されるのが特徴である。

この3つのタイプのうちで資産負債アプローチの基本思考に最も適するのは第3のタイプと解される。その理由は以下の通りである。

第1の理由は，期末時点で財産の実在高を網羅的に示す財産目録の全容を精算表で示すことが，資産負債アプローチにとって何よりも不可欠であると考えられる。もちろん，第2のタイプでもその一部は棚卸表の作成を通じて整理記入欄で明示される。しかし，この第2のタイプで整理記入欄に記入されるのは，決算整理前残高試算表に計上される項目のうちで修正の必要がある項目だけにすぎない。言い換えれば，もし残高試算表上のある勘定科目の金額がその実在高と一致すれば，帳簿記録を修正する必要はないので，整理記入欄には何も記入されないのである。けれども，資産負債アプローチでは期末時点の資産及び負債の実在高全体を網羅する一覧表はぜひとも重要である。その意味で，財産目録欄を設けることはそれなりの大きな意義を有するのである。

第2の理由は，第2のタイプのように整理記入欄の後に決算整理後残高試算

表欄を設けて，これを貸借対照表欄と損益計算書欄に分割する様式をとると，第3のタイプに比べて財産在高中心思考のウェイトの置き方に若干差異が生じうる点である。たしかに決算整理後残高試算表のすぐ次に貸借対照表欄がくれば，財産在高を重視していることがある程度推測される。しかし，複式簿記を前提とする以上，決算整理後残高試算表に記入される項目とその金額がすでに決定されるとすれば，その後の順序に関して貸借対照表欄を先にしても，あるいは損益計算書欄を先にしても，両者の間には性質上大差ないとも考えられるからである。これに比べて，第3のタイプは財産目録欄を設けるので，資産負債アプローチにとって財産在高中心思考をより鮮明な形で精算表の様式のなかに見出すことができるのである。

第3の理由は，財産の当在高と実在高との比較により期間損益が算定されるプロセスが，第3のタイプでは第2のタイプよりも明確である。というのは，第3のタイプでは財産在高の当在高と実在高との比較に伴ってその差額として生じる収益及び費用の把握が一義的となるからである。在高差異及び整理記入欄はまさしくその関係を明らかにするといってよい。

以上の3つの理由から，第3のタイプの精算表が資産負債アプローチに最も適すると判断することができよう[6]。

3 資産負債アプローチと帳簿締切手続

(1) 従来の帳簿締切手続

これまでの帳簿締切手続としては一般に次の2つの方法がわが国ではよく知られている。一つは大陸式による帳簿締切手続である。他の一つは英米式によるそれである。前者は，帳簿締切に際して集合勘定として損益勘定と決算残高勘定を設け，費用及び収益に属する諸勘定を損益勘定に振り替えると同時に，資産，負債及び資本に属する諸勘定を残高勘定に振り替えて帳簿全体を締め切る方法である。これに対して，後者は損益勘定を前者と同様に設けるが，しかし残高勘定を設けずに，これに属する資産，負債及び資本の諸勘定について

は，各元帳勘定上で個別的に勘定残高を算出してから次期繰越高を記入して帳簿を締め切る方法である。この英米式では，資産，負債及び資本の各勘定を個別的に締め切るため，その勘定残高全体に関する貸借合計の一致を確認する必要がある。この目的から作成されるのが繰越試算表である。

（2） 資産負債アプローチと帳簿締切手続

すでに精算表の様式で触れたように，もし資産負債アプローチなる会計思考が具体的な会計手続，とりわけここでは帳簿締切手続にも深く関与するという立場に立てば，従来の帳簿締切手続は必ずしも資産負債アプローチと符合するとはいいがたいように思われる。というのは，従来の帳簿締切手続では大陸式を前提とするにせよ，あるいは英米式を前提とするにせよ，いずれも在高勘定の締切に先立ち収益及び費用に属する勘定の締切手続をまず予定するからである。

ところが，資産負債アプローチでは在高勘定に属する項目とその金額が先に確定し，その後で事後的に収益及び費用に属する項目とその金額が決定される。したがって，決算残高勘定への振替仕訳が損益勘定への振替仕訳よりも少なくとも先行する必要がある。これには，いくつかの方法が考えられる。

① 資本勘定による締切方法

1つは，決算整理を経た後で，資産及び負債に属する諸勘定をまず残高勘定に振り替え，この残高勘定の貸借差額として生じる残高，すなわち純財産を次に資本勘定に振り替える。

　　　　（借）　残　　高　　×××　　（貸）　諸 資 産　　×××
　　　　（借）　諸 負 債　　×××　　（貸）　残　　高　　×××
　　　　　　　　資 本 金　　×××

この後で，収益及び費用に属する諸勘定を損益勘定に振り替える。この損益勘定で算出される当期の損益を資本勘定に振り替える。

　　　　（借）　諸 収 益　　×××　　（貸）　損　　益　　×××
　　　　（借）　損　　益　　×××　　（貸）　諸 費 用　　×××

（借）　損　益　×××　　　（貸）　資本金×××

その結果，資本勘定の貸借合計の一致をもって，その勘定が最終的な帳簿締切全体の確認手段となるのである。

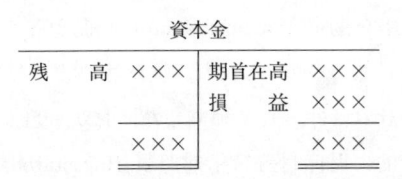

```
           資本金
残　　高　×××│期首在高　×××
              │損　　益　×××
         ─────┼─────
         ×××│         ×××
         ═════│         ═════
```

この方法の特徴は，従来の方式とは異なり，第1に決算残高勘定が帳簿締切全体の確認手段ではなくて，損益勘定と同様にあくまで資本勘定へ振り替えるための暫定的な中間勘定としての性質を帯びる点である。第2に，資本勘定が最終的な帳簿全体の確認手段となる点である。

この方法を支持するのは，例えばライシュ＆クライビヒである。彼らは企業の帳簿上でのみなし清算（Scheinliquidation）による元帳締切を前提とし，その結果として残高勘定を企業の代理人（Stellvertreter）と捉える処理を実施するのである。この点に関して彼らは次のように述べる。「残高勘定は"単なる暫定的な勘定"（durchlaufendes Konto），すなわち一つの媒介的な機能に基づいて自ら精算される勘定として現れる。資本勘定自体が積極項目及び消極項目の残高について清算に関する調整的機能を果たすという仮定を置こうとすれば，残高勘定がなくとも済むであろう。しかし，それはプロセス全体の概観性にマイナスであり，定評のある有用性に反するであろう。[7]」

また，彼らは残高勘定について以下のようにも述べる。「残高勘定は，財産在高勘定部分の勘定系列と純財産の勘定系列（特に資本勘定）としての間の一種の橋渡しを形成する。清算の仮定は，在高勘定にとっての記帳原則（残高勘定は積極項目を受け取り，したがって引き渡す勘定の貸方に対して借記する。）に合致する思考につながる。しかし，まさしく同一記帳は，記帳の一部の法則を純財産勘定に適用し，それに基づいて財産増加は貸方，財産減少は借方に生じる場合に明らかとなるのであり，これは資本勘定に示される。積極項目を営業から仮定上関係づけることは，明らかに財産減少（そのため残高勘定は借方），営業の消極

項目の返済は財産増加（そのため残高勘定は貸方）を意味する。[8]」

ライトナーも，ライシュ＆クライビヒと同様に複式簿記システムにおける決算残高勘定を資産，負債及び資本に属する諸勘定への精算勘定（Ausgleich-ungskonto）もしくは集合勘定（Sammel-Konto）と捉える[9]。同じく損益勘定も精算及び集合勘定とみなす[10]。しかも，彼は次のように述べる。この損益勘定で行われる「損益計算はけっして独立した，しかも自立的な成果計算ではない。その結果は部分的に財産目録貸借対照表（Inventarbilanz）（財産貸借対照表）のそれに左右される。これは例外なく売買損益を計算する勘定，したがって在高価値と成果との間における計算的区分が期末に延期される勘定に当てはまる。[11]」このように，在高価値の決定に基づく損益計算が想定されていることがわかる。かくして，ライトナーによれば，集合勘定としての決算残高勘定及び損益勘定はあくまで中間的な勘定であり，最終的な複式簿記システム全体の締切勘定ではないのである。その結果，資本勘定こそ，この2つの集合勘定を収容すべき勘定と彼は考えるのである。この資本勘定が最終的な帳簿締切勘定の役割を果たすのである。

② **損益勘定による締切法**

第2の方法としては，すでに触れた大陸式帳簿締切法において損益勘定と決算残高勘定との締切順序を形式的に単純に逆とする方法も考えられる。したがって，この処理を用いると，以下の手続が必要となる。

ⓐ 資産，負債及び資本（期末元入資本）の在高を残高勘定に振り替える。

（借）　残　　高　×××　　（貸）　諸　資　産　×××
（借）　諸　負　債　×××　　（貸）　残　　高　×××
　　　資　本　金　×××

ⓑ 残高勘定で生じる差額を損益勘定に振り替える。

（借）　損　　益　×××　　（貸）　残　　高　×××

ⓒ 収益及び費用に属する諸勘定を損益勘定に振り替え，この損益勘定の貸借合計の一致をもって，最終的な帳簿締切の確認を行う。

この第2法を用いる場合，若干問題が生じる。それは，資本勘定での記録が

期末元入資本の金額となっており，必ずしも期末の実在高で締め切られてはいない点である。そこで，この点を改善するための工夫が必要である。例えば，それについて以下のように処理すればよい。つまり，残高勘定で生じる当期の損益に相当する差額を直ちに損益勘定に振り替えず，まずこの金額を以下のように一度損益勘定と資本勘定に振り替えておき，次にこの後で資本勘定及び残高勘定を締め切るのである。

　　　（借）　損　　益　　×××　　（貸）　資本金　　×××
　　　（借）　資本金　　×××　　（貸）　残　　高　　×××

③ 損益精算勘定による締切法

　これは，第2法で損益勘定を最終締切勘定とする考え方を一部修正し，残高勘定で生じる当期の損益に相当する差額と，損益勘定で生じる差額を，別の勘定，例えば損益精算勘定を用いて，そこに振り替えさせて最終的に帳簿を締め切る方法である。その簿記手続について整理すると以下の通りである。

　ⓐ　資産，負債及び資本に属する勘定を残高勘定に振り替える。
　ⓑ　残高勘定の差額をまず損益精算勘定と資本勘定に振り替えておき，次にこれに基づいて資本勘定と残高勘定を締め切る。

　　　（借）　損益精算　　×××　　（貸）　資本金　　×××
　　　　　　　資　本　金　　×××　　　　　　　残　　高　　×××

　ⓒ　収益及び費用に属する勘定を損益勘定に振り替え，損益勘定の差額を損益精算勘定に振り替える。

```
              損益精算
    資本金  ×××  │ 損益   ×××
            ─────   ─────
```

　この第3法は，決算残高勘定及び損益勘定もいずれも中間勘定としての性質をもち，最終的な帳簿締切勘定としての性質をもたないのがその特徴である。そして，この損益精算勘定では資本勘定を通じて資産及び負債を中心とした在高勘定系統からのストックによる損益と，損益勘定に基づくフローによる損益との金額的な一致をもって，最終的な帳簿締切の確認手続とするのである。こ

こでは，いわゆる損益の二重計算に着目した考え方がこれにほかならない。

④ **純財産勘定による締切法**

　この3つの方法のほかに，新たに純財産勘定を設けて，このなかに最終的な帳簿締切に伴う確認手段としての役割を果たさせる方法も考えられる[12]。これに従うと，以下の順序による締切手続がとられる。

　ⓐ　資産及び負債に属する勘定を残高勘定に振り替えた後，残高勘定で算出される差額としての純財産を純財産勘定に振り替える。

	(借)	残　高	×××	(貸)	諸資産	×××
		諸負債	×××		残　高	×××
	(借)	純財産	×××	(貸)	残　高	×××

　　資本勘定を純財産勘定に振り替える。

	(借)	資本金	×××	(貸)	純財産	×××

　ⓑ　収益及び費用に属する勘定を損益勘定に振り替えた後，損益勘定で算出される当期の損益を純財産勘定に振り替える。

	(借)	諸収益	×××	(貸)	損　益	×××
		損　益	×××	(貸)	諸費用	×××
	(借)	損　益	×××	(貸)	純財産	×××

純財産

残高	×××	資本金	×××
		損　益	×××
	×××		×××

　その結果，純財産勘定は図示する内容となる。この勘定を通じて，資産及び負債の系列に基づく純財産と，資本勘定を中心とした純財産との二面的な表示をもって最終的な帳簿締切手続が確認される。この第4法は，株主への会計報告を中心としたコーポレート・ガバナンスの面から注目すべき処理法であるといえよう。

　このように，損益勘定と残高勘定の両者を用いた帳簿締切法を想定する場合，従来のように損益勘定への振替仕訳をまず第1番目とし，次に残高勘定へ

のそれを第2番目とする一般的な手続とは異なる方法も考えられる。言い換えれば，その順序を逆とし，残高勘定を先に締め切る方法もいくつか考えられる。これは資産負債アプローチに適合する帳簿締切手続ともなりうると解されるのである。

4 資産負債アプローチと財産目録

(1) 財務諸表の体系とその問題点
① 諸外国における財務諸表の体系

周知の通り，アメリカのFASBにおいて財務諸表を構成するのは，主として貸借対照表，損益計算書，キャッシュ・フロー計算書，株主持分変動計算書の4つで，そのほかに附属明細書及びセグメント報告書もある。また，財務会計概念ステートメント（Statements of Financial Accounting Concepts；SFAC）第5号によれば，期末の財政状態，純利益，包括利益（comprehensive income），キャッシュ・フロー，所有者の投資と配当に関する4つの報告書が財務諸表を構成する。IAS第1号もこれとほぼ同様である。ドイツ商法においては，一般商人の年次決算書（Jahresabschluß）を構成するのは貸借対照表及び損益計算書である（商法第242条3項）。資本会社における年次決算書は貸借対照表，損益計算書及び附属説明書であり，このほかに年次決算書を構成しない状況報告書の作成も義務づけられる（商法第264条1項1文）。連結決算書も同様に連結貸借対照表，連結損益計算書，連結附属説明書，連結キャッシュ・フロー計算書及び自己資本変動計算書から成り，セグメント報告書を含めることもできる（商法第297条1項）。なお，このほかに連結状況報告書の作成も義務づけられる（商法第315条）。

このような財務諸表の体系から見る限り，資産及び負債の直接的な表示手段として利用しうるのは，実は貸借対照表しか存在しないことがわかる。これを補完する間接的な手段となりうるのが附属説明書や脚注などである。ただ，これらは単に資産及び負債だけでなく，それ以外の会計情報も収容するので，あ

くまで資産負債の部分的でかつ間接的な会計情報手段にすぎないといってよい。

② わが国における財務諸表の体系

一方、わが国においては企業会計原則に従うと、損益計算書、貸借対照表、財務諸表附属明細表及び利益処分計算書が財務諸表を構成する。財務諸表等規則によると、貸借対照表、損益計算書、キャッシュ・フロー計算書、利益処分計算書又は損失処理計算書が財務諸表の構成要素である。また商法上の計算書類に含まれるのは、貸借対照表、損益計算書、営業報告書、利益の処分又は損失の処理に関する議案の4つであり（商法第281条1項）、さらに附属明細書を含めたときには計算書類等といわれる。わが国では平成10年にキャッシュ・フロー計算書の作成が証券取引法上制度化された。これに伴い、財務諸表等規則における財務諸表の体系から明らかなように、そこではフロー情報が中心である。ストック情報はもっぱら貸借対照表に限定されるのである。もちろん、諸外国の場合もこれと同様であり、貸借対照表以外では附属説明書や脚注などでストック情報も部分的に開示される。

③ 財務諸表体系上の問題点

このように、財務諸表の中心は内外を問わず、フロー情報であることがわかる。ストック情報の中心は貸借対照表に限られるのである。これが実は重要な論点である。

単に会計情報の提供面だけに限っていえば、貸借対照表のなかでストック情報を開示しようと、あるいは附属説明書並びに附属明細表などでそれを開示しようと、必要な情報をどこかの箇所で開示すれば、開示すべき箇所については特に問題はないという考え方もありうる。たしかにストック情報を開示すべき手段が何であれ、それが実質的に開示されていればよいという議論も成り立ちうる。しかし、この立場は有用な会計情報の提供の面からは大きな問題を含む。やはり、財務諸表としてのメインの情報と、それ以外のサブの情報とは明確に区別して開示するのが、会計情報の利用者に大いに役立つと解されるからである。したがって、メインの会計情報を財務諸表に収容させる場合、資産負

債アプローチにおいてストック情報を単に貸借対照表にだけ収容させることが実は大きな問題となるのである。

　ここで注意すべきは，貸借対照表がストック情報の中心的存在であることはもちろんである。この貸借対照表がストック情報の中核を形成するのは歴然たる事実であり，この点は将来も変わらないであろう。会計情報の利用者に関心のあるストック情報のすべてを貸借対照表に収容できるのであれば特に問題はない。しかし，現実問題としては，この点はかなり疑問といわざるをえないであろう。というのは，一口にストック情報といっても貸借対照表に計上される数値は，ある特定の見地から決定されたストック情報の一つにすぎないからである。例えば，損益計算や財産計算といったように，ある特定の見地から決定された1つの数値が1つの財産項目に付されるのである。まさしく，一物一価という形による財産のストック情報が貸借対照表に示されるのである。

　しかし，有用な会計情報の提供面からは，ある1つの財産項目に有用なストック情報は必ずしも1つだけとは限らない。場合によっては，1つの財産に種々の計数値が必要となる場合も少なくないからである。具体的にいうと，ある財産がその取得原価で貸借対照表に計上されていても，その時価に関するストック情報も重要となりうる場合も少なくない。さらに，一口に時価といっても財産の種類によっては種々の時価が想定されうる。また，これとは逆のケースもある。貸借対照表にはある特定の時価が付されて計上されていても，その簿価の数値が必要となる場合もありうるのである。

　加えて，客観的な測定問題などの種々の理由から貸借対照表には資産または負債としてまだ計上されないとしても，利害関係者にとって関心のある資産及び負債に関する重要なデータもある。例えば，最近脚光を浴びているブランドや，企業のリスク情報などがその典型である。また，場合によっては財産の数量データも重要となりうる。

　したがって，このようにみてくると，様々なストック情報を単に貸借対照表のみでは収容できず，それを単に附属明細表や脚注で補完するのではなくて，ストック情報専用の独自の財務表がぜひとも不可欠となるのである。この役割

を十分に発揮しうるものこそ，財産目録にほかならない。

（2） 資産負債アプローチと財産目録
① 情報提供手段としての財産目録
A 外部情報としての財産目録

いうまでもなく，財産目録は資産及び負債に関する数量計算と金額計算の詳細な一覧表である。したがって，この財産目録の本来的な機能をすべて企業の外部者に対する会計情報として公表することには，コスト・ベネフィットの面から，あるいは有用な会計情報の提供面からみて，少なからず問題を含んでいる。この理由から，企業の外部者，とりわけ投資意思決定者にとって役立つ会計情報に財産目録を利用してもらうためには，その改善が必要であろう。つまり，財産目録を財産の詳細表示に代えて，財産の概観表示ないし要約的表示に変更することが条件であろう。

その場合，この財産目録にいかなる内容を盛り込むかが重大な関心事となる。

（イ） 財産評価 1つは既述の通り貸借対照表に計上される財産項目の評価について，貸借対照表とは異なる評価額を財産目録のなかに収容させる考え方である。この点についてすでに下野教授及びコソン（G. Cosson）はその構想を示している。下野教授は，債権者に対して企業の財産の現状を示すために，債務弁済能力の判定に役立つ財産の時価評価額を財産目録に収容すべきことを主張する[13]。また，コソンは，株主に対する会計情報提供面から，すべての会社，上場企業，そして財務内容が悪化した会社にそれぞれ分けたうえで，各会社の財務内容の判断に役立つ多元的な時価情報を財産目録の役割と解するのである[14]。今日では周知の通り，一口に時価といっても，その内容は一概にはいえず，清算価値，正味実現可能価額，再調達原価，割引現在価値など多種多様である。そこで貸借対照表にはすべて計上されず開示されないこの多元的な時価情報を財産目録において体系的に開示するのは，企業外部者に対する有用な会計情報の提供面から，大いに役立つであろう。

(ロ) 財産の範囲　　このような財産評価と並んで軽視できないのは財産の範囲，つまり資産及び負債の計上についてである。一般に貸借対照表についていえば，そこでは経済的所有及び経済的帰属が重要となる。この観点から資産及び負債の能力ないし範囲は一義的に規制されるといってよい。リース資産・リース債務がオンバランスされるのは，その典型である。そして，これとの関係で1つの有力な考え方が主張される。それは，財産目録が貸借対照表の摘要ないし貸借対照表は財産目録の要約であり，両者の緊密な関連性を強調する見解である。これに従うと，両者に計上される資産及び負債の範囲も評価も同一であるというものである。すなわち，同一説がこれである。それ故に，この見解では資産及び負債の評価もその範囲も異なる余地が全くないのである。

　もとより，これだけが両者の関係についての唯一の考え方ではない。例えば，ドイツ商法の有名なコンメンタールでは貸借対照表に関しては経済的所有もしくは経済的帰属が重視されるのに対して，財産目録では法的所有関係もまた重視されるという立場に立つのである。その結果，これは関係説と捉えることができる。つまり，財産目録と貸借対照表に収容される資産及び負債の範囲に関して，多くの財産項目は重なり合う部分がかなり多いけれども，両者は全く同一とは限らず，両者の間には差異が生じることを示唆するからである[15]。

　例えば，次のような財産項目がその差異となりうる。ドイツ商法上，債権者保護の見地から財産目録に収容されるべき財産対象物 (Vermögensgegenstand) のメルクマールは通説では債務弁済能力に役立つ個別売却可能性もしくは個別利用可能性である。したがって，費用収益計算の見地から貸借対照表には計上できる開業費及び営業拡大費，さらには借方繰延税金といった貸借対照表擬制項目 (Bilanzierungshilfe) は既述の財産対象物としての要件を満たしていないので，財産目録には収容できないのである。それとは逆に，商法第248条2項によると，無償取得による無形固定資産については用心の原則からその資産化が禁止される。しかし，用心の原則を重視しないとすれば，その項目は財産目録には収容できるのである。さらには償却済の固定資産についても重要性の原則

から貸借対照表にはもちろん計上されない。けれども，その資産が依然として実在しており，資産としての要件を満たす限り，財産目録のなかに収容されねばならないのである。

また，負債に関しても範囲に関する同様の差異が生じうる。例えば負債に関する貸借対照表計上の要件をその経済的責務とみなせば，費用性引当金は貸借対照表に計上される。これに対して，負債に関する財産目録計上の要件をその法的債務性とすれば，それは収容されないのである。これとは逆に，貸借対照表にはまだ計上されないが，財産目録には潜在的な企業のリスクを示す様々な法的な契約などが示されるのである。

このように，関係説の立場に立てば財産目録と貸借対照表との間には資産及び負債の範囲の一部が相違するのである。そして，この関係説に従うと，貸借対照表には計上できない資産及び負債項目であっても，一定の要件を満たせば財産目録には収容できるのである。言い換えれば，資産負債の項目に関して目下議論の対象となっているブランドをはじめ，多様な無形資産の能力問題や，これ以外にもリスク情報の開示の面から企業の財務内容に重大な影響を及ぼす可能性のある潜在的な債務がクローズアップされるのである。これらの項目が直ちに貸借対照表に計上できるのであれば，特に問題はない。そうでないときには，それらの項目を貸借対照表ではなくて，むしろ財産目録に収容させるのも一考に値すると考えられる。

このように，財産評価にせよ財産の範囲にせよ，資産負債アプローチにとって財産目録は貸借対照表を補完するストック情報の開示手段として，企業の外部者に対して特に有用であると解されるのである。

B 内部情報としての財産目録

しかし，これだけが財産目録の役割ではない。実はこの財産目録は資産及び負債の多面的なストック情報を収容しうる。したがって，単にそれらを把握し財産目録のなかに開示させるにとどまらず，さらにそれを経営管理の手段として積極的に生かす方向も十分考えられるのである。いわば財産目録の企業内部における管理手段としての情報利用的側面がこれにほかならない。注意すべき

は，これが必ずしも目新しいものではなく，すでにその方向の分析手法が実務及び理論で検討されてきている点である。例えば，ヒントナーは（O. Hintner）は法制度と結びついて作成される非常貸借対照表（außerordentliche Bilanz）とは別に，すでに経営管理の立場からの財産表示手段として"シュタートゥス"（Status）と呼ぶ財産目録の作成を提唱している[16]。そのなかで彼は，信用度の財産目録の作成に関して，債務をその支払期限に即して短期，中期，長期に分け，それに応じて塡補手段も短期的換金可能資産，中期的換金可能資産，長期的に拘束された資産に対照させて各グループごとの塡補状況の表示を主張している。また，各資産に関しては，その換金価値のほかにその通常の取引価値としての時価並びに帳簿価値も併せて示す必要があると説く。

最近では金融機関を中心に ALM が展開されている。いうまでもなく，この ALM は，資産及び負債を合理的に管理して企業の流動性を保ち，企業における財務流動性の適正化と支払不能の回避を目指す管理手段である。そこでは資産及び負債に関する将来の予測を含めてその管理が重要となる。それ故に，ALM は在高計算を中心とした財産目録思考とも密接な接点を有するといってよい。換言すれば，ALM は経営管理の側面からみた財産目録の現代的応用とも解することができるのである。もちろん，それは資産負債アプローチと関係をもつことは多言を要しないであろう。

このように，財産目録を積極的に活用して，それを合理的な管理手段として利用すれば，それは有効性を発揮することができるのである。

② **財産管理手段としての財産目録**

このような会計情報としての側面のほかに，財産目録はさらに財産管理手段としても重要な役割を果たす。それは，財産目録における財産の数量計算と密接に関係する。財産目録には，財産の実地棚卸を前提としてその実在数量の結果が示されるので，これを通じて財産の実在性がチェックされるのである。この財産の数量計算的側面は資産負債アプローチにとって重要である。この財産数量計算に基づいて資産負債の金額計算が可能となるのである。

この財産の数量計算は，財産の実在性を確認する意味で，財産管理者に対す

る責任の所在を明らかにするうえで重要である。これは，近年クローズ・アップされてきているコーポレート・ガバナンスの視点から重視されるべきであろう。ここでは監視機能が重要な側面となりうるからである。

　また，この財産の数量計算を外部情報として財産目録に開示させることも考えられる。ただ，その全面開示は実務上コスト・ベネフィットとの関係で無理であるとしても，しかし重要な財産の数量計算にのみ範囲を限定し，しかもその概要を表示させるのは，それなりに一定の意義を有すると考えられるのである。

5　む　す　び

　以上の論旨を整理すれば以下の通りである。

　第1に，資産負債アプローチの立場から簿記手続としての精算表を考察する場合，財産項目の一覧表をぜひとも精算表の様式のなかで設けるのが資産負債アプローチによく適合すると解されるのである。これに関してすでに19世紀から20世紀の20年代にかけてドイツの伝統的な精算表がある。ただ，それは残高試算表，財産目録，損益計算書という各欄しかなく，整理記入欄もない。その結果，そこでは財産の帳簿記録とその実在高との差額によって損益を算出することができるけれども，在高差額の原因記録を網羅的に示すことはできない欠点を有する。そこで，その差額に伴うすべての原因記録を網羅的に示す必要がある。つまり，在高差異とともにその原因記録を追加する整理記入欄が不可欠となる。この点を加味したのがビーダーマンの例示する精算表の様式である。そこでは残高試算表，財産目録，在高差異及び整理記入，損益計算書，といった各欄を設けた様式となっている。これは，資産負債アプローチにとっての精算表を考察するとき，一つの有力な考え方を示唆するといえよう。

　第2に，資産負債アプローチから帳簿締切手続を考える場合には，残高勘定への振替仕訳が損益勘定へのそれよりも先行すると解されるのである。その立場に立つときでも，いろいろな帳簿締切法が考えられる。その1は，まず残高

5 むすび

勘定へ資産及び負債の諸勘定を振り替えておき，その残高勘定の差額たる純財産を資本勘定に振り替え，また損益勘定の差額たる損益を同じく資本勘定に振り替えて，この資本勘定で最終的に帳簿を締め切る方法である。その2は，残高勘定に資産，負債及び資本（元入資本）に属する諸勘定を振り替え，この残高勘定で生じる差額を損益勘定に振り替えて，この損益勘定で最終的に帳簿を締め切る方法である。その3は，残高勘定及び損益勘定で生じる差額を，新たに設けた損益精算勘定に振り替えて帳簿を締め切る方法である。その4は，純財産勘定を新たに設けて，この勘定の借方には残高勘定を通じて純財産を，またその勘定の貸方には資本勘定及び損益勘定を通じて元入資本と当期純損益をそれぞれ振り替えて最終的に帳簿を締め切る方法である。

第3に，資産負債アプローチは資産負債の概要を示す貸借対照表と並んで，それと相補関係にある財産目録の重要性もまたクローズ・アップされるのである。資産負債アプローチは資産負債の在高中心思考であるので，貸借対照表が一義的に重視されることは多言を有しない。しかし，諸外国及びわが国の財務諸表の体系ではストック情報はもっぱらこの貸借対照表だけであり，このほかにはありえない。ただ，この貸借対照表には各資産及び負債について一つの金額しか計上できない。ここに会計情報としての貸借対照表に自ら一定の限界があるのである。有用な会計情報の提供面では，各資産または各負債に関して特定の一つの数値だけでなく，それ以外に財産の数量計算に関する有用な情報も必要となりうるからである。

以上の3点が，資産負債アプローチからみた会計処理に関する結論である。

〔注〕
（1） 各国の精算表様式の発展については，第4章参照。
（2） H. Beisse, Zum neuen Bild des Bilanzrechtssystems, in: W. Ballwieser・H. J. Böcking・J. Drukarczyk・R. H. Schmidt 編, Bilanzrecht und Kapitalmarkt, Festschrift für Adolf Moxter, Düsseldorf, 1994年, 所収, 17頁。
（3） H. Biedermann, Kontentheorie und Abschlußtechnik, 第6版, Zürich, 1948年, 45頁。この概要に関しては，拙稿,「精算表の発展」『商学集志』第73巻第1号, 平

成15年6月,8頁及び本書第4章参照。
(4) H. Biedermann, 前掲書注(3), 169頁。
(5) H. Biedermann, 前掲書注(3), 150～151頁。
(6) この点に関しては第4章の注(54)参照。
(7)(8) R. Reisch・J. C. Kreibig, Bilanz und Steuer, 第1巻, 第1版, Wien, 1900年, 96頁。
(9) F. Leitner, Die doppelte kaufmännische Buchhaltung, 第1巻, 第6版, Berlin,・Leipzig, 1923年, 99頁。
(10) F. Leitner, 前掲書注(9), 100頁。
(11) F. Leitner, 前掲書注(9), 101頁。
(12) 在高勘定と資本勘定による二面的な純財産表示に基づく帳簿締切を主張するのはシェアーである。彼は在高勘定では実証された純財産が,また資本勘定では計算された純財産がそれぞれ示されると主張する (J. F. Schär, Einfache und doppelte Buchhaltung, 第3版, Berlin, 1907年, 91頁)。ただ,彼は純財産勘定を新たに設定すべきであるとまでは述べていない。
(13) 下野直太郎「貸借対照表と財産目録の異同弁」『會計』第8巻第4号,昭和2年,109頁。この点については,拙著,『現代静的会計論』森山書店,平成11年, 215頁参照。
(14) G. Cosson, L'information des actionnaires par l'inventaire, (2), in: Revue française de comptabilité, 第73巻, 1977年6月, 283～287頁。この詳細は,拙著,『現代財産目録論』森山書店,平成14年, 第7章, 147～182頁参照。
(15) H. Adler・W. Düring・K. Schmaltz, Rechnungslegung und Prüfung der Unternehmen, 第6巻, 第6版, Stuttgart, 1998年, 67頁以下。この詳細は拙著, 前掲書注(14), 111～122頁参照。
(16) O. Hintner, Bilanz und Status, in: Zeitschrift für Betriebswirtschaft, 第30巻第4号, 1960年, 533～536頁。この詳細については,拙著,前掲書注(14), 189頁以下参照。

第6章
資産負債アプローチと静態論

1 はじめに

　近年，アメリカの会計基準や，IAS及びIFRSを中心にして，いわゆる資産負債アプローチが強調されてきている。この資産負債アプローチと対照的なのは，いうまでもなく収益費用アプローチである。特にアメリカでは収益費用アプローチから資産負債アプローチへ大きく転換したといわれる。ところで，この資産負債アプローチに類似する会計思考がドイツではすでに存在する。静態論と呼ばれる考え方がそれである。この静態論と好対照をなすのは，もちろん動態論である。ドイツでは，かつて静態論から動態論へ展開したといわれている。

　本章では，近年のアメリカ会計基準やIFRSなどのアングロサクソン会計において重視されている資産負債アプローチが，ドイツの静態論といかなる関係にあるのか，これを通じて資産負債アプローチが静態論の再評価といえるのかについて検討することにしたい。

2 資産負債アプローチの特徴

（1）資産負債アプローチの基本スタンス

　まず資産負債アプローチの特徴について確認しておく。

　資産負債アプローチは，その名称が示すように，簿記会計の要素のなかで特に資産と負債を最も重要なものと捉える考え方である。この点に特に異論はな

い。SFAC 第 6 号によれば，過去の取引もしくは事象の結果として，ある特定の企業が獲得したり，あるいは支配する将来の確実な経済的便益（probable future economic benefits）である。また負債は，ある特定の企業が，過去の取引もしくは事象の結果として将来に他企業に対して，資産を譲渡したり，あるいはサービスを提供する現在の義務（probable future sacrifices）である。この資産と負債の差額が持分（equity）もしくは純資産（net assets）である。そして，この出資者の払込及び利益配当を除く持分の変動を伴う資産増加もしくは負債減少が収益または利益として，同じく持分の変動を伴う資産減少または負債増加が費用または損失とみなされる。つまり，ストックとしての資産及び負債の変動がフローとしての収益及び費用または利益及び損失と解されるのである。あくまで一義的に重要なのは，ストックとしての資産及び負債であることがわかる。

（2） 貸借対照表の解釈

このような資産負債アプローチを前提とした場合，問題となるのは貸借対照表全体の解釈に関してである。資産負債アプローチは財務諸表の要素のなかで資産負債というストックを重視する会計思考である以上，貸借対照表を強調する点ではまず異論はないであろう。ただ，この資産負債アプローチは貸借対照表全体についてどのような見方をとるかは必ずしも一致しているわけではない。

この点に関して，資産負債アプローチの先駆的な見解とみなされるスプローズは財務状態観（financial position view）の立場を主張している[1]。ここで財務状態観とは，貸借対照表の流動・固定の区分に基づいて流動比率や当座比率，負債比率といった企業の支払能力を中心としたリスク情報と関係した見方である。しかし，スプローズは，このリスク情報以外に貸借対照表がさらに利益獲得能力（profitability）にも一定の関係を有する点も指摘する。その理由は，この利益獲得能力が損益計算書で表示されるはずの利益の絶対額だけでは判断できず，資本収益性の面から利益を生み出す資源としての資産との関係が不可欠

となるからである。このように，スプローズは貸借対照表と利益計算との関係を認めるが，しかし財務状態観の説明のなかでは貸借対照表が直接的に利益計算の手段という考え方は全く触れられてはいない。ただ，損益計算は資産負債の在高変動によって導かれることを示すにすぎない。かくして，財務状態観を主張するスプローズの考え方は，明らかに貸借対照表に関して利益計算を中心とするというよりは，むしろ財産計算を中心としたものと解することができる。しかも，ここでは負債はあくまで資産のマイナスとしての性質を有するので，純財産計算が前提であるといってよい。

SFAC 第5号においては，財務状態の報告書 (statement of financial position) としての貸借対照表は，主として企業の流動性 (liquidity)，財務弾力性 (financial flexibility)，利益獲得能力及びリスクを評価するために利用される[2]。ここでも利益獲得能力に触れているが，しかしその中心的な表示手段は損益計算書とみなされている。貸借対照表が利益獲得能力と関係するのは，もっぱら資産（もしくは持分）との利益算定においてである。この点からいうと，やはりSFAC でも貸借対照表における利益計算との関連性は間接的にすぎず，けっして貸借対照表が直接的に利益を計算しているという考え方はとられていないといってよい。なお，この SFAC でも同様に純財産計算が貸借対照表において重視されている。

(3) 資産負債アプローチと財産評価

資産負債アプローチと財産評価との関係について論じるとき，それにはいくつかの発展段階が存在すると考えられる。第1段階は 1970 年代初期のスプローズの論考にみられる時期である。スプローズが財務状態観を主張し，いわゆる残高観 (sheet of balances view) を厳しく批判する時期においては，必ずしもその立場からみて最も望ましい財産評価が展開されていたわけではない。たしかに彼は収益費用アプローチ中心の貸借対照表に対する見方を批判した。しかし，これまで実務で行われてきた取得原価を中心とする財産評価を全面的に否定したかは必ずしも断定しがたい。その点に関してスプローズは「貸借対照

表のある特定の見方を単に採用することは，財務状態及び利益の問題すべてを解決しないであろう。しかし，それは必要な第1ステップである。(3)」と述べるにとどまるからである。したがって，その当時の会計基準である取得原価に基づく会計システムのもとで，この資産負債アプローチが展開されており，当初このアプローチは原価主義を予定していたと解されるのである。

第2段階は1980年代の後半以降を中心にいわゆるデリバティブ取引の増大に伴い，金融商品の時価評価がクローズ・アップされてくる時期である。この動向にまさに適合するのが資産負債アプローチである。つまり，資産負債アプローチが一部の資産に関する時価評価と結合するのである。しかも，ここでは主としてマーケットを中心とした時価評価が中心となっているのがその特徴である。

また，第3段階は1990年代以降に展開されているもので，時価評価といってもマーケット中心ではなくて，いわゆる現在割引価値計算に基づく時期である。そこでは金銭債権債務に関して現在価値評価の意味における割引計算が適用されるのがその特徴である。

さらに，1990年代の後半に至ると，公正価値会計が展開されてくる(4)。ここで公正価値とは，IASによれば，十分な知識をもつ利害関係者の間で対等な取引において資産が交換されたり，あるいは負債が決済されるであろう金額を意味する。このIASの公正価値に関しては実は統一的な価値概念が問題となるわけではない。資産もしくは負債についてどのような価値を適用するかに応じて，市場価値，現在原価，再調達原価あるいは現在割引価値などによる多元的な評価が考えられるのがその大きな特徴である。

このようにみてくると，アングロサクソンの会計では，資産負債アプローチの面から展開されている財産評価は必ずしも統一的であるわけではないことが判明する。言い換えれば，資産負債アプローチはある特定の財産評価を予定するものではない。財産評価を左右するのはむしろ会計目的であって，資産負債アプローチそのものではないと解されるのである。つまり，資産負債アプローチはあくまで会計に対する接近方法を示すにすぎず，会計目的自体を規定する

ものではないということができよう。もちろん，資産負債アプローチが会計目的そのものを左右するものではないとしても，それが資産及び負債の財産在高を重視する以上，その面から会計目的に何らかの形で関与することは否めない。それ故に，資産負債アプローチは資産負債そのものの把握あるいは両者の差額としての純資産額の把握が一義的となるのである。

（4） 資産負債アプローチと利益計算

　資産負債アプローチの内容を考察するうえで重要な論点は，それと利益計算との関係である。これについて以下考察する。

　まず第1に触れる必要があるのは以下の点である。この資産負債アプローチが資産及び負債に基づく財産ストックの一義的な重要性を強調し，その結果としてそれらを表示する貸借対照表にウェイトを置いた会計への接近であることはたしかである。しかし，その究極的な目標はやはり依然として期間損益計算の見地に立脚するという考え方が成り立つ。この考え方に従うと，フロー中心の収益費用アプローチからストック中心の資産負債アプローチへの転換は，まさしく期間損益計算の算定に関する重点の移動にほかならないと解されるのである。つまり，ここでは期間損益計算という目標には全く変化がなく，ただその具体的な測定方法の違いとして資産負債アプローチと収益費用アプローチが位置づけられることになるのである。このような解釈によれば，両アプローチはいわゆる利益計算に対するアプローチの違いにすぎない結果となる。例えば岩田教授が主張するように，両アプローチの対立は，損益法動態論なのか，それとも財産法動態論なのかという問題に最終的に帰着するのである。このような考え方に即していえば，いうまでもなく資産負債アプローチが財産法動態論に属することは明らかである。ここでは利益がストックの差額として算出されること，しかもこのストックが純財産に基づくこと，この2点が大きな特徴である。

　しかし，資産負債アプローチを上記の考え方のように単純に割り切ってよいのかについては，若干考察を要する問題である。もとより，この資産負債アプ

ローチは損益計算と関係がある。しかし，企業の利益獲得能力を判定するためには，資本収益性の面から資産及び負債を表示する貸借対照表が重視されるからである。また，最近では資産及び負債をその属性に適したそれぞれの公正価値でまず評価し，その結果として生じる簿価との評価損益を稼得利益に加減した，いわゆる包括利益を損益計算書または業績報告書 (performance reporting) で開示されようとする考え方も展開されてきている。この公正価値会計は，資産負債の公正価値を一義的な目的とし，それに伴う評価損益の開示も併せて目指したもので，したがって，それは損益計算にも関与しているといってよい。その意味で，かかる資産負債アプローチは損益計算と無関係であるとはいえないであろう。ただ，この種の資産負債アプローチにあっては，資産負債自体を表示する貸借対照表が直接的に損益計算の手段とは解されていないようである。損益計算の表示手段はあくまで損益計算書 (ないし業績報告書) であって，貸借対照表それ自体とはみなされていないといってよい。

　このようにみてくると，一般的な意味での資産負債アプローチは損益計算とも密接な関係をもちうるけれども，しかし損益計算が主で財産計算がそれに対して従の関係にあるのではないようである。むしろ特定の財産計算の面から決定された資産負債の範囲及び金額を何よりも一義的に決定した後で，事後的及び副次的にそれらが損益計算に大きく影響するという立場を暗黙のうちに前提としていると考えることができるのである。

　また，このような考え方とは違って，資産負債アプローチを損益計算とは全く独立させて捉える考え方も，もろちん成り立ちうる。ここでは資産負債の財産在高に関する決定はもっぱら財産表示もしくは財産計算の直接的な手段と解されるのがその特徴である。したがって，資産負債の帳簿価額とその特定の観点から決定された評価額との差額として生じる評価損益をどのように取り扱うかは全く別個の問題とみなされるのである。その一例を挙げれば，わが国の会計制度においてその他有価証券に関しては時価評価が適用される。しかし，それに伴う評価差額は，損益計算書を経由せずに直ちに資本の部に計上される。これはまさしく評価損益に関するいわゆる資本直入であり，損益計算書への関

与を認めない処理である。

3 静態論

(1) 静態論の基本的スタンス

いうまでもなく、静態論は主にドイツ会計学のなかで展開されたもので、動態論と対立する考え方である。一般に静態論は貸借対照表に関してある種の状態表示的側面を重視する会計思考であるのに対して、動態論は貸借対照表について利益計算的側面を重視する会計思考である。従来はこの静態論から動態論への発展という形でドイツ貸借対照表論を捉えるのが通説である。たしかに、この考え方のなかには重要な示唆が含まれているけれども、単純に静態論から動態論への転換という側面だけでは、それを十分に論じることはできないであろう。というのは、第3章における制度静態論で触れたように、1965年株式法の改正以降、1985年商法の制定を経て現在に至るまで、ドイツでは静態論を軽視するどころか、むしろその重要性を強調するさまざまな立場が主としてドイツ商法規定、税法及び税務判例との関係で論じられているからである。例えば、モクスターやバイセなどがその代表である[5]。ただ静態論の内容をどのように捉えるのかという問題に関しては、それらの論者の見解は必ずしも一様ではない。少なからずその解釈には違いがある。それはともかく、いずれの見解も貸借対照表の中味についてある種の状態表示的機能を重視する点で一致するのである。つまり、その立場は、シュマーレンバッハが主張する動態論のように、収益費用計算と収入支出計算との間で期間的なずれから生じる未解決項目の集合表ではないとする点で、共通した基盤に立っている。

このように、静態論は貸借対照表の内容を財産在高中心に捉え、けっして収益費用アプローチに基づいていわゆる費用収益の対応原則によって一義的に決定されるものとはみないのがその特徴である。したがって、その限りでは静態論は総じて資産負債アプローチと同一の立場に立つといってよいであろう。

（2） 貸借対照表の解釈

既述の通り，資産負債アプローチを支持するスプローズは財務状態観という貸借対照表の見方を主張する。その内容は必ずしも明らかではないが，貸借対照表がある種の状態表示機能を有することを前提とするといってよい。このスプローズに限らず，資産負債アプローチをとるアングロサクソン会計においては，貸借対照表を強調する点ではたしかに共通する。しかし，それが実質的に何を示しているのかという問題に関しては，必ずしも明らかではない。少なくともいえることは，資産負債アプローチをとる以上，資産と負債の差額たる純財産の算定が重視される点であろう。これは，アングロサクソン会計での株主重視の考え方とマッチすると考えられる。株主に対する会計情報の一環として株主の持分を示す純財産額を適正に示すことは，ROEなどの指標の計算要素にとって不可欠だからである。

ところで，静態論における貸借対照表の解釈は必ずしも一様ではない。というのは，その立論の根拠なり，その根本的な立場いかんで，貸借対照表に関して種々の見方が成り立ちうるからである。例えば，その見方が資産－負債＝資本という資本等式に立脚するのか，それとも資産＝負債＋資本という貸借対照表等式に立脚するのかによって，様々な静的な貸借対照表の見方が考えられる。

まず資本等式に関していえば，これに属するものとしては資産負債説と純財産説とがある。前者はもっぱら資本等式の左辺における資産と負債にウェイトを置く見方である。したがって，右辺の資本は資産及び負債の把握を通じて事後的で副次的なものと位置づけられるのである。これに対して，後者は資本等式の右辺にウェイトを置く見方である。それ故に，資産及び負債の把握はこの純財産を把握するための単なる計算要素にすぎないと捉える考え方である。この純財産説にはさらに次の考え方もある。貸借対照表自体は表面的には資産＝負債＋資本という貸借対照表等式に立脚している。しかし，シェアーによれば，それはあくまで形式にすぎない。その実質は純財産に関する二面的表示と解されるのである。すなわち，資産及び負債という具体的な側面に基づいて実

証された純財産と，資本という抽象的な側面に基づいて計算された純財産という質的に異なる二面的な考え方がこれである[6]。

貸借対照表等式に基づく見方にもいくつかのタイプがある。まず資産＝負債＋資本という等式において，右辺の負債を資本と同質的に捉え，いわば資産＝広義の資本（総資本）と解する見方がある。例えば1910年代におけるニックリッシュがこの立場を主張する[7]。次に右辺の資本を逆に負債的に捉える考え方もある。例えば同じく1910年代以降のベルリーナーや1930年代のニックリッシュがこの考え方を示している。ベルリーナーによれば，決算時点では企業の解散を仮定した場合の財産に関する処分計画を示したのが貸借対照表であるとみなされる[8]。ニックリッシュによれば，家計を本源的経営と捉え，企業をその派生的経営とみなす経営観に立てば，企業は本来的に自己資本をもたず，家計から払い込まれた資本を単に負債的に預かり管理しているにすぎないと解されるのである。これは財産・持分説ともいうべき考え方である[9]。

このようにみてくると，資産負債アプローチに基づく貸借対照表の見方は，資本等式に属する見方と関連性があるように思われる。言い換えれば，資産負債アプローチに基づく貸借対照表観はたしかに静態論の見方の一部に属する[10]。しかし両者は必ずしもイコールとはいえない。なぜならば，資産負債アプローチとは異なる貸借対照表等式に基づく見方の静態論が歴然として存在するからである。

（3）静態論と財産評価

既述の通り，資産負債アプローチにおいては当初は原価評価を出発点とし，徐々に時価主義的傾向が顕著になってきたといってよい。ただし，その時価評価の内容は財産の範囲に関して必ずしも一様ではない。一部の財産，とりわけ金融商品に関して時価評価を基調とし，その他の財産については原価評価を基調とする考え方もある。また，すべての財産に関してマーク・トゥ・マーケットによる時価評価を想定する考え方もある。さらには，売却価値，再調達価値

及び現在割引価値等の多様な時価のなかから各財産の種類及びその性質に最も適合する時価評価を選択する考え方もある。あるいは，場合によって1つの財産に特定の時価だけに限定せずに，様々な時価を併記させる，いわば多元的時価評価も考えられる。いずれにせよ，資産負債アプローチにおいても様々な財産の時価評価との結合を想定することができるのである。

この点はまさに静態論も同様である。存在論的な静態論のレベルでは，取得原価中心の評価がすでに所与とみるのが一般的である。たとえば，ル・クートルやゲルストナーの学説がこれに該当する。最近の分配静態論を主張するモクスターもこれに属するといってよい。そこでは実現原則に基づく財産評価に決定的なウェイトが置かれるからである[11]。

しかし，この存在論的な静態論のレベルだけが静態論ではない。これに対立するのが規範論的静態論である。このレベルでは実に様々な財産評価論が展開されている。たとえばコフェロは客観的現在取得価値説という，いわば再調達原則に基づく時価評価を主張している[12]。また，1873年帝国高等商事裁判所の有名な判決では企業の継続を前提として正常な営業活動に基づく販売価格による財産評価が示唆されている。加えて，一部の財産には原価で評価し，その他の財産については時価で評価するといった二元的ないし折衷的財産評価論も展開されている。例えばジモンやゼベリンクの学説がこれに相当する[13]。パーペは現在割引価値に基づく財産評価を示唆している[14]。

このように，静態論においても財産評価論は多種多様である。ただ，全般的に静態論はたしかに歴史的には時価主義を基調としているけれども，近年では逆に原価主義をベースとする傾向がドイツ会計制度を中心として根強い。この意味ではアングロサクソン会計における資産負債アプローチと丁度逆の方向を示すともいえよう。

(4) 静態論と利益計算

静態論と利益計算の関係について，以下論じる。

このテーマ自体は，一見すると矛盾するように思われるかもしれない。とい

うのは，一般に静態論は貸借対照表に関してある種の状態表示的側面を重視する会計思考であるのに対して，動態論は貸借対照表に関して利益計算的側面を重視する会計思考であるからである。つまり，静態論にとってみれば，そもそも利益計算とは相反すると解されるからである。ここでは静態論は財産計算あるいは状態表示的機能を重視するものと狭く解されているのである。したがって，これは狭義の静態論に関する一元的な解釈ということができよう。

しかし，実はこの見解が唯一のものではない。静態論の概念規定いかんで，これ以外にもいくつかの考え方もある。前述の狭義の静態論よりもやや広くそれを捉える考え方がある。いわば広義の静態論に関する二元的解釈がこれである。例えば，次のような考え方が成り立つ。それは，たしかに静態論は主として貸借対照表に関して財産計算もしくは状態表示的側面を重視する会計思考であるとしても，それとの関係で損益計算も規制するという見解である。つまり，財産計算の一義的な重要性を認めつつ，この財産計算の事後的ないし副次的な結果として損益計算も包摂した静態論解釈がこれである。したがって，損益計算はその限りでは財産計算に対して従属的な地位を有するのである。このような静態論解釈を主張するのは，例えばオーバーブリンクマンである[15]。

彼はドイツ商法の発展過程のなかで静態論をそのように捉えている。具体的には1861年普通ドイツ商法規定及び1873年帝国高等商事裁判所の有名な判決がそれに該当すると彼は理解する。同じくケーネンベルクも同じ考え方を支持する[16]。静態論は財産測定と成果測定との間の調和を前提とした二元的な考え方であり，利益は財産測定の結果としての純財産増加と捉えられるのである。このように，オーバーブリンクマンにせよ，あるいはケーネンベルクにせよ，ここでは二元的な静態論解釈といっても，財産測定と成果測定との関係は対等というよりは，むしろ財産測定を主，成果測定を従とする主従関係が存在すると考えられるのである。

かかる意味での二元的論的な静態論解釈のほかに，もう1つの考え方がある。それは同じく二元論を前提とする点では共通するけれども，財産測定と成果測定とに関するウェイトの置き方に違いがある。すなわち，財産測定と成果

測定との間の主従関係に代えて，両者の対等性を前提とした静態論の解釈である。この立場を表明するのは，既述の分配静態論を主張するモクスターである。彼の考え方の概要は以下の通りである。開業貸借対照表は全く利益の算定が問題とならない純粋の財産在高計算である。しかし，「それ以降に作成される決算貸借対照表は，開業貸借対照表と異なり，財産測定原則及び利益測定原則による二元論によって特徴づけられる。決算貸借対照表では，財産在高計算が利益計算によって相対化され，しかもこれが再び財産在高計算によって相対化される。[17]」この彼の論述から明らかなように，決算貸借対照表に関しては財産在高計算と利益計算との間には，主従関係が置かれていない。むしろ両者の対等関係が強調されているといってよい。もちろん，ここで対等関係といっても，そこでの利益計算はけっして収益費用計算を意味するわけではない。いうまでもなく，その利益計算は財産在高を中心としている。この点で財産計算と利益計算は緊密に連携している。したがって，モクスターの静態論解釈は，ある意味でシュマーレンバッハが非科学的として批判した二元論を前提とするともいえるのである。

このモクスターと同じ考え方を示すのはクリームである。このクリームは，絶対的静的貸借対照表と対照的な修正された静的貸借対照表では，原則として財産測定と成果測定とは対等関係にあると解する[18]。

4 むすび

以上の考察に基づき，以下の結論が得られる。

まず第1に，資産負債アプローチをどのように捉えるのかによって，静態論との関係も若干異なる。例えば，資産負債アプローチを単に資産負債の面を中心とした会計に対する接近方法と捉え，収益費用アプローチを中心とした会計への接近方法との対比において両アプローチを捉えるのであれば，そこでは財産評価に関しても，あるいは利益計算に関しても中立的と解される。したがって，その限りでは資産負債アプローチはストック中心の貸借対照表観を重視す

る静態論と明らかに密接に関連する。ただ，静態論においては資産負債に着目した静的観だけが唯一ではない。既述の通り，資産負債の差額たる純財産に注目した見方もあれば，総資本に立脚した見方もあり，多種多様である。それ故に，この意味での資産負債アプローチは静態論に包摂されるといってよい。

第2に，資産負債アプローチを単に会計に対する接近方法と捉えずに，それを収益費用アプローチに基づく利益計算との対比においても理解することができる。この解釈に従うと，資産負債アプローチは資産負債によるストック中心の利益計算，より具体的にいえば純財産比較による利益計算を指向すると解されるのである。その結果，資産負債アプローチは利益計算の枠内に位置づけられるのである。そこでは財産評価に関して取得原価を予定するか，あるいは時価評価を予定するかは問題ではない。したがって，かかる意味での資産負債アプローチは静態論とはなじまないであろう。というのは，そこでは資産負債を表示する手段としての貸借対照表は利益計算を一義的な会計目的の手段と解されるにすぎず，少なくとも資産負債の表示が利益計算と対等関係に置かれていないからである。

第3に，資産負債アプローチの内容を貸借対照表に関してもっぱら財務状態の表示手段と解することも考えられる。この考え方に従うと，どのような損益計算を想定するかは，資産負債アプローチによる貸借対照表の解釈とは別問題となる。具体的にいうと，資産または負債を時価評価した結果として生じる評価損益を当期の損益に算入するか，あるいは当期の損益に計上せずに直ちに資本の部に計上する（資本直入）かは，どのような損益計算が望ましいかという側面から独自に決定されることになるのである。このような意味で資産負債アプローチを捉えれば，もちろんそれは静態論と関連する。すでに触れた一元的な静態論解釈がこれに該当する。

第4に，資産負債アプローチの内容について資産負債を直接的に表示する貸借対照表の状態表示面を重視するだけでなく，さらにその結果として純財産比較に基づく利益計算もある程度含むと解する見解もある。この場合，状態表示的面と利益計算面との関係が問題となる。1つは前者にウェイトを置き，後者

はその付随的結果にすぎないとみる見解である。他の1つは両者を対等関係にあるとみる見解である。この点について資産負債アプローチなるものがいずれの立場に立つのかは論者によって異なり，一概にはいえない。ただ，一般的には状態表示面を主とし，利益計算面を従とする傾向があるようである。最近の公正価値会計及びそれに関係した業績報告書の展開はこれを端的に示すといってよい。そして，かかる意味での資産負債アプローチは，既述の二元論的静態論の1つのタイプに相通じると解されるのである。

第5に，資産負債アプローチ及び静態論では，いずれも特定の財産評価を予定するものではなく，その意味では両者とも財産評価には中立的である点で共通する。ただ興味あるのは，両者の財産評価に対する展開の違いである。アメリカにおいて資産負債アプローチが登場する1960年代後半においては取得原価評価を出発点としていた。その後，金融商品との関係で時価評価に拍車がかかり，すべての資産及び負債に関してその公正価値に基づく全面的時価評価が展開されてきている。これに対して，ドイツの静態論では19世紀後半において当初は時価評価の傾向が強かった。しかし，20世紀の20年代以降には逆に会計制度との関係で現在では取得原価を中心とした財産評価に基づく静態論が支配的となっている。

以上の考察に基づき，資産負債アプローチは静態論と深く関連していることが判明する。総じてアングロサクソン会計の特徴をなす資産負債アプローチは静態論における一部に含まれる。しかし，資産負債アプローチの解釈いかんでは静態論と接点をもたない要素も含まれている点に留意する必要がある。

〔注〕

(1) R. T. Sprouse, The Balance Sheet-Embodiment of the Most Fundamental Elements of Accounting Theory-, in : Foundation of Accounting Theory, University of Florida Press, 所収, 1971年。なお，資産と負債の考え方については，今福愛志・田中健二「『資産と負債の会計学』の考え方と捉え方」『企業会計』第53巻第4号，平成13年4月参照。

(2) Financial Accounting Standards Board, Statement of Financial Accounting

Concepts, 第 5 号：Recognition and Measurement in Financial Statements of Business Enterprise, 1984 年, パラグラフ 29。
（ 3 ） R. T. Sprouse, 前掲論文注（ 1 ）, 211 頁。
（ 4 ） この点については，浦崎直浩『公正価値会計』森山書店，平成 14 年及び上野清貴『公正価値会計と評価・測定』中央経済社，平成 17 年参照。
（ 5 ） A. Moxter, Bilanzrechtsprechung, 第 5 版, Tübingen, 1999 年, 6〜9 頁。H. Beisse, Zum neuen Bild des Bilanrechtssystems, in: W. Ballwieser・H. J. Böckung・J. Drukarczyk・R. H. Schmidt 編, Bilanzrecht und Kapitalmarkt, Festschrift für Adolf Moxter, Düsseldorf, 1994 年, 所収, 16 頁。これらの学説の概要については，拙著，『現代静的会計論』森山書店，平成 11 年, 74 頁以下及び 493 頁以下参照。
（ 6 ） J. F. Schär, Buchhaltung und Bilanz, 第 4 版, Berlin, 1921 年, 33 頁。この点については，拙著，『静的貸借対照表論の研究』森山書店，平成 8 年, 267 頁以下参照。
（ 7 ） H. Nicklisch, Allgemeine kaufmännische Betriebslehre als Privatwirtschaftslehre des Handels（und der Industrie）, 第 1 版, Leipzig, 1912 年, 59 頁。この学説については，拙著，前掲書注（ 6 ）, 124 頁以下参照。
（ 8 ） M. Berliner, Buchhaltungs- und Bilanzen-Lehre, 第 7 版, Hannover, 1924 年, 63 頁。この学説については，拙著，前掲書注（ 6 ）, 337 頁参照。
（ 9 ） H. Nicklisch, Die Betriebswirtschaft, 第 7 版, Stuttgart, 1932 年, 373〜375 頁。この学説については，拙著，前掲書注（ 6 ）, 363〜364 頁参照。
（10） 静態論のなかには，単に貸借対照表に関する状態表示的側面（財産計算）のみならず，さらに純財産計算に基づく利益計算も併せて含める広義の考え方も主張されている。モクスターの静態論解釈がその典型である。彼は期間利益の比較可能性の面から経営管理に役立つ利益計算を指向する会計思考を動態論と規定する。これに対して，実現原則に基づいて財産計算及び損益計算の二元論的側面から分配可能利益計算を重視するのが分配静態論と解される。
（11） 拙著，前掲書注（ 5 ）, 383〜384 頁。
（12） I. Kovero, Die Bewertung der Vermögensgegenstände in den Jahresbilanzen der privaten Unternehmungen, Berlin, 1912 年, 116 頁。この学説については，拙著，前掲書注（ 6 ）, 391 頁以下参照。
（13） H. V. Simon, Die Bilanzen der Aktiengesellschaften und der Kommanditgesellschaften auf Aktien, 第 2 版, Berlin, 1898 年, 335〜337 頁及び 363〜369 頁。K. Sewering, Die Einheitsbilanz, Leipzig, 1925 年, 47〜49 頁。これらの学説については，拙著，前掲書注（ 6 ）, 26 頁以下及び 294 頁以下参照。

(14) E. Pape, Zur Frage des Bilanzbegriffes, in: Zeitschrift für Handelswissenschaft und Handelspraxis, 第18巻第9号, 1925年, 204～206頁。この点については, 拙著, 前掲書注(6), 506頁以下参照。

(15) F. Oberbrinkmann, Statische und dynamische Interpretation der Handelsbilanz, Düsseldorf, 1990年, 124及び305頁。

(16) A. G. Coenenberg, Jahresabschluß und Jahresabschlußanalyse, 第17版, Landberg/Lech, 2000年, 1082頁。

(17) A. Moxter, 前掲書注(5), 7頁。

(18) B. Kliem, Bilanzielle Rechnungsabgrenzung, Frankfurt am Main, 2000年, 14～19頁。

III　コーポレート・ガバナンスと静的会計

第7章
コーポレート・ガバナンスの概要

1 OECDのコーポレート・ガバナンス原則

　近年，コーポレート・ガバナンスが盛んに議論されている。Ⅲでは，このコーポレート・ガバナンスと静的会計について検討する。コーポレート・ガバナンスのなかでまず注目すべき見解は経済協力開発機構（Organisation for Economic Co-operation and Development; OECD）が公表したコーポレート・ガバナンス原則である。これは1999年にはじめて公表された[1]。ここでは，2002年に改正されたOECDのコーポレート・ガバナンス原則について取り上げる。

(1) OECDコーポレート・ガバナンスの概要
それは次のような6つの要素から構成される。
① 実効性のあるコーポレート・ガバナンスのフレームワークに対する基礎の保障
② 株主の権利と重要な所有権機能
③ 株主の平等性
④ コーポレート・ガバナンスにおける利害関係者の役割
⑤ 開示と透明性
⑥ 取締役会の責任

以下において，その内容を示す。

① 実効性のあるコーポレート・ガバナンスのフレームワークに対する基礎の保障

これはコーポレート・ガバナンスに対する一般的なフレームワークを意味するもので，1999年のコーポレート・ガバナンス原則にはなかったものである。それは次のような内容となっている。

「コーポレート・ガバナンスのフレームワークは，透明で効率的な市場 (transparent and efficient market) を促進し，法規則を遵守して異なる監督機関，規制機関及び実施機関相互で責任の分担を明確化しなければならない。[2]」

この具体的な内容は次の4つからなる[3]。

(イ) コーポレート・ガバナンスのフレームワークは，全般的な経済的業績，市場統合及びそれが市場参加者及び透明で効率的な市場に対して与えるインセンティブに対するその影響力をもつという見方で展開されねばならない。

(ロ) 管轄権のなかでコーポレート・ガバナンス実務に影響する法的及び規則的要求は，法のルールと合致し，透明で強制力をもたねばならない。

(ハ) 管轄権における異なる関係当局間の責任分担は明確に連携され，公益に役立つことが確保されねばならない。

(ニ) 監督機関，規制機関及び実施機関は専門的で客観的方法で各自の職責を果たすための権限，誠実性及び財源をもたねばならない。さらに，そのルールはタイムリーで透明で十分に説明されねばならない。

このコーポレート・ガバナンス原則のフレームワークというべき一般原則をより具体的に示したのが②から⑥までの原則である。この内容は1999年とほぼ同様である。

② 株主の権利と重要な所有権機能

このアウトラインは以下の通りである。

「コーポレート・ガバナンスのフレームワークは，株主の権利行使を保護し，促進しなければならない。[4]」

これはさらに次のような詳細な内容からなる[5]。

(イ) 株主の基本的権利には次のものがある。(1)株主登録方法を保障する権利，(2)株式の名義書換と所有権を移転する権利，(3)会社に関する有用で重要な情報をタイムリーにしかも規則的に入手する権利，(4)株主総会に参加し投票する権利，(5)取締役構成員を選出し解任する権利，(6)会社の利益分配を受ける権利

(ロ) 株主は，以下に示す企業の基本的な変更に関する意思決定に参加し，十分な情報が提供される権利をもつ。例えば，(1)定款，会社規則これに類する会社の内規の変更，(2)株式数の増加の認可，(3)事実上会社の売却の結果となるすべての資産あるいは実質的にすべての資産の譲渡を含む特別な取引

(ハ) 株主は株主総会に実質的に参加し投票する権利をもち，株主総会を運営する投票の手続を含むルールについて通知されるべきである。

(1) 株主に対して，総会で決定すべき事項に関する十分でタイムリーな情報と同様に，株主総会の開催日，開催場所及び議事に関して十分でタイムリーな情報が提供されるべきである。

(2) 株主に対して，合理的な制限のもとで年次外部監査に関係する問題を含め，取締役に質問し，株主総会の議事項目を取り上げて決議案を提出する機会が与えられるべきである。

(3) 取締役メンバーの任命及び選出といった重要なコーポレート・ガバナンスの決定における効果的な株主参加は促進されるべきである。取締役メンバー及び重要な経営者に対する報酬政策について，株主の考え方を周知させることができるべきである。取締役メンバー及び従業員に対する報酬計画の持分要素は株主の承認を受けねばならない。

(4) 株主に対して，本人の出席による投票も不在による投票もできなければならず，いずれのケースでも投票の効力は同じでなければならない。

(ニ) 特定の株主がその株主持分所有に比例しない支配の程度をもつことができる資本構造及び資本協定は開示されるべきである。

(ホ) 企業支配に対する市場は効率的で透明な方法で機能するように認められ

るべきである。
　(1)　資本市場における企業支配の獲得や，合併及び企業資産の実質的割合部分の売却といった臨時的な取引を規制するルール及び手続は明確化され，投資家が自己の権利及び遡及できる権利を理解するように，開示されねばならない。取引は，透明な価格で，しかも種類ごとのすべての株主の権利を保護する公正な条件でなければならない。
　(2)　乗っ取り防止策は，経営者及び取締役の説明責任（accountability）を遮断することから用いてはならない。
(ヘ)　機関投資家を含むすべての株主の所有権の行使が促進されねばならない。
　(1)　受託者の立場で行動する機関投資家は，その全体的コーポレート・ガバナンスと，投票権の利用を決定する代わりにもつ手続を含む投資に関する投票政策とを開示すべきである。
　(2)　受託者の立場で行動する機関投資家は，自己の投資に関する重要な所有権の行使に影響するであろう重大な利害の衝突をいかに処理するのかについて開示すべきである。
(ト)　機関投資家を含む株主は，濫用防止に対する例外を条件に，原則で定義されているようにその株主の基本的権利に関する事項について相互に協議することが許容されねばならない。

③　株主の平等性

　この株主の平等性についてOECDのコーポレート・ガバナンス原則は次のようにいう。
　「コーポレート・ガバナンスのフレームワークは，少数株主及び外人株主を含むすべての株主の平等性を保障しなければならない。すべての株主は，自己の権利の侵害に対して実効性のある救済措置をとる機会をもたねばならない。[6]」
　このような株主の平等性に関して，さらにOECDのコーポレート・ガバナンス原則は次のように詳細に明示している[7]。

(イ)　同一種類のすべての株主は平等に取り扱われるべきである。
　　(1)　同一種類内では，すべての株主は同一の議決権を有している。すべての投資家は，株式の購入以前にあらゆる種類の株式に付与された議決権に関する情報を入手できるようになっていなければならない。議決権を行使するすべての変更は，否定的に影響される株式の種類による承認を条件としなければならない。
　　(2)　少数株主は，直接的または間接的に行動する支配株主による，あるいは支配株主の利益での濫用行為を防止しなければならない。
　　(3)　議決権は株主の実質的所有者に承認された保管受託者あるいは名義代理人によって行使されるべきである。
　　(4)　クロスオーバーな投票の障害は除去されるべきである。
　　(5)　株主総会の進行と手続は，すべての株主の平等性を考慮に入れねばならない。
　(ロ)　インサイダー取引及び自己取引の濫用は禁止されるべきである。
　(ハ)　取締役メンバーと執行役員は，直接的，間接的あるいは第三者のために，会社に直接的に影響するあらゆる取引及び事柄に重大な利害を有するときには，取締役会にその開示が要求されるべきである。

④　コーポレート・ガバナンスにおける利害関係者の役割

　次はコーポレート・ガバナンスにおける利害関係者の役割である。これについてOECDのコーポレート・ガバナンス原則は次のように述べる。

　「コーポレート・ガバナンスのフレームワークは，法もしくは相互協定で定めた利害関係者の権利を認め，企業価値，雇用及び財務的に健全な企業の持続可能性を生み出す際に，企業と利害関係者との間の積極的な協力を促すべきである。[8]」

　このような利害関係者の考え方をさらにOECD原則は次のように示す[9]。
　(イ)　株主の権利は法によって確立され相互協定によって尊重されねばならない。
　(ロ)　株主の利益が法によって保護されるときには，株主は自己の権利の侵害

に対する実効性のある救済措置を得る機会をもたねばならない。

(ハ) 従業員参加に対する実行性を高めるメカニズムが発展するように認められるべきである。

(ニ) 利害関係者がコーポレート・ガバナンスのプロセスに参加するときには，タイムリーで規則的に有用で十分な信頼できる情報に接近すべきである。

(ホ) 個人の従業員及びその代表団体を含む利害関係者は，取締役会に対して違法もしくは非倫理的な実務について自己の関心を自由に伝達できるべきであり，その権利は，その実施に対して妥協されるべきである。

(ヘ) コーポレート・ガバナンスのフレームワークは，効果的で能率的な倒産フレームワークによって，しかも債権者の権利の効果的な強調によって補完されるべきである。

ここからわかるように，OECDのコーポレート・ガバナンス原則では，この利害関係に関する役割がかなり広く捉えられているのがその特徴である。

⑤ **開示と透明性**

この開示と透明性についてOECD原則は次のように述べている。

「コーポレート・ガバナンスのフレームワークは，財務状態，業績，所有関係及び会社のガバナンスを含むすべての重要な事項についてタイムリーで正確な開示がなされることを保障しなければならない。[10]」

このような一般的内容についてさらに詳しくその詳細をOECD原則は示す[11]。

(イ) 開示は以下の重要な情報を含むべきであるが，それに限定されるべきではない。

(1) 企業の財務及び営業の成果

(2) 企業の目的

(3) 主要な株主所有権と議決権

(4) 取締役メンバー及び執行役員の報酬，資格を含む取締役メンバーに関する情報，選出方法，その他の企業の支配人と，これと取締役会からの

独立性の有無
- (5) 関連した利害関係のある取引
- (6) 予測しうるリスク要素
- (7) 従業員及びその他の利害関係者に関する事項
- (8) ガバナンスの構造と方針，特にガバナンス制度もしくは政策の内容と，それが補完される方法

(ロ) 情報は，高い質的会計基準に準拠して作成され，財務及び非財務的開示がなされるべきである。

(ハ) 年次監査は，財務諸表が公正にすべての重要な面で企業の財務状態と経営成績を示すという取締役会及び株主に対する外部的及び客観的保障を与えるために，独立した資格のある監査人によって実施されねばならない。

(ニ) 外部監査人は株主に対して会計責任を負い，会社に対しては監査の実施に際して職業上のしかるべき注意を行使する義務をもつべきである。

(ホ) 情報開示の方針は，利用者が有用な情報に対して公平でタイムリーでコスト面において効率的に接近するように提供しなければならない。

(ヘ) コーポレート・ガバナンスのフレームワークは，アナリスト，ブローカー及び格付機関等による分析及びアドバイスの条件を満たし促進し，その分析あるいはアドバイスの統合を危うくするであろう重大な利害の衝突なく，投資家の意思決定に有用な効果的なアプローチによって実施されねばならない。

⑥ 取締役会の責任

OECD原則はこの取締役会の責任について次のように述べる。

「コーポレート・ガバナンスのフレームワークは，企業の戦略指導，取締役会による経営者に対する実効性のある管理，企業及び株主に対する取締役会の会計責任を保障しなければならない。[12]」

この一般的な取締役会の責任の詳しい内容について，OECD原則は次のように明示している[13]。

(イ) 取締役メンバーは，十分に与えられた情報を基礎として誠実にしかるべ

き入念さと注意を払って，企業及び株主の利益を最大とするように行動すべきである。
(ロ) 取締役会の意思決定が異なる株主グループに異なる影響を与えるときには，取締役会はすべての株主を公平に取り扱うべきである。
(ハ) 取締役会は高い倫理観を適用すべきである。それは株主の利益を考慮しなければならない。
(ニ) 取締役会は以下の点を含む重要な機能を果たすべきである。
　(1) 企業戦略，主要な行動計画，リスク管理，年次予算と事業計画に関する見直しと指導，業績目的の設定，実施状況と企業業績の監視，主要な資本的支出，買収及び事業売却についての監督
　(2) 企業のガバナンス実務の実効性の監視と必要な場合における変更
　(3) 重要な執行役員の選出，報酬，監視及び必要なときにはその交代と，後継者計画の監督
　(4) 企業とその株主の長期的利益となる重要な執行役員及び取締役の報酬の調整
　(5) 正式な透明性のある取締役の指名及び選出プロセス
　(6) 会社資産の誤用及び関連した利害関係者間取引の濫用を含む執行役員，取締役及び株主の間で生じうる利害衝突の監視と管理
　(7) 独立監査を含む企業会計及び財務報告システムの信頼性の確保と，適切なコントロールシステム，特にリスク管理，財務及び営業の管理，法律及び関連した基準に準拠していることに対するシステムが用意されていること
　(8) 情報開示とコミュニケーションのプロセスの監督
(ホ) 取締役会は企業活動に関する客観的に独立した判断を行使できねばならない。
　(1) 取締役会は利害衝突が生じうる業務について，独立した判断を行使できる十分な社外取締役メンバーの任命を考慮すべきである。そのような重要な責任の例は，財務的及び非財務的報告の信頼性の確保，関係した

利害関係者間取引の検査,取締役メンバー及び執行役員の指名,取締役の報酬である。
  (2) 取締役会の委員会が設置される場合には,その権限,構成及び作業手続が取締役会によって十分に定義され開示されねばならない。
  (3) 取締役メンバーは自己の責任を実効力あるように行使しなければならない。
(ヘ) その責任を履行するために,取締役メンバーは正確でタイムリーな情報にアクセスできなければならない。

(2) OECDコーポレート・ガバナンス原則の特徴

このようなOECDコーポレート・ガバナンス原則にみられるコーポレート・ガバナンスの論点は以下の通りである。

まず第1に指摘すべきは,このコーポレート・ガバナンス原則がマクロ経済と関係する点である。それは,例えば「コーポレート・ガバナンスは投資家の信頼性を高めるだけでなく,経済の効率と経済成長 (economic efficiency and growth) を改善する1つの重要な要素である[14]」という表現から明らかである。また,「各企業のなかでしかも経済全体と関連した効率的なコーポレート・ガバナンスのシテスムの存在は,市場経済の適切な機能にとって必要な信頼性の程度を提供するのに役立つ。その結果として,資本コストがより低くなり,企業にとって資源をより効率よく利用するのに役立ち,それによって成長を支える[15]」という文言もまたそれを示すといってよい。このように,コーポレート・ガバナンスは経済の効率及び経済成長にせよ,あるいは市場経済 (market economy) の適切な機能にせよ,いずれもマクロ経済的側面と結合するのである。これはたしかに重要ではあるが,しかしここでは必ずしも会計上とは直接的に結びつかないと判断される。

第2に,企業経営の運営に直結したメカニズムに関する側面である。これは「コーポレート・ガバナンス会社の経営者,取締役,株主及びその他の利害関係者の間における一連の関係を含む。コーポレート・ガバナンスは,会社の目

的を設定し，しかもその目的達成の手段と業績の監視を決定する構造も提供する。的確なコーポレート・ガバナンスは，経営者及び取締役が企業と利害関係者の利益につながる目的を追求するように適切なインセンティブを提供すべきであり，効果的な監視を促進すべきである(16)」という点に見出すことができる。ここでは会計上特に注目すべきは監視面である。

第3に，企業とそれに関する利害関係者との関係に関する側面である。それは，すでに触れた第2の引用文中から明らかである。いうまでもなく，利害関係者の中核を形成するのは，企業に対して様々な資源提供者としての投資家，従業員，債権者及び仕入先等である。なかでも債権者の利益を保護するための法整備や，タイムリーな情報提供が必要となる。ここでは会計上特に利害関係者に対する会計情報の提供が重要となる。

2 EUにおけるコーポレート・ガバナンス論

EUにおいてもまたコーポレート・ガバナンスに関する議論はかなり活発に進められてきている。ここでは，EUにおけるコーポレート・ガバナンス論のなかで特に注目すべきものとして次の3つを検討する。1つは2002年1月に公表されたヨーロッパ証券ディーラー協会（European Association of Securities Dealers ; EASD）とヨーロッパ・コーポレート・ガバナンス・ネットワーク（European Corporate Governance Network ; ECGN）の協同によるコーポレート・ガバナンス論である。それは正式には「EU及びその加盟国に有用なコーポレート・ガバナンス規則に関する比較研究」（Comparative Study of Corporate Governance Codes Relevant to the European Union And Its Member States）（以下，「比較研究報告書」と略す。）である。2つめは，EU委員会によって設置された「ハイレベル法律専門家グループ」（the High Level Group of Company Law Experts）（以下，「ハイレベル・グループ」と略す。）が2002年11月に公表した最終報告書としての「ヨーロッパにおける会社法に関する現代的法制化に対するフレームワーク」（A Modern Regulatory Framework for Company Law in Europe）（以下，「ハ

イレベル・グループ報告書」と略す。）である。そして，3つめは，EU委員会が2003年5月に評議会及び議会に提出した「EUにおける会社法の現代化とコーポレート・ガバナンスの促進――前進に対する計画」(Modernising Company Law and Enhancing Corporate Governance in the European Union—A Plan to Move Forward)（以下，「EU委員会報告書」と略す。）である。

(1) 「比較研究報告書」におけるコーポレート・ガバナンス

まず，「比較研究報告書」におけるコーポレート・ガバナンス論について取り上げる。これはコーポレート・ガバナンスに関する次の諸点を論じている。

(イ) コーポレート・ガバナンスの定義
(ロ) 文化，所有の集中と法
(ハ) 利害関係者と株主の利益
　(1) 社会と利害関係者の利益
　(2) 株主の利益
(ニ) 監視及び監督機関
　(1) 取締役システム
　(2) 監視及び監督機関の独自の役割と責任
　(3) 監視及び監督機関の会計責任
　(4) 監視及び監督機関の規模，構成，独立性，選出基準と手続
　(5) 監視及び監督機関の業務方法
　(6) 監視及び監督機関の報酬
　(7) 内部統制システムの組織と監視

① コーポレート・ガバナンスの定義

「比較研究報告書」によれば，EU加盟国におけるコーポレート・ガバナンスの定義については，第1に会社，会社経営者もしくは会社のあるいは経営者の行動に対するコントロールが中心である。それを端的に示したのがイギリスのキャドベリー委員会報告書 (Cadbury Report) である。これに従うと，コーポレート・ガバナンスは，企業が方向づけられ，しかもコントロールされるシス

テムであると解される(17)。第2に、コーポレート・ガバナンスに関して会社あるいは経営者の監視（supervision）を重視する方向も有力である。第3に、コーポレート・ガバナンスに関して法的なフレームワーク、ルール及び手続とプライベートセクターの行動を関連づける方向もある。第4に、コーポレート・ガバナンスに関して株主、監視的な取締役及び経営者との間の関係を重視する考え方もみられる。

その結果、「比較研究報告書」はコーポレート・ガバナンスを一般に次のように定義する。「それ（コーポレート・ガバナンス—筆者注）は有限責任の会社形態で組織された一企業が方向づけられ管理されるメカニズムと関係する。それは通常、会社経営者が会社の行動及び業績に対して説明責任のある（accountable）と解されるメカニズムに関わる。コーポレート・ガバナンスはたしかに企業経営者及び会社の責任問題と関係はするが、しかしこれとは別であり、混同されるべきではない。(18)」この定義では、企業経営者に対して会社の行動及び業績に対する説明責任が課されている点に注目する必要がある。というのは、それは会計と密接な関連性を示すからである。

② コーポレート・ガバナンスと会計との接点

以下においては、「比較研究報告書」におけるコーポレート・ガバナンス論のうちで、特に会計と接点を有する部分について論及する。具体的には、それは、1つには既述の㈠の利害関係者と株主の利益との関係である。2つめは㈡の監視及び監督機関である。

A　利害関係者及び株主の利益と会計

すでに引用文中で触れたように、コーポレート・ガバナンスは企業の社会的責任といった問題とは混同されてはならない。しかし、コーポレート・ガバナンスの重要性が増すにつれて、それは企業の経済力について、説明責任の面から根拠づけられる保証手段と解される傾向がある。それ故に、コーポレート・ガバナンスは企業の目的と関連づけられる場合が生じる。EU加盟国のなかにはコーポレート・ガバナンスについて広く社会的利益に重点を置く国もあれば、株主の財産権にその重点を限定する国もある。

とりわけ前者に関していえば，企業の社会的責任の順位が上がるため，直接的な資本市場の圧力が利害関係者との関係に責任ある強調をもたらすに至っている。つまり，「投資家に関係するグループは，投資家が社会的責任を会社の成功と関係したものとみなすことをポートフォリオ集団に対して強調しているのである。[19]」例えばイギリス保険会社では取締役が社会的，環境的及び倫理上の問題に関するリスクと機会を評価するように期待されている。その結果，そのディスクロージャーのための財務報告が必要となる。同じくフランスの資金管理者協会では，会社の取締役に対して"持続的発展，社会的責任及び環境のコンセプト"をどのように考えているかについて重視する傾向があるという。

これに対して，後者に関していえば，会計との関係で特に重要となるのは，株主に対するディスクロージャーである。いうまでもなく，EU加盟国の上場企業には株主に対して会社の業績及び指導力に関する会計情報を提供する仕組みとなっている。その開示が義務づけられているものと，任意のものとがある。周知の通り，国際的な会計基準の調和化面から，EUの上場企業に対して2005年からは連結財務諸表の作成に際してIASの適用が義務づけられる。

B 監視及び監督機関と会計

監視及び監督機関とも会計は一定の関係をもつ。いうまでもなく，監視及び監督機関には，企業の指揮を監視又は監督機関のみに委ねる一元制度（one-tier system）と，それを経営機関（取締役会）と監視機関（監査役会）に分ける二元制度（two-tier system）とがある。前者は，監視機関と経営機関との間における密接な関係及びより良い情報提供に基づく。これに対して後者は，監視機関と監視されるべき機関との明確な分離を強調する点にその特徴をもつ。EU加盟国で一元制度をとるのがフランス，イタリア，イギリス及びスペインなどである。一方，二元制度をとるのはドイツ，オーストリア及びオランダなどである。

このような一元制度にせよ，あるいは二元制度にせよ，監視及び監督機関が会計と接点をもつのは以下の点である[20]。1つめは，透明性の確保から取締

役の報酬開示である。2つめは，株主及びその他の利害関係者に対する会計責任を確保する手段として年次決算書における財務業績（financial performance）の開示である。この財務業績の開示に際して正確な情報提供を重視する加盟国もある。また，既述の通りディスクロージャーに関して利害関係者及び環境的ないし社会的事項に着目する傾向もあるという。このような会計情報の開示にあたっては，その作成に関する会計基準の更なる収斂（convergence）を促進させる必要がある[21]。

C　内部統制システムの組織と監視

内部統制システムの組織及び監視もまたリスク評価及びコントロールと関係するので，会計と関連性がある。内部統制システムは，投資家への信頼性と市場統合への鍵となるからである。この点はすでにイギリスのコーポレート・ガバナンスに関する報告書のなかで明確に指摘されている。「キャドベリー委員会報告書」，「グリーベリー委員会報告書」及び「パンペル委員会報告書」の3つの報告書をまとめた「統合規程」（Combined Code）のD2原則は次のように述べる。「取締役会は，株主の投資と会社の資産を保護するために健全な内部統制システムを維持すべきである。[22]」その結果，取締役は，財務上，営業上及び遵守のコントロール，リスク管理を含めて，内部統制の有効性を検討し，少なくとも株主に毎年報告しなければならないことが要求されるのである。

③　「比較研究報告書」の特徴

このようなEUのコーポレート・ガバナンスに関する主な特徴は以下の通りである。

第1に，そこでは会社経営者の行動及び業績に対する説明責任をコーポレート・ガバナンスの中心とみなしている点である。したがって，EUのコーポレート・ガバナンスにおいては経営者を管理する側面または監視する側面にウェイトが置かれているといってよい。逆にいえば，すでに述べたOECDのそれと比較すると，企業の利害関係者間との関係といった領域並びに株主と利害関係者との関係についての認識はたしかにあるものの，それは間接的なものにすぎず，コーポレート・ガバナンスの中核を形成するまでには至っていない

と解される。

　第2に，企業の利害関係者が重視される関係についていえば，企業の社会的責任及び株主の利益の面からみると，前者に関して特に環境等がその対象となる。また，後者に関しては，株主権との関係で問題となるのはディスクロージャーである。この見地から上場企業の有用な会計情報の提供面で，会計基準の調和化が重要となる。

　第3に，監視又は監督機関が会計と関係するのは，経営者の報酬開示と財務業績の開示である。経営者は年次報告書を通じて，この財務業績を説明する会計責任がある。

(2)　「ハイレベル・グループ報告書」におけるコーポレート・ガバナンス

　「ハイレベル・グループ報告書」におけるコーポレート・ガバナンス論について次に取り上げる。

　そこではコーポレート・ガバナンスに関する定義は示されていない。単にコーポレート・ガバナンスに関する以下の論点が指摘されているに留まる[23]。

① 株主及び債権者に対するより良い情報，特に取締役構成員の報酬を含め，コーポレート・ガバナンスの構造と実態のより良い開示

② 特に特定の調査手続による投票権を補完しながら，株主権及び少数株主の保護を強化すること

③ 取締役会の義務の強化，特に会社が支払不能な場合における取締役の会計責任

④ 最善の実務と収斂の発展を促すためのヨーロッパのコーポレート・ガバナンスの規則（code）あるいは国内規約の強調に対する必要性

　この4点のなかで会計と直接的に関係するのは①と②である。というのは，①は明らかに株主及び債権者に対する有用な会計情報の提供を意味するからである。また③は企業の倒産時における経営者の会計責任の明確化を要求するからである。ただ，この③においては支払不能以外のケースに関する取締役に対

する監視面は明らかにされてはいない。

　さらに,「ハイレベル・グループ報告書」では特にコーポレート・ガバナンス及び監査における最善の実務との関係で, 次の4点も重要であるとされる(24)。

　(イ)　社外及び監視取締役の役割
　(ロ)　経営者の報酬
　(ハ)　財務諸表に対する経営者の責任
　(ニ)　監査業務

「ハイレベル・グループ報告書」において注目すべきは, コーポレート・ガバナンスに関して外部コーポレート・ガバナンスもしくは外部コントロールと, 内部コーポレート・ガバナンスとに区分している点である。前者は主として企業コントロールに対する市場を取り扱った部分で, コーポレート・ガバナンスのシステム全体に関わるものである。ここでは証券規制が重要となり, とりわけ上場企業に対する種々のディスクロージャーが中心となる。同様に投資顧問会社, 機関投資家及び証券アナリストのサービスの中心的課題の1つとなる。そして, 会計と監査はコーポレート・ガバナンス・システムの根幹的な要素であると解されている。このように, 外部コーポレート・ガバナンスにおいては, 企業のディスクロージャーにせよ, 外部監査にせよ, 会計が果たす役割はきわめて大きいのである。これに対して, 内部コーポレート・ガバナンスはこのコーポレート・ガバナンス・システムの一部を構成するもので, 内部コントロールにウェイトを置いたものである。

　「ハイレベル・グループ報告書」は, コーポレート・ガバナンスに関して次の諸点を取り上げる。その内容は以下の通りである。

　A　ディスクロージャー
　B　株主
　　B-1　株主への情報, 伝達, 意思決定
　　　a　通知と事前伝達
　　　b　株主総会, 不在投票, 電子アクセス

B-2　国外投票
　　B-3　機関投資家の責任
　　B-4　少数株主の特定調査権
　C　取締役会
　　C-1　社外及び監視取締役の役割
　　　a　役割
　　　b　独立性
　　　c　適格性
　　C-2　取締役の報酬
　　C-3　財務諸表に対する経営者の責任
　　C-4　不当な取引
　　C-5　罰則，取締役の失格
　D　監査業務
　E　ヨーロッパにおけるコーポレート・ガバナンス規制

このような概要のなかで特に会計と密接な関係をもつのは，AとC-3及びDである。

① ディスクロージャー

　ディスクロージャーの重要性について「ハイレベル・グループ報告書」は次のように述べる。「情報のディスクロージャーを要求することは，会社法における力強い規制手段となりうる。それは会社のガバナンスとのその関係事項に対する会計責任と透明性を高める。例えばガバナンスの構造あるいは特定の行動ないし事実がディスクロージャーされねばならず，それ故に説明されねばならないであろうという単なる事実は，最善の実務と解されるもの以外の構造を放棄したり，あるいは受託者責任あるいは規制上の要求に違反したり，あるいは最善の実務以外のものとして批判されうるであろう行動を回避するインセンティブをもたらす。[25]」

　とりわけ，このディスクロージャーが重視されるのは上場企業である。投資家に対する有用な会計情報の提供がそこでは一段と強調されるからである。こ

れについては，すでに EU 指令 (Directives) のなかで一定のルールが定められている。その場合，EU 指令は年次コーポレート・ガバナンス報告の公表に対する詳細な要件を規制すべきでないというのが「ハイレベル・グループ報告書」の基本スタンスである。それよりは，むしろ弾力的で効果的に適用可能な副次的ルールの体系化のほうが望ましいと主張するのである。最低限度の年次コーポレート・ガバナンス報告として「ハイレベル・グループ報告書」が重視するのは以下の通りである[26]。

(1) 株主総会の運営，その中心的な権限，株式の種類別の権利とその権利行使方法
(2) 取締役会の運営，取締役構成員の選出手続，各取締役の役割と資格，取締役メンバーが取締役としての資格をこえて会社と関わる直接的及び間接的関係。取締役の報酬，任命及び解任その他の条件の開示は別々に要求されるべきである。
(3) 投票権と特別な支配権を有する支配株主
(4) 会社と株式所有自体を超えた支配株主との間の直接的及び間接的関係。一方で支配株主と他方で少数株主との間で生じうる利害のコンフリクトは，法律上及び経済的な文献で十分に示される。会社と多数株主との間で生じた重要なすべての取引は，これらの取引がどの程度対等関係のあるものであるかの説明を加えて，個々に監査済財務諸表のなかで報告されるべきである。
(5) 子会社及び関連会社との取引のように，その他の重要な取引で会社の財務諸表のなかですでに特別に開示されていないもの
(6) 会社の中心的戦略及び行動を述べながら，会社の適用するリスク管理システムと，それに関係する特定のリスク。そのようなシステムが存在しないときには，これを開示する必要がある。
(7) 会社が遵守するコーポレート・ガバナンスの国内法への関係，あるいはそれが逸脱を説明する関係

② 財務諸表に対する経営者の責任

　いうまでもなく，財務諸表が企業の財務状況を適切に表示しており，且つ操作されていないことが財務諸表の信頼性を確保する意味で不可欠である。この点に株主及び債権者はもちろん，金融市場及び経済全体が関心をもつ。このような財務諸表の信頼性に対する責任を有するのは取締役会である。この場合，企業の指揮を管理機関としての取締役会のみに委ねる一元制度を前提とするときには，その責任を負うのは取締役及び社外取締役の両者全体である。これに対して，企業の指揮を経営機関としての取締役と監査機関としての監査役会とに厳格に分離する二元制度においては，取締役及び監査役の両者がその全体として責任を負う。

　このような財務諸表の信頼性に対して取締役全員の全体的な責任に関しては，単に年次計算書及び連結計算書だけに限定されるものではない。これ以外に四半期報告書や目論見書及びその他の公式文書における財務諸表も含まれる。但し，取締役全員のその検討が不可能な特別の命令的ディスクロージャーに対しては，その例外となりうる。「しかし，適切な認可システムはそのような特別な開示の代替となることを保障するのが取締役全員の全体的な責任である。[27]」

　さらに，取締役全員の全体的責任は，企業のリスク管理，事業の将来的な見通し，投資計画，技術的・組織的・人的資源的各領域における戦略といった重要な非財務データにも及ぶべきであると「ハイレベル・グループ報告書」は主張する。

　このように，経営者は財務諸表及び重要な非財務データの信頼性に対して重大な会計責任を有することが明らかとなる。

③ 監　査　業　務

　企業の財務諸表に関する適切な監査はコーポレート・ガバナンス・システムにおける根本的な要素の1つである。また，監査は，その形が適切であれば，非財務報告における重要なセーフガードともなる[28]。この点で，EU委員会はすでに2002年5月には外部監査人のテーマとして，(1)監査会社が監査依頼

人に与える非監査サービス，(2)中心となる監査パートナーのローテーション，(3)監査依頼人からの前監査パートナーの雇用について取り扱った。「ハイレベル・グループ報告書」では，さらに監査に対する取締役会の責任といった監査業務の内部的側面に焦点をあてて，次のように主張する。すなわち，企業の財務諸表の監査に対する会計責任は，取締役のなかで少なくとも過半数のなかで独立した社外取締役及び監査役にあるはずであるというのである[29]。したがって，この目的から設置される監査委員会（audit committee）は，経営者と社外監査人との間の関係のなかで，以下に示すような重要な役割を果たす[30]。

(1) 株主総会もしくは取締役会が任命する外部監査人の選出に対する責任
(2) 特に外部監査人の独立性を保持するために，外部監査人と会計及びその経営者との関係の監視
(3) 監査法人がもたらす非監査サービスがあれば，その監視
(4) 少なくとも四半期ごとにしかも経営者が不在なときには，少なくとも年に1回外部監査人との会合
(5) 外部監査人は自己の役割を果たすように要求されるすべての情報を入手することの保障
(6) 財務諸表に関するコメントについて監査人による監査報告書の受領と，このコメントが財務諸表に開示されるべきかどうかの検討

また，監査委員会は以下のように監査機能の内部面のなかでもまた重視されるべきである[31]。

(ア) 企業の会計政策及びその変更の再検討に対する責任
(イ) 企業の内部監査手続とそのリスク管理体制の監視
(ウ) 内部監査手続とリスク管理体制の責任者との定期的会合
(エ) リスク管理体制が企業の財務諸表のなかでどの程度まで報告されるべきかに関する考察
(オ) 自己の役割を果たすのに有用なすべての内部報告へのアクセス

「ハイレベル・グループ報告書」は，特に社外取締役及び監査役の役割について，監査委員会の役割及び責任に関する規定をEU委員会が含めることを勧

告する。

④ 「ハイレベル・グループ報告書」のコーポレート・ガバナンスに関する特徴

これまでみてきたように,「ハイレベル・グループ報告書」のコーポレート・ガバナンス論においては,会計との関係がきわめて重視されていることがわかる。

しかも,そこでは外部コーポレート・ガバナンスとして特にディスクロージャーが一義的と解される。その面から企業の利害関係者に対する有用な会計情報を提供する仕組みと制度が重要性を帯びるのである。

それに関係して,財務諸表に対する信頼性を確保する面で経営者の会計責任が明確に強調されている点も見逃すことはできないであろう。その観点から社外取締役も含めて取締役の具体的な責任問題や非財務データの開示,さらには外部監査についても論じられている点は注目に値する。さらに,コーポレート・ガバナンスに関する年次報告もまた不可欠となるのである。

これに対して,内部コーポレート・ガバナンスとして特に監査業務のうちで監査委員会制度の果たす役割と任務が論及されている点は評価することができよう。

このように,「ハイレベル・グループ報告書」のコーポレート・ガバナンス論においては,総じて会計の占める領域が広範囲である点にその特徴があるといってよい。

(3)「EU委員会報告書」におけるコーポレート・ガバナンス

① コーポレート・ガバナンスに対する基本的スタンス

「ハイレベル・グループ報告書」を受けて,「EU委員会報告書」が2003年5月に評議会及び議会に対して提出された。そのなかでのコーポレート・ガバナンスに関する主な内容は以下の通りである。

　(イ) コーポレート・ガバナンスによるディスクロージャーの向上

　(ロ) 株主権の強化

㈑　取締役会の現代化
㈡　加盟国のコーポレート・ガバナンスへの努力に対する強調

　「EU委員会報告書」ではじめてコーポレート・ガバナンスに関する定義が示されている。その一般的な定義としては，すでに触れたイギリスのキャドベリー委員会報告書に即して，「企業が方向づけられるコントロールされるシステム(32)」と解されている。これよりも包括的な定義として「EU委員会報告書」では，OECDによる定義を示している。したがって，「EU委員会報告書」は基本的にはキャドベリー委員会報告書及びOECD原則でのコーポレート・ガバナンス定義を踏襲しているといってよい。

　なお，「EU委員会報告書」は，「ハイレベル・グループ報告書」で確認されているように，EUのコーポレート・ガバナンス規定を設ける必要はないという主張を支持している。その理由は，第1にEU加盟国でのそれに関する相違がすでに触れた「比較研究報告書」によると注目すべき収斂の程度を示すだけでなく，第2にEUにおける多くの規定自体の存在は一般に障害とみなされていないからである(33)。その点に関して「EU委員会報告書」はさらに次のように主張する。

　「a　EU規定の採用はヨーロッパ中の中小企業に適用できる中心的なコーポレート・ガバナンスのルールに関して，投資家に対する十分な情報を提供しないであろう。その理由は，これらのルールが依然としてある面でかなり異なる国内の会社法に基づいていたり，その一部に基づいているからである。

　　b　そのような規定の採用は，EUにおけるコーポレート・ガバナンスの改善に著しく貢献しないであろう。その理由は，この規定が多くの異なるオプションを許容しなければならないか，あるいはそれ自体を抽象的な原則に限定しなければならないのかのいずれかだからである。1つのヨーロッパ規定ですべての要素を調和化する試みは何年も時間がかかり，合理的なタイムテーブルを達成できないであろう。(34)」

　このように，「EU委員会報告書」はEU全体に関する1つのコーポレー

ト・ガバナンス規定の制定には現段階において消極的であることがわかる。しかし，コーポレート・ガバナンスに関する特定のルールや原則の制定には，むしろ前向きの姿勢を取ることに留意する必要がある。

② コーポレート・ガバナンスにおけるディスクロージャーの促進

コーポレート・ガバナンスにおけるディスクロージャーの促進として年次コーポレート・ガバナンス報告と，機関投資家が果たす役割に関する情報の2点が示されている。

特に前者に関して重要なのは以下の諸点である[35]。
(1)株主総会とその中心的な権限の運営，株主権の説明とその行使方法，(2)取締役会の構成と運営，その委員会，(3)支配株主とその投票及び重要な協定と同様に管理権，(4)これらの支配株主と会社との間のそれ以外の直接的及び間接的関係，(5)その他の利害関係者とのすべての重要な取引，(6)リスク管理システムの存在と性格，(7)会社が遵守する国家的レベルでの利用について，あるいはそれが逸脱を説明する関係で定められたコーポレート・ガバナンスに関する規定の関係

このようなコーポレート・ガバナンスの年次報告を上場企業の年次公式文書に含めるべきであり，したがってその点に関して適用可能な原則を含む指令の改正が必要であると「EU委員会報告書」は述べている。

後者に関して「EU委員会報告書」は以下の情報を機関投資家に対して義務づけるべきであると主張する[36]。1つは機関投資家の投資政策と，投資している企業の投票権の行使に関する政策のディスクロージャーである。もう1つは，リクエストのある受益者に対して，その権利がどのように特定のケースで利用されたかのディスクロージャーである。

③ 株主権の強化

株主権の強化として「EU委員会報告書」は次の3点を指摘する[37]。1つは情報への接近，2つめは他の株主の権利，3つめは株主の民主化である。

情報の接近に関しては，上場企業の株主総会に先立ち，電子装置により有用な情報に接近できねばならないというのがその趣旨である。他の株主の権利と

しては，質問権，決議上程権，不在投票権，電子手段による株主総会参加権といった株主の種々の権利行使を増進させる必要があると説く。株主の民主化としては，OECDのコーポレート・ガバナンス原則と同様に，様々な株主権，その行使方法に関する包括的な情報の規定と，これらの権利が有効に行使されうる点について管理する仕組みを発展させることを主張している。

④ 取締役会の現代化

取締役会の現代化を要するのは，取締役会の構成，取締役の報酬，そして取締役の責任の3点である[38]。

まず取締役会の構成に関していえば，「EU委員会報告書」は取締役の報酬及び財務諸表監査の監督といった取締役の間で利害の対立が生じる領域に関して，独立した社外取締役または監査役が上場企業には不可欠であると主張する。次に，取締役の報酬については，年次決算書のなかで報酬政策の開示，各取締役の報酬の詳細に関する開示，取締役が対象となる株式及びストック・オプションの計画について株主総会による事前的な承認，会社に対するそのような計画のコストについて年次決算書のなかで適切な認識といった，4点を重視する。最後に取締役の責任に関しては，財務諸表及び重要な非財務諸表（コーポレート・ガバナンスの年次報告を含む。）に対して，取締役メンバー全員の連帯責任を強調する。加えて，「EU委員会報告書」は「ハイレベル・グループ報告書」が推奨していた株主の特別調査権，取締役の不当な取引ルール，取締役の不適格といった面を支持する[39]。

⑤ 加盟国のコーポレート・ガバナンス努力の強調

「EU委員会報告書」は「ハイレベル・グループ報告書」と同様にEUが積極的に会社法，証券法，上場規制等を通じて加盟国のコーポレート・ガバナンスへの努力について協調すべきであると考える。その場合，強調は単に国内法のレベルに及ぶだけではなく，加盟国が適切に監視したり，遵守及び開示を促進する手段にも及ばねばならない[40]。

⑥ 「EU委員会報告書」におけるコーポレート・ガバナンスの特徴

このような「EU委員会報告書」は，基本的には「ハイレベル・グループ報

告書」を踏襲し,それをコンパクトに整理したものといってよい。それを具体的に示すのが,コーポレート・ガバナンスに関する両者の目次内容のほぼ同一性である。

ただ,「EU委員会報告書」と「ハイレベル・グループ報告書」の間に若干の違いもある。第1に,例えば後者には既述の通り外部コーポレート・ガバナンスと内部コーポレート・ガバナンスとの区別が示されていたが[41],前者にはその言及はない。第2に,後者では株主の項目のなかで「機関投資家の責任」で触れられていたものが,前者ではディスクロージャーに関する領域のなかで触れられている。第3に,後者では「取締役」の1つとして指摘されていた「財務諸表の経営者責任」が前者では単に「取締役の責任」として言及されている。しかも,前者では単に財務諸表に限定されず,そのほかに年次コーポレート・ガバナンス報告といった重要な非財務報告にも及んでいる。第4に,後者ではコーポレート・ガバナンスを構成する監査業務が独立してかなり詳細に説明されていたけれども,前者では「取締役の現代化」のなかでごく簡単に監査委員会との関連で触れられているにすぎない。

このような違いはあるにせよ,両者の間における基本的なスタンスに際立った違いはないと判断することができる。

3 コーポレート・ガバナンスの基本的特徴と会計

OECDのコーポレート・ガバナンス原則及びEUのコーポレート・ガバナンス論について考察した。

その共通する特徴を整理すれば,以下の通りである。

第1に,コーポレート・ガバナンスの主な重点は会社の外部との関係と,会社の内部との関係に分けて考えることができる。

第2に,まず会社外部との関係でいえば,このコーポレート・ガバナンスはマクロ経済との接点をもつ点である。その結果,マクロ経済で重要な市場経済の面で,この市場の透明性及び効率性を確保する目的から,企業におけるコー

ポレート・ガバナンスのあり方が重視されるのである。その意味で，企業に対する監督ないし監視機関が必要となる。これとの関係で強調されるのが特にディスクロージャーや，利害関係者との関係である。

第3に，会社内部との関係でいえば，この面でのコーポレート・ガバナンスはさらに以下に示すような重要な役割を果たす。すなわち，会社をどのようにコントロールするかという，いわば会社の仕組みに関する面，とりわけ株主の権利や取締役会制度の問題が重要となる。加えて，経営者の行動や企業活動を適切に監視する制度も不可欠となるのである。

このような形で，コーポレート・ガバナンスの基本的特徴を浮き彫りにすることができる。

さて，次の問題はこのうちで特に会計と接点をもつのは，いかなる領域であるのかという問題である。この点について，まず指摘すべきは，外部コーポレート・ガバナンスのディスクロージャーとの関連で利害関係者に対する有用な会計情報の提供が考えられる。また，なかでも特に出資者としての株主及び与信者としての債権者に対するディスクロージャーはきわめて重要である。第2に，委託者としての株主から財産の運用及び管理を任されている受託者としての経営者（取締役）は，会社財産に関する管理責任と説明義務がある。第3に，監視面からは，一方で企業外部に対する財務諸表監査のあり方と，他方で企業の内部統制システムが重要となる。

このような意味で，コーポレート・ガバナンス[42]は会計と密接な関連性を有するのである。

〔注〕

(1) OECD, OECD Principles of Corporate Governance, 1999年。これについては次の邦訳がある。奥島孝康編『OECDのコーポレート・ガバナンス原則』金融財政事情研究会，平成13年。

(2)(3) OECD, OECD Principles of Corporate Governance, 2004年，Part One, 17頁。

(4)(5) OECD，前掲資料注(2), Part One, 18頁。

(6)(7)　OECD, 前掲資料注(2), Part One III, 20頁。
(8)(9)　OECD, 前掲資料注(2), Part One IV, 21頁。
(10)(11)　OECD, 前掲資料注(2), Part One V, 22頁。
(12)(13)　OECD, 前掲資料注(2), Part One VI, 24頁。
(14)～(16)　OECD, 前掲資料注(2), 序文。
(17)　Comparative Study of Corporate Governance Codes Relevant to the European Union And Its Member States, 2002年, 28頁。なお、キャドベリー委員会報告書の内容については、八田進二・橋本尚共訳『英国のコーポレート・ガバナンス』白桃書房、平成12年参照。企業統治に関する会計については、醍醐聡責任編集、今福愛志編『企業統治の会計』東京経済情報出版、平成15年参照。
(18)　Comparative Study, 前掲資料注(17), 1頁。
(19)　Comparative Study, 前掲資料注(17), 75～76頁。
(20)　Comparative Study, 前掲資料注(17), 47～48頁。
(21)　Comparative Study, 前掲資料注(17), 78頁。
(22)　Comparative Study, 前掲資料注(17), 66頁。八田・橋本共訳, 前掲書注(17), 248頁。
(23)(24)　The High Level Group of Company Law Experts, A Modern Regulatory Framework for Company Law in Europe, 2002年11月, 43頁。
(25)　The High Level Group, 前掲資料注(23), 33頁。
(26)　The High Level Group, 前掲資料注(23), 46～47頁。
(27)　The High Level Group, 前掲資料注(23), 67頁。
(28)(29)　The High Level Group, 前掲資料注(23), 70頁。
(30)(31)　The High Level Group, 前掲資料注(23), 71頁。
(32)　The Commission of the European Communities, Modernising Company Law and Enhancing Corporate Governance in the European Union—A Plan to Move Forward, 2003年5月, 11頁。
(33)(34)　The Commission of the European Communities, 前掲資料注(32), 11頁。
(35)　The Commission of the European Communities, 前掲資料注(32), 12～13頁。
(36)　The Commission of the European Communities, 前掲資料注(32), 13頁。
(37)　The Commission of the European Communities, 前掲資料注(32), 13～14頁。
(38)　The Commission of the European Communities, 前掲資料注(32), 15～16頁。
(39)　The Commission of the European Communities, 前掲資料注(32), 22頁。
(40)　The Commission of the European Communities, 前掲資料注(32), 17頁。

(41) この考え方はグルンドマン（S. Grundmann）によって継承されている。彼によれば，外部コーポレート・ガバナンスは，資本市場との関係を重視したもので，具体的には資本市場法的なディスクロージャーや監査を含む会計への規制，さらに中心的な意思決定者，特に金融機関，機関投資家及び投資ファンドの監視が中心である。これに対して，内部コーポレート・ガバナンスでは会社内での影響及び意思決定の形態の範囲が中心となる（S. Grundmann, Europäisches Gesellschaftsrecht, Heidelberg, 2004 年，204～205 頁）。

(42) ドイツのコーポレート・ガバナンスに関しては，正井章筰『ドイツのコーポレート・ガバナンス』成文堂，平成 14 年及び M. Peltzner, Deutsche Corporate Governance, 第 2 版, München, 2004 年を参照。

第8章
コーポレート・ガバナンスと財産目録

1 はじめに

　近年，特にコーポレート・ガバナンスを巡る議論が活発になってきている。この要因は，企業に関する内外の不祥事の発覚や，様々な企業事件を中心としてその端を発しているといってよい。いうまでもなく，有限責任を前提とする株式会社については，種々の視点から従来規制が加えられてきている。例えば，法的な側面から商法は株式会社に対して規制をしてきているし，また適正な証券市場の形成の面から証券取引法は，とりわけ企業の財務内容に関するディスクロージャー制度に積極的に取り組んできている。しかし，社会経済的情勢の著しい変化にそれぞれの制度は必ずしも十分に対応できないのが現状である。このため，企業の統治はどうあるべきなのか，どのように現行制度を改善すべきなのかが様々な企業の問題との関係で問われることになるのである。コーポレート・ガバナンスが重視されるゆえんである。

　そこで，本章では前章で検討した会計と関連するコーポレート・ガバナンスの視点，すなわち利害関係者の視点と監視の視点を中心としながら，それとの関係で財産目録について考察する。

2 利害関係者への情報提供機能と財産目録

(1) 利害関係者の視点と財産目録
① 利害関係者と財務諸表

　企業に関係する利害関係者の範囲はきわめて広範囲に及ぶ。例えば企業の経営には直接的に関与せずに，単に自己の投下した資金から生じる配当や株式価値の増加のみに関心のある株主，債権者，仕入先，得意先，企業の地盤のある地域住民など多種多様である。このなかで特に重要なのは，既述の通り無機能資本家としての株主及び債権者である。彼らは，企業が外部に公表する財務データを分析し，自己の意思決定に役立てようというわけである。その意味で，この財務データ，とりわけ財務諸表はそれに対する有用な手段となりうるのである。彼らにとってみれば，企業への投資にせよ，あるいは与信にせよ，それぞれの意思決定を行うにあたって，この財務内容は不可欠である。

　つまり，利害関係者には自己の投資意思決定プロセスにおいて有用な会計情報の提供が最も重大な関心事である。この場合，様々な利害関係者はいかなる種類の財務データに関心があるかが次の大きな問題である。利害関係者は様々な会計情報の提供を要求する。なかでも彼らは企業の収益性，流動性及び財務健全性，キャッシュ・フローといった情報などに主な関心があるといってよい。自己の投資に対するリターンを最大にしたり，与信の返済を問題とするときには，それらの要素が財務判断に際してぜひとも必要となるからである。かかる会計情報を示すものとしては損益計算書，貸借対照表及びキャッシュ・フロー計算書がそのメインであることは多言を要しないであろう。これ以外の財務諸表も実はある。例えば附属明細表がそれである。しかし，これは貸借対照表及び損益計算書などの重要な項目に関する明細を示したもので，あくまでそれらの主要財務諸表の補完的存在である。なお，GAAP及びIFRSで財務諸表の一つとされる株主持分変動計算書もこれと同じように考えることができよう。たしかにこれは会社の株主に対する持分が期首から一会計期間中にどのよ

うに変化して期末に至ったのかを示したもので，株主に重要なデータを提供する。けれども，それは結果的に貸借対照表に計上される自己資本の明細記録とも捉えられる。したがって，この株主持分変動計算書も貸借対照表の補足情報とも解することができよう。

　このような財務諸表全体をながめると，損益計算書及びキャッシュ・フロー計算書は明らかにフロー情報の財務諸表といえる。損益計算書は一期間に生じた収益及び費用に関するフロー情報を示したものであり，またキャッシュ・フロー計算書は現金及び現金同等物に関する一期間中におけるフロー情報を示したものだからである。株主持分変動計算書も株主持分に関するフロー情報を収容した財務表とみてよい。これに対して，貸借対照表は期末時点における資産，負債及び資本の現状を示したストック情報としての財務表である。

② **利害関係者と財産目録**

　とりわけここで問題となるのはストック情報としての貸借対照表に関してである。この貸借対照表について論じるといっても，その重要性を否定しようということではもちろんない。貸借対照表がこれまで利害関係者に対して果たしてきた意義は大きいし，引き続きこれは将来も継承され，貸借対照表の意義は揺るがないであろう。

　けれども，ストック情報としての貸借対照表には，その性質上一定の制約ないし限界が存在することも再確認しておく必要があろう。いうまでもなく，貸借対照表は資産，負債及び資本に関する金額的で且つ要約的な表示手段である。したがって，この特徴を有するが故に，逆にその意義も自ら制約されるとも考えられる。例えば，ある利害関係者には貸借対照表に計上されている特定の財産について1つの金額表示だけでなく，それ以外の種々の計数値も不可欠となりうる場合もある。さらに，貸借対照表の特徴とされる金額表示以外の財務データ，例えば財産の数量計算的側面もまたクローズ・アップされる可能性がある。

　この点に関して論究すべきは，既述の附属明細表との関係である。これは貸借対照表及び損益計算書において重要な項目の明細を一覧表にしたものであ

る。それ故に、この附属明細表のなかに、貸借対照表には盛り込めない財務データを収容させるのもたしかに一理ある。しかし、この附属明細表は単にストック情報だけでなく、フロー情報も収容される。実務上は後者に関する情報が大半であって、附属明細表はストック情報のみを中心とした財務表ではけっしてないのである。

このように考えると、ストック情報に関しては貸借対照表とは異なる別の形態がぜひとも必要となるのである。この要求にマッチするのが財産目録にほかならない。

（2） 利害関係者に対する財産目録の役割
① 財産目録の数量計算に関する情報

ところで、財産目録は財産の数量計算と金額計算に関する側面を備えている。ここでは特に前者を中心に取り上げる。

財産目録における財産数量計算は、財産に関する様々な物的数量に注目したものである。例えば現金についていえば、紙幣の枚数と硬貨の数、当座預金であれば設けられている口座やそれぞれの預金の種類、有価証券については株式及び債券の各銘柄とその口数、商品については各商品ごとの在庫数量、土地については保有している場所やその保有面積などである。また負債についても同様に金銭債務の相手名及び口数が重要となる。

このような財産数量計算に関してすべてを網羅し一覧表としたのが財産目録である。この意味で、この財産の数量計算は他の財務諸表にはない財産目録固有の特徴であるといってよい。このデータに関して株主及び債権者などは特に関心がある。例えば企業の財務内容を判断する際に、期末在庫品の金額ベースでは前期と当期の間には大きな差異がほとんど見い出せないとしても、期末在庫品の数量ベースからみた場合、どのような結果だったのかは重要な財務データとなりうるからである。また流動性及び財務健全性を判断する際に、遊休資産に関する情報は必要であろう。例えばそれをどの範囲でどの程度保有しているのかは利害関係者にとって関心のあるところである。企業の財務内容が悪化

したときに、それをどのように有効活用したらよいのか、またその一部または全部をどのように処分したりするのかに関する判断にもその情報は役立つはずである。

もちろん、そのようなデータは附属明細表や脚注でもその一部についてはたしかに表示することができる。しかし、それは財産数量計算の一部の情報を断片的に示すにすぎない。この点から、附属明細表や脚注は財産の数量計算表示に対する手段としては不十分であると解することができよう。また、すべての財産の数量計算を表示することは、コスト・ベネフィットとの関係で企業外部の利害関係者にとっては、おそらくあまり意味がないであろう。少なくとも重要な財産項目に関する財産の数量計算に関するデータをストック情報専用の財産目録のなかで貸借対照表とは別個の形で開示させることは大きな意義をもつと考えられるのである。つまり、すべての財産数量計算を収容する本来的な財産目録に代えて、重要な財産部分に限定した財産数量計算の開示に重点を置こうというわけである。

② 財産目録の金額計算に関する情報

このような財産の数量計算と並んで、財産目録は財産の金額計算も併せて担当する。ただ、貸借対照表においては財産の要約的な金額計算が中心である。これに対して、財産目録では実地棚卸に基づく詳細な金額計算が中心である。この点に両者の大きな違いがある。

A 財産実在証拠書類としての財産目録

とりわけ株主及び債権者などの利害関係者にとって、この財産の金額計算の面で関心があるのは、第1に財産の要約的な表示としての貸借対照表が果たして財産の実在高に基づいて作成されているかどうかに関心がある。つまり、貸借対照表の作成の基となる財務データの信頼性に関する問題である。貸借対照表が財産の実地棚卸により財産の実在高を適正に示しているのであれば特に問題はない。そこで、財産の実地棚卸に基づいて、その実在高の一覧表としての財産目録上の金額と貸借対照表上の金額との一致を少なくとも確認しておく必要があろう。

ところが，今日のわが国ではこの決算財産目録を作成しなくなった関係で，財産目録と貸借対照表との間の金額的な一致に関する確認はできないのが現状である。一般的な決算手続においても，たしかに実地棚卸に基づいて棚卸表は作成される。けれども，それは必ずしも財産の実地棚卸の結果すべてを収容するわけではない。そこでは損益計算の見地から，棚卸表は帳簿記録の修正を要する項目だけを集めて，その一覧表を示したにすぎないからである。別言すれば，ある財産項目に関して，その帳簿記録（当在高）と実地棚卸によって確定されたその実在高との間に差異が生じなければ，棚卸表にはその項目は収容されないのである。というのは，その帳簿記録を修正する必要がないからである。このように，帳簿記録を修正する必要がない以上，簿記手続的にはそれも1つの方法である。

 しかし，帳簿記録とその実在高とがたとえ一致するとしても，その財産の実在証拠書類を現実に保存しておかなければ，会計記録の信頼性の面から問題が残るであろう。会計は常に証拠ないし証憑に基づいて信頼性を確保し，検証可能なものでなければならないからである。その意味からもまた，棚卸表で事足りるとする考え方は会計本来のあり方からみても疑問といわなければならないのである。したがって，貸借対照表の実在証拠書類を確保しておく面からは，やはり財産目録の作成は不可欠であろう。ただ，利害関係者の面からは，同一の財産項目に関して同一の金額を付した二つの財務諸表の開示は，詳細表示かあるいは要約表示の違いはあるにせよ，不必要と考えられるのも首肯できよう。それ故に，この面からは財産目録の作成の必要性はあるけれども，財産目録をあえて貸借対照表と並んで公表するメリットは少ないと解されるのである。ここでは，財産の実在証拠書類という意味で，少なくとも財産目録を企業の内部資料として保管しておくのがベターであろう。

B　多元的な財産評価表示手段としての財産目録

 財産目録の金額計算に関しては，このような財産実在証拠書類という側面のほかに，もう1つ別の側面も存在する。それは，財産目録上の財産金額と貸借対照表上のそれとの一致よりは，むしろ両者の間に差異が生じうる点に注目し

たものである。つまり，ある特定の財産に関して貸借対照表上で計上され表示されている金額とは異なる金額を財産目録で問題にするケースがそれである。例えば貸借対照表上には，ある財産は原価を中心とした金額で示されるけれども，財産目録では当該財産の時価を表示するという考え方である。また逆のケースも考えられる。貸借対照表上では時価で計上されるけれども，財産目録では当該財産の原価に基づく簿価も問題となりうる。さらに，一口に時価といっても，その内容は必ずしも単純ではなく，多種多様である。清算価値もあれば，正味実現可能価額，再調達原価及び現在割引価値といった時価もある。したがって，このような種々の時価情報の開示手段として財産目録は大いに威力を発揮すると解されるのである。今日，株主や債権者などの利害関係者にとっては，有用な会計情報の提供面からみて，このような多様な時価情報の開示は不可欠であるとなりつつある。その点からも，それらを財産目録で示すのは一定の意義があると考えられるのである。

C 独自項目収容手段としての財産目録

さらに，第3として貸借対照表には計上されないけれども，財産目録だけに独自に収容しうる項目も考えられる。例えばこの点についてアドラー（H. Adler）・デュアリンク（W. Düring）・シュマルツ（K. Schmaltz）編のコンメンタールでは次のような見解を示している。商人に関する事実上の財産状態を表示するという年次決算書の要求並びに経済的な見地からは，貸借対照表においては経済的所有及び経済的属性が一義的となる。これに対して，財産目録に収容される財産対象物及び負債に関しては法的所有権の有無から出発しなければならないというのである[1]。したがって，財産目録ではこの法的所有関係が重要であり，それを補完するのが経済的所有とみなされるのである。

その結果，財産目録に計上される項目と貸借対照表に計上される項目との間には，明らかに差異が生じる可能性があるのである。例えば財産目録には計上されないけれども，貸借対照表にだけは収容される項目が生じるのである。その典型は貸借対照表擬制項目である。これに属するのは，開業費及び営業拡大費（商法第269条）と，税効果会計の適用結果として生じる借方繰延税金または

貸方繰延税金である（商法第274条）。いずれも適正な期間損益計算の見地に基づいていわゆる費用収益の対応原則から計上される項目である。とりわけ開業費及び営業拡大費と借方繰延税金[2]に関しては，債権者保護の見地からみて，法的所有権を有する個別売却可能性をもつ項目とはいいがたい。したがって，これらの項目を財産目録に収容する必要性はない。ただ，貸方繰延税金は未払税金としての性質をもつと解される。つまり，それは法的債務性を帯びるので，財産目録に計上する必要がある。また修繕引当金を典型とする費用性引当金に関しても，これは費用収益計算の面から貸借対照表に計上される項目である。この結果，それは企業外部者に対して法的債務性をもたない項目である。それ故に，この項目もまた財産目録に収容する必要はない。

これとは逆に貸借対照表には計上されないけれども，財産目録だけに収容される項目もある。例えば会社が種々の形で締結する法的な契約のうちで，特に企業にとってリスクを含む契約も少なくない。そこで，この法的契約に関するリスクの実地棚卸を実施し，その結果として企業の財務内容に重大な影響を及ぼすと解される法的契約については，財産目録で表示することは意義を有するであろう[3]。このようなリスクの棚卸とは好対照を成すものとして，ある特定の契約締結に伴い，企業にとって明らかに有利な財務状況が生じている場合にもまた，それを財産目録に収容させるべきだとする見解もある。この考え方に基づいてティードシェンは，販売取引に基づかない未実現の債権及び未決取引や，それに関係した注文数を財産目録上の財産対象物として計上すべきことを主張している[4]。利害関係者の意思決定にとって有用な会計情報である限り，それらを財産目録において開示させるのも大いに意義を有すると解されるのである。

このように考えてくると，利害関係者と関係するコーポレート・ガバナンスの面から財産目録における財産の数量計算面及び金額計算面も重要な役割を果たすといってよい。

3 監視機能と財産目録

(1) 監視機能と財産数量計算

すでに触れた通り，コーポレート・ガバナンスには利害関係者との関係を中心とした側面のほかに，監視機能に関連した側面もある。以下，この点について考察する。

まず論究すべきは，この監視機能と財産目録との関係であり，とりわけ財産の数量計算を中心とした財産目録との関連性である。

① 経営管理面における財産管理責任

その場合，何よりもまず指摘すべきは，財産目録の有する財産の数量計算面が実は企業内部における財産管理責任の所在を明らかにするために利用される点である。いうまでもなく，企業財産に関してそれぞれの部署に属する担当者はその財産の利用及び管理が任されている。このため，当該財産の担当者はそれを適切に管理・運用する責任が当然課せられる。いわゆる財産管理責任がこれである。財産の管理を委ねられている者はその財産を浪費したり，あるいは私的に利用・処分したりすることは許されない。ここで財産目録を作成する場合には，財産の数量計算面から財産の実地棚卸が行われるので，財産の実在性並びに利用に伴う損耗の程度などもチェックされる。特に財産の実在性に関する確認は，財産管理者に対するその責任の所在を明らかにするとき，きわめて大きな意義を有するであろう。いうまでもなく，帳簿上当然存在すべき財産がかりに実在していなければ，その財産管理者の責任が問われねばならないはずだからである。たとえ当該財産が実在していても，その保守・点検が十分になされていなければ，その財産の利用が今後かなり制約される可能性が多分にある。その意味で，当該財産の管理を任されている期間中の財産の管理体制のあり方も問われるであろう。

いずれにせよ，財産目録における財産の数量計算側面は，この財産管理者の管理責任の所在を明らかにするうえで不可欠といわなければならないのであ

る。もちろん，この場合あえて財産目録を作成せず，各帳簿ごとにそれを実施することもできよう。しかし，財産管理責任の所在を一括して財産目録という形で一覧表にして把握しておくことは，経営管理の視点からみてもまたより望ましい方法といえよう。

この財産管理責任の所在を問題とする際に，特に留意しなければならない点がある。それは，帳簿記録とその実在高のチェックのみならず，重要性の原則の適用により例えばすでに費用化されたり，あるいは償却され簿外処理されているとしても，当該財産が実在する限り，もろちんその確認も必要となる点である。

② 財産の委託・受託関係に伴う財産管理責任

すでに述べた経営管理面からみた財産の数量計算を中心とした財産管理責任問題は，ひいてはコーポレート・ガバナンスの視点からでは財産の運営を経営者に委託した株主と，その管理を任され受託責任のある経営者との関係にも同様に考えることができる。いわゆる財産の委託・受託関係がこれである。そして，この点において財産の数量計算に基づく財産管理責任の総括的な報告書としての財産目録の作成が当然不可欠とならざるをえないであろう。会社の最高意思決定機関である株主総会において，出資者としての株主から取締役に対して財産の合理的な管理状況，とりわけ財産の実在性に関する質問ないし疑問が生じたときに，直ちにそれに対応しうる証拠書類は，この財産目録においてほかには存在しえないからである。その点では，株主総会に取締役が提出すべき書類のなかに，この財産目録をかつてのわが国の商法のように加えておくことは，コーポレート・ガバナンスの面からはぜひとも必要であると解されるのである。

かかる意味での財産目録は単に株主だけが関心をもつだけではない。債権者にとっても同じくその意義は重要である。つまり，与信の審査並びに判断に際して，この財産数量計算としての財産目録は重要なデータを示すからである。したがって，企業の債権者に対しても財産目録を作成する場合には，その閲覧権を株主と同様に認めるべきであろう。これによって，これまで数多く企業内

で発生してきた従業員や経営者による企業財産の隠匿や私的流用といった様々な事件に対して，ある程度積極的な抑止力としての効果をもちうると解されるのである。

この点において参考となるのは，フランス商法第232-1条1項の規定である。この規定に従うと，各期末において取締役会，理事会あるいは支配人は貸借対照表，損益計算書及び附属明細書からなる年次決算書 (comptes annuels) のほかに財産目録の作成を依然として要求しているのである。しかも，場合によってはこの財産目録も含めて会計監査人が利用しうることも定めている（フランス商法第232-1条3項）。これは財産目録に対する監視機能の1つの現れともみることができるのである。

(2) 監視機能と財産金額計算

監視機能は財産の実在高の面で単に財産の数量計算とのみ関係するだけではない。その機能は財産の金額計算とも一定の関係をもっている。具体的にいうと，株主ないし債権者を一括して広く投資家とみなせば，彼らにとっては自己の投下した資金が有効に且つ合理的に利用されて最大限のリターンが得られる点に最も大きな関心があるのである。したがって，この点からは財産の数量計算面ではなくて，むしろ財産の金額計算面が一義的となるのである。少なくとも期間比較及び企業比較にとって財産の金額計算はきわめて重要である。

その場合，どの程度これに財産目録が役立つか，あるいは財産の合理的管理に寄与するのかが問題となる。いうまでもなく，財産目録は資産及び負債の詳細な金額計算を担当している。それ故に，例えば資産負債をコントロールし，企業の適正な流動性の確保が一つの重要な課題となるであろう。事実，この点は，実務においていわゆるALMとして主に金融機関を中心に発展してきている。これは，ある意味で従来の財産目録の実務的応用とも解することができる。

このALMは，企業の流動性の確保を目的とするだけでなく，それ以外に資産及び負債の効率的利用面からも論じることができる。各企業にとって適正規

模としての資産及び負債はどの位か,別言すれば企業財産の合理性,とりわけ資本収益性の面から効率的にみて最も妥当な資産負債の範囲に関する問題である。

資産負債の総合的管理は単に企業の流動性だけに留まらない。例えば企業の合併や分割などの企業の再編成が必要なときにもまた,それは監視の面から不可欠となる場合が少なくない。具体的にいうと,企業の合併を行うにあたっては合併契約書を作成し,株主総会の承認が必要である（商法第408条,新会社法第309条2項）。この点は企業分割の場合も同様である（商法第373条・第374条の17,新会社法第309条2項）。

さらには株式移転及び株式交換にも株主総会の承認が必要である（商法第353条5項・第365条1項,新会社法第309条2項及び3項）。このように,企業の大幅な組織再編成にあたっては,総じて株主総会の承認が必要となっている。このため,その企業の再編に関する是非を判断するためには,それに関する企業の財務データが不可欠となる。現行実務では作成されていないけれども,そのような企業の再編時に財産目録を作成し,これに基づいて企業の現況をより多面的な角度から検討し,その再編の是非を判断することは,十分に意味のあることであると考えられる。というのは,貸借対照表とは違って,財産目録はそれに全く拘束されずに財産の多元的な評価を並列的に表示し,その企業再編の妥当性についての判断材料となることができるからである。別言すれば,一般に貸借対照表の内容に関しては法的規制があるため,それにかなり拘束されるけれども,これに対して財産目録にはそのような法的拘束力がない。したがって,企業の再編に伴う取締役の新しい経営プランに対するチェック手段の1つとして財産目録を利用することができよう。とすれば,財産目録は経営者の行動に対する監視機能として役立つことになるはずである。具体的にいえば,企業の再編を実施しないままのケースとそれを実施したケースとの間で企業の財務内容,とりわけ資産負債に与える影響の程度に関する分析,さらには企業の再編について想定しうる種々のプランでの資産負債比較の結果についても重要な判断材料となると考えられるのである。

4 むすび

　以上，コーポレート・ガバナンスと財産目録との関係について検討した。その結果を要約すれば以下の通りである

　第1に指摘すべきは，多様な内容を有するコーポレート・ガバナンスのなかで財産目録との関係で問題となるのは，利害関係者に対する情報提供機能と監視機能である。前者は企業に対する様々な利害関係を有するステーク・ホルダーにとって，きわめて重要である。この提供された情報いかんによって，利害関係者は自己の意思決定を行わなければならないのである。また，後者は企業財産の管理及び合理的運用の面から軽視できない重要な側面も示す。

　第2に，利害関係者に対する情報提供の面に注目するとき，財産目録は貸借対照表と異なり，それ独自の機能を発揮する。具体的には財産目録の財産数量計算は企業の財産に関する物的数量を担当するので，そこから利害関係者，とりわけ投資家の投資意思決定に際して1つの重要な財務資料を提供することができる。但し，この財産目録における財産数量計算は，財産についての詳細性及び完全性に基づく把握を前提とする。しかし，企業外部の利害関係者にとっては，そのような性質の財産数量計算は必ずしも必要でなく，かつそのような形での財産数量計算はかえって利用の際に有用ではない。そこで，むしろ企業の財産のなかで特に重要な項目，例えば棚卸資産や不動産などを主とした財産項目に限定し，かつ要約的な財産数量計算のほうが利用しやすい傾向がある。このように，本来的な財産目録の財産数量計算に一部修正を加え，利害関係者に最も関心のある重要な財産項目に絞り，しかも要約した財産数量計算は今でもなおその意義を有すると解されるのである。

　また，利害関係者への情報提供に関して財産目録の有する財産数量計算と並んで，財産の金額計算も接点を有する。具体的にいうと，貸借対照表に計上される各項目については，特定の観点に従ってそれぞれ1つの金額で評価される。つまり一物一価の原則が適用される。しかし，情報提供の面からはこの一

物一価は自ずから一定の制約をもつ。貸借対照表に計上される1つの項目に関して，別の観点に基づく評価額を決定しうる可能性もあるからである。そこで，一物一価といったような形で，貸借対照表に計上されている項目の特定金額以外の評価額を財産目録で示すことも大いに意味をもつと考えられるのである。さらに，時価といっても，その内容は多種多様である。そのような多元的な評価を表示する手段として財産目録を活用させることも十分考えられる。加えて，貸借対照表には客観性などの面から現段階では計上されていない項目であっても，利害関係者に重大な関心のある項目であれば，それを財産目録に収容させることも意義がある。例えば企業が締結した種々の契約のうちで将来のリスク負担になりそうなものや，コーポレート・ブランドなどについても財産目録に収容させることも考えられる。いずれにせよ，現在までのように貸借対照表だけにストック情報を表示させ，それ以外に関しては脚注や附属明細表などに部分的で断片的に開示させるのは，必ずしも望ましくないと解されるのである。貸借対照表と並んでそれを補完する財務表としての財産目録を積極的に活用させてはじめて，ストック情報の充実を望ましい形で図ることができるといってよい。

第3に，監視機能面からみてもまた，財産目録はその威力をいかんなく発揮する。財産数量計算との関係でいえば，まさに財産目録は監視機能にとって不可欠な存在であるといってもけっして過言ではあるまい。というのは，それは財産の現実的な存在の確認手段として有効に機能するからである。その結果，上位の管理者が直接的に企業の財産を管理・運用している者に対しての財産管理責任を問題とするとき，この財産数量計算は大いに役立つ。さらに，企業の所有者としての株主と経営者との間には企業財産に関して委託・受託関係が成り立っているので，経営者に対する企業財産の受託責任を問う場合もまた同様の監視機能がクローズ・アップされる。企業内部者による財産の隠匿ないし横領といった事件が後を絶たない現在，それらを防止する施策がぜひとも必要である。その意味で，財産目録の作成を再び制度化すれば，それは少なくともその事前的な防止ないし抑止力として機能するはずであると解されるのである。

これだけではない。財産目録のもつ財産金額計算もまた監視機能にも関連する。財産目録では資産負債の詳細な金額データが収容されるので、その合理的な管理を図れば、企業の有力な財務内容の合理化手段としても利用することができる。例えばALMがその典型である。さらに企業の合併や分割といった企業の組織再編制の是非を問うときに、様々な選択の可能性のなかで相互比較を行うとともに、その判断の手掛かりとして一定の役割を果たすと考えられるのである。その内容に関して法的な規制を全く受けないからである。

かくして、コーポレート・ガバナンスにとって、その情報提供面と監視面の利用者からみて、財産目録は重要な役割を果たすと結論づけることができるのである。

〔注〕
（1） H. Adler・W. Düring・K. Schmaltz 編、Rechnungslegung und Prüfung der Unternehmen, 第6巻, 第6版, Stuttgart, 1998年, 68頁。
（2） 繰延税金の計上に関しては、繰延法（deferral method）と負債法（liability method）の2つが知られている。前者は損益計算書中心のアプローチから一時差異が発生した年次の現行税率を用いるのに対して、後者は貸借対照表中心のアプローチから一時差異が解消する年度の将来税率を用いる点に違いがある。ドイツ商法は前者を前提とするとみる見解（例えば H. Adler・W. Düring・K. Schmaltz 編、前掲書注（1）、400頁）と、後者を暗黙のうちに予定するという見解（例えばキュッティング（K. Küting）・ヴェーバー（C. P. Weber）の主張（K. Küting・C. P. Weber, Handbuch der Rechnungslegung, 1 a 巻, 第4版, Stuttgart, 1995年, 1640頁）とが対立している。ただ、前者においても国際的に税効果会計の流れが貸借対照表アプローチを中心としているため、実務上は繰延法を適用していても、それを負債法に修正すべきであると主張している（H. Adler・W. Düring・K. Schmaltz, 前掲書注（1）、400頁）。
（3） この考え方をアドラー・デュアリンク・シュマルツは主張している（H. Adler・W. Düring・K. Schmaltz 編、前掲書注（1）、71頁）。
（4） S. Tiedchen, Der Vermögensgegenstand im Handelsbilanzrecht, Köln, 1991年, 78〜79頁。なお、これ以外の項目で検討を要するのは、これまでは主観的性質が強いためにその計上について疑問視されている自己創設のれんないしコーポレート・ブ

ランドに関してである。たしかに，これらの項目に関してはその測定上客観性に問題を含んでいる。したがって，この面からそれらを少なくとも現段階で貸借対照表に計上するのは理論上やはり無理であろう。しかし，視点を変えて貸借対照表とは異なるストック情報としての財産目録にそれらを収容させるのは一考に値するであろう。ただ測定方法いかんによって，それらの評価額もかなり相違するはずである。そこで，その上限と下限，あるいはその平均値などの情報を開示させたり，いくつかの異なる計算結果を併記させることも考えられる。いずれにせよ，それらを財産目録に収容する方向を模索するのも意味をもつであろう。

第9章
コーポレート・ガバナンスと静的会計

1 はじめに

　近年，企業の不祥事を直接的な契機としてコーポレート・ガバナンスの議論が活発化している。それは商法サイドはもちろん，会計サイドにおいてもまた同様である。例えばエンロン事件をめぐって明るみに出た不正経理の防止に対する仕組みや，それに関連する監査問題などがその典型である。いずれにせよ，コーポレート・ガバナンスを中核とした論議はきわめて盛んに行われているのである。

　ところで，コーポレート・ガバナンスに関する接近方法としては，およそ次の3つのアプローチがある。1つめは，それに関して経営上の意思決定の仕組みを中心としたアプローチである。2つめは，企業と様々な利害関係者との関係を中心としたアプローチである。ここでは特に利害関係者に対する会計情報の提供面や，利害関係者の相互関係や利害調整面がポイントである。3つめは，企業経営に対する監視面に着目したアプローチである。このうちで静的会計と接点をもつのは，特に会計情報提供面，利害調整面及び経営監視面の3つである。そこで，本章では両者の関係について検討することにしたい。

2 会計情報提供面と静的会計

　企業との間で利害関係をもつ者は多種多様である。このうちで特に大きな利害関係をもつのは債権者と株主である。そこではこの両者に限定して論を進め

る。

（1） 債権者に対する会計情報

まず債権者にとって有用な会計情報と静的会計との関係から取り上げる。この場合，通常の決算のケースと，そうでない特殊なケースとに分けることができる。

債権者の主たる関心は，いうまでもなく企業の債務弁済能力に関する情報である。ここでは静的会計との関係でこれを論じるため，当然ストック情報として開示される貸借対照表が重要となる。

① 企業の継続を前提とする場合

企業の継続を前提とした場合，企業の債務弁済能力を現行制度上の貸借対照表からどの程度判断できるかがポイントとなる。たしかに資産のうちで特定項目，例えば受取債権及び売買目的有価証券は将来の収入額で評価されている。しかし，償却性固定資産や棚卸資産などは原則として将来の収入額ではなくて，将来に費用化されるべき過去の支出額を示すにすぎない。したがって，貸借対照表から企業の債務弁済能力を判定するには，自ら一定の限界があることに留意すべきである。継続企業の場合において企業の債務弁済能力を適正に判断するためには，将来の収入額及び支出額をもれなく把握した資金計画書がぜひとも不可欠となるのである。制度上の貸借対照表における「この積極項目及び消極項目はなるほど将来の収入及び将来の支出の原因とみなされうるが，しかし将来収入及び将来支出に関する不完全な把握しか問題となりえない。継続貸借対照表もまた未完成の資金計画書しか示さない場合でも，やはり債務弁済能力に関する確かな拠り所は得られる。[1]」

この債務弁済能力の拠り所を得るために必要となるのが貸借対照表に関する流動・固定の区分である。いわゆる流動性分類を通じて企業の債務弁済能力を判断しようというわけである。ただし，この判断には既述の通り大きな制約があることをけっして軽視してはならないのである。この点に関してモクスターは，「際だった流動性に方向づけられた分類においてもまた，継続貸借対照表

にだけに依存した流動性の判断は誤った結論に導く恐れがありうる(2)」と警鐘を鳴らすのである。

② 企業の解散を仮定した場合

企業の継続ではなくて企業の解散を仮定した企業の債務弁済能力を想定することもできる。いわゆる解散による資金計画書（Zerschlagungsfinanzplan）がこれである。そこではすべての解散資産と解散負債とを対照させてその収支に伴う企業の解散計画に基づく企業の債務弁済能力が判定されるのである。

このような解散貸借対照表（Zerschlagungsbilanz）においては，資産に関して個別売却可能性原則が適用される。企業の解散を想定する場合，資産化されるのは個別売却可能なものに限定されるからである。ただし，ここでは企業の債務弁済能力が問題だから，個別売却可能性について疑義のある項目，例えば得意先関係などは資産化されえない。つまり，資産に関する用心の原則が適用され，債務弁済能力の過大評価は禁止されるのである。これに対して，負債に関して疑わしい項目はより高く評価される。負債の過大評価の要請がこれである。これを通じて債務弁済能力に関する慎重な判定が実施されるのである。この点に関連してモクスターは次のように述べる。「このようにみてくると，解散貸借対照表は，継続貸借対照表と同じく債務弁済能力のコントロールに対してかなり限定的に役立つにすぎない。けれども，ここでは１つの重要な違いがある。すなわち，継続貸借対照表は別の任務に方向づけられるので，原則として債務弁済能力のコントロールに適さない。企業継続における債務弁済能力のコントロールに適切な手段は資金計画書であって，何らかの貸借対照表ではない。これに対して，解散貸借対照表は全く債務弁済能力のコントロールに方向づけられている。というのは，解散貸借対照表は企業の解散に際して基準となる資金計画を形成するからである。債務弁済能力のコントロールに関する解散貸借対照表の欠点は，それ故に別の面にある。それは収入（解散による売却収入額）と支出（解散負債）を適切に予測することが困難を伴う点だけにあり，任務に不適切な判断の手段が用いられる点に基づいてはいない。(3)」このように，モクスターは債務弁済能力の判定にとって継続貸借対照表よりは，むしろ解散

貸借対照表のほうを相対的に重視していることがわかる。

（2） 株主に対する会計情報

債権者と並んで株主にとってもまた有用な会計情報の提供は不可欠である。このなかで静的会計と関係するのは例えば以下のストック情報である。最も関心のあるのは期末時点における純財産額である。これは一方で株主に帰属する金額を意味する点で，他方で会社の効率的な資本利用の尺度を判断する点で，いずれも重要となる。特に後者は株主資本利益率（ROE）の算定においてその分母たる数値に対する手掛かりを与えるのである。ただその場合，純財産額の決定にあたって資産及び負債をどのように評価するかによって，様々な考え方がある。1つは取得原価を中心とする考え方である。2つめは正常な営業活動を前提とした正味実現可能価額を中心とする考え方である。3つめは，各資産がもたらす将来収入額を現時点に割り引いた価値で評価する考え方である。4つめは当該資産と同一物を再調達したと仮定したときに要するであろう価格を中心とした考え方である。5つめは，企業の解散を前提として清算価額で評価する考え方である。いうまでもなく，2から5までは時価主義を基調としたものである。

また負債の評価についてもその名目額を想定するケースと，その割引価値を想定するケースによっても純財産額は当然影響をうける。

一方，資産及び負債の範囲をどのように考えるのかによっても，この株主に帰属する純財産額は異なってくる。これにはドイツでは主として次の3つのアプローチがある[4]。1つは民法上の権利及び義務を重視した法形式的観察法といわれるアプローチである。2つめは経済観察法と呼ばれるアプローチである。ここでは経済的所有及び義務の側面が重視される。この経済観察法といっても，全く法律面から分離し独立したものを指すわけではない。というのは，それはあくまで商法上及び税法上の法規定を経済観察法の面から解釈するからである。すなわち，法規定の目的を考慮した目的論的解釈法がこれにほかならない[5]。3つめは経営経済観察法である。ここでは法規定から完全に離れて純

粋な経営経済的立場から資産化及び負債化の範囲を考察するのがその特徴である。その結果，例えば収益費用計算の見地から，将来の収益に貢献する広告宣伝費の資産化や費用性引当金の負債化が重視される。

したがって，株主に対する会計情報としては，既述の資産負債の評価とその範囲に応じて多種多様なタイプを想定することができる。それに応じて自己資本の金額も当然異なってくるのである。なお，株主に対する有用な会計情報の提供として軽視できないのは，いわゆる自己創設のれんの把握である。これは通常オンバランスされない。この自己創設のれんの計算方法には収益還元価値法や株価法などのように種々の方法がある。その点はともかく，現行実務ではそれはオフバランスとなっているけれども，企業が有するすべての財産を把握するという見地からは，そのオンバランス化は明らかに静的会計と密接な関係をもつといってよい。

3 利害関係調整機能と静的会計

利害の調整は特に債権者と株主との間で生じる。これについては年度決算における通常の場合と，それ以外の特殊な場合とで利害の調整が必要となる。いずれにせよ，両者において共通するのは財産の処分範囲をめぐる点である。この意味で，それは静的会計と接点を有する。ただ違いもある。前者においては財産の一部処分計算が中心となるのに対して，後者では財産の全部処分計算が中心だからである。

（1） 財産一部処分計算と静的会計
① 処分可能利益（株主に対する利益請求権）の重要性

企業の継続を前提とするとき，債権者と株主との間では財産一部処分計算に関する利害調整が問題となる。この財産一部処分計算においてまず重要なのは，期末時点における株主に対する利益請求権（Gewinnanspruch）の決定である。株主の有限責任を前提とする株式会社においては，この決定をめぐって債

権者と株主との利害が衝突するのである。というのは、一方で株主は利益請求権の決定に際して資産の過大評価もしくは負債の過小評価を通じて処分可能利益たる利益請求権の金額を有利な形で要求するのに対して、他方で債権者は企業財産の担保能力を確保する目的からは逆に資産の過小評価及び負債の過大評価を通じて、この利益請求権の金額をできるだけ低く抑えようとするからである。ここに企業の存続を損なわない形での利益請求権の決定、すなわち処分可能利益の算定が両者の間で重大な関心事となるのである。したがって、この決定には両者の利害を調整する意味で法規制が不可欠である。ここで処分可能利益とは処分性の観点（Ausschüttungsgesichtpunkt）から剰余とみなしうる財産増加を意味する。それ故に、そこでは資産化及び負債化、そしてそれらの評価に関する計算システムの確立が一義的となるのである。

② 処分可能利益の計算基準

これについてドイツでは厳格性が求められている。そこで、以下においてドイツ貸借対照表法におけるその計算基準の内容について取り上げる。

モクスターはそれに関する計算基準を以下のように示す。

A フレームワーク原則

まず利益請求権の測定に関するフレームワーク原則として彼は次の5つを指摘する。

（イ）　財産測定原則（Vermögensermittlungsprinzip）
（ロ）　個別評価原則（Einzelbewertungsprinzip）
（ハ）　一般的用心の原則
（ニ）　実現原則
（ホ）　不均等原則

（イ）　財産測定原則　　この財産測定原則は、純財産の維持に基づいて剰余として生じる純財産増加が利益請求権の決定に通じることを要請する。すなわち、その出発点として純財産の把握が一義的であり、その意味でプラスの財産としての資産と、マイナスの財産としての負債に関する財産測定が不可欠となるのである。その場合、留意しなければならないのは、

財産としての性質を有していない項目に関しては貸借対照表に計上してはならない点である。その結果，動態論が主張する単なる計算項目，例えば創立費や自己資本調達費などの資産化は容認されないのである[6]。次に，プラスの財産及びマイナスの財産に関しては経済的な面から考察されねばならない。したがって，経済的な価値をすでに喪失してしまった法的債権や，あるいは義務がなくなった債務は貸借対照表には計上できない。さらに経済的意味における財産は原則として企業価値として解され，この企業価値は企業全体の仮定上の買い手が支払うであろう購入価格で測定される。つまり，貸借対照表法上の財産は，経済的意味での譲渡可能性（Übertragbarkeit）としての性質をもたねばならないのである。

(ロ) 個別評価原則 　個別評価原則は財産測定の客観性に寄与する。つまり，客観的な方法で市場価値に割り当てられる資産だけが計上される。この個別評価可能性は個別売却性と同義ではない。このため，ある特定の資産全体の市場価値とそれ以外の資産全体のそれとの差として生じる買入れのれんも個別評価可能性の基準を満たすことになる。但し自己創設のれんは個別評価可能性基準における客観性に反するので，資産化されない[7]。

(ハ) 一般的用心の原則 　用心の原則は原則として分配，つまり財産の流出を阻止し，特に有限責任制度の会社形態にとって重要な意義を有する。それは，第1に広義の不均等原則としての性質をもつ。したがって，未実現損失は考慮されねばならないのに対して，未実現利益は考慮されてはならない。第2に，客観性問題にも深く関与する。具体的にいうと，疑わしいときには会計担当者の主観的予測は基準とならず，合理的な商人の判断が基準となる。また不確実を考慮するときには，経験律が原則的な基準となる。

なお，用心の原則は単に利益測定中心の貸借対照表作成だけでなく，利益処分にも関係する[8]。

(ニ) 実現原則　　実現原則は，いうまでもなく利益及び利益請求権を財貨または用役の提供に基づく確実な債権の増加を意味する販売行為に関係づける。したがって，この事実上の販売行為以前の段階における資産の価値増加及び負債の価値減少は考慮されない。その結果，実現原則は一種の用心の原則としての面もある(9)。

この実現原則は第1に収益実現原則としての特徴を有する。つまり，販売収益に伴い，リスクが削減される一方で，それに基づく債権の増加が確実化する。第2に，それは流動性の面も有し，利益の分配性に関して重要な役割を果たす。第3に，それは販売に対応した費用の実現にも関係する。第4に，それは販売以前の未決取引のオフバランス化を要請する。但し，前給付及び後給付があるときには，その限りではない。

(ホ) 不均等原則　　不均等原則は，用心の原則のなかで触れたように，損失見越原則（Verlustantizipationsprinzip）としての目的をもつだけでなく，他方で財産測定原則としての目的も有する。前者に関していえば，リスクとチャンスは不均等に取り扱われ，チャンスよりもリスクに重点を置くべきことを意味する(10)。後者に関していえば，不均等原則は決算日時点で客観的に支配する状況を考慮せねばならず，その結果，債権のケースではその券面額もしくは現在割引価値が問題となる。

この不均等原則は，第1に偶発損失引当金の計上を要請する。第2に，それは資産の関する最低価原則，負債に関する最高価値原則としての面をもつ。

B　それ以外の特別な原則

フレームワーク原則以外に重要なその他の特別な原則には次のものがある。

(イ)　特別な資産化原則

(ロ)　特別な負債化原則

(ハ)　特別な評価原則

(イ) 特別な資産化原則　　特別な資産化原則に属するのは経済的財産帰属性原則（Prinzip wirtschaftlicher Vermögenszugehörigkeit），具体化原則（Greifbarkeitsprinzip），評価可能性原則，そして計算限定原

則（Rechnungsabgrenzungsprinzip）である。

経済的財産帰属性原則は，単に民法上の意味における対象物だけでなく，純粋の経済的財もまた貸借対照表上の資産を形成することを要請する[11]。したがって，物権上の所有権ではなくて，利用権のように経済的所有が問題となる。具体化原則は，明確に価値要素を有する対象物のみが資産化されうるにすぎないことを要請する[12]。物財と権利はその要件をみたすと推定される。この推定はさらに無形固定資産及び純粋の経済財に対しても当てはまる。評価可能性原則は，客観的基準に基づいて測定されうる財産しか資産化されないことを要請する[13]。客観的基準となりうるのは例えば外部増加としての取得や，内部増加としての製造である。計算限定原則は資産化される計算限定項目に関して経済的意味における財産価値を具現し，さらにこれが具体的な価値的側面を有することを要請する[14]。その結果，経済的に価値のない権利は資産化できないし，広告費の資産化もできない。また債務の返済額と発行額との借方差額を示す債務超過差額（Disagio）は，それが前払利息の性質を有する場合にのみ資産化できるにすぎない。

(ロ) **特別な負債化原則**　特別な負債化原則に属するのは，経済的財産負担原則，義務具体化原則，貸方計算限定原則である。

まず経済的財産負担原則によると，貸借対照表法上の債務概念及びその計上時点は，いわゆる経済観察法の枠組みによって規制される[15]。その結果，法的意味における義務もその経済観察法に基づく債務にとって必要条件でもなければ十分条件でもない。というのは，経済的負担は将来支出を要求するからである。また，将来支出は販売に基づかない財産増加については成果中立的に処理するため，あるいは販売の増加をすべての販売に関係する支出に負担させるため，実現原則に基づいて負債化される。前者が成果中立性原則（Erfolgsneutralitätsprinzip），後者が利益実現原則（Gewinnrealisierungsgrundsatz）である。

義務具体化原則は，契約上であれ法律上であれ，原則として外部義務を要請する[16]。単なる企業の内部上の義務はたしかに経済的負担を示しうるが，し

かしこの種の経済的負担の計上は義務づけられない。その計上を義務化すると，利益測定上会計担当者による主観的な裁量の余地を残すからである。未決契約に関しては客観性に条件づけられて給付と反対給付との間の等価が推定される。この等価が成立しないことが客観的に明確な場合にのみ，偶発損失引当金が設定される。その設定の際に将来の損益計算に対する損失負担を回避する不均等原則の面から，その偶発損失引当金に現在割引計算は実施されない。

貸方計算限定原則は一般に収入の繰延と解される項目について，リスク負担を示す反対給付としての性質を要請する[17]。その理由は，貸借対照表が債権者と株主との間における利害調整を必要とする利益請求権の決定問題に関与するからである。その点から，これは利益の比較可能性を中心とした動態論とは明らかに異なる内容となるのである。それ故に，貸方計算限定原則では，客観性原則との関係で収入の繰延に対する期間が限定され明確化されねばならない。また，土地の収用に伴い将来収益の減少が見込まれるときには，反対給付がなくとも，純財産維持の原則から負債計上が義務づけられる。

(ハ) 特別な評価原則

特別な評価原則に属するのは，算入価値（Zugangswert）に対する客観性原則，取得原価原則，製造原価原則，そして決算日価値原則である。

算入価値に対する客観性原則は，販売に基づかないものについては実現原則に基づいて利益に影響させずに，取得原価あるいは製造原価による評価を要請する[18]。間接費の算入については客観性原則から問題が生じる。

取得原価原則は実現原則から直接的に誘導され，販売に関係しない資産増加は成果中立的に把握される[19]。また，この実現原則に基づいて販売に関係した負債増加が利益作用的に負債化されねばならない。さらに商品保証義務のように，この負債増加の取得原価は，負債返済に算入しうる将来支出すべてを含む。このように，取得原価原則とは，資産評価のみならず負債評価とも関係する点にその特徴がある。

製造原価原則は生産品について成果中立性原則に従い，それに算入しうる増加支出としての製造原価で評価することを要請する[20]。すでに触れた商品保

証義務と同じく製品保証義務のように販売に関係した負債については，当該物的給付に算入しうる製造原価で評価される。なお，この製造原価のなかには間接費も算入される。

　決算日価値原則は決算時点における価値にウェイトを置いた評価原則である[21]。その結果，利益請求権の決定に対する財産測定原則に関しては，この決算日価値原則は固定資産の部分価値原則，流動資産の低価原則及び負債の最高原則として適用される。ここで部分価値とは，企業全体の買い手がその総購入価格の範囲で各資産に割り当てる金額を意味する。

　このような諸原則に基づいて，債権者と株主との間における利益請求権に関する利害調整が図られるというのである。

③　会社財産の分配規制

　このような種々の計算基準に基づいて利益請求権の金額は決定される。これが株主に対する分配への重要な手掛かりとなる金額である。しかし，有限責任制度を前提とする株式会社において債権者保護の見地から会社財産の分配に対して，さらに厳しい規制がある。

A　年度剰余額の処分

　ドイツ株式法では一般に取締役及び監査役が年次決算書（Jahresabschluss）を確定する権限を有する（株式法第58条2項）。但し，定款により株主総会が年次決算書を確定する旨を定めることができる（株式法第58条1項）。前者のケースでは，取締役及び監査役は年度剰余額の2分の1をその他の利益準備金（Gewinnrücklage）に利益処分することができる（株式法第58条2項1文）。年度剰余額の2分の1を上回る金額もしくはそれを下回る金額も定款の定めで利益処分の権限を取締役及び監査役に与えることができる。但し，この場合，その他の利益準備金がすでに資本の2分の1に達している場合あるいはその計上後に資本の2分の1を上回るときには，その他の利益準備金への計上は認められない（株式法第58条2項3文）。これに対して後者のケースでは，年度剰余額の金額をその他の利益準備金に利益処分することができる（株式法第58条1項2文）。

B 法定準備金の設定と処分

　年度剰余額から繰越損失を控除した金額の20分の1を法定準備金（gesetzliche Rücklage）として商法第272条1項第1号から第3号までの資本準備金（Kapitalrücklage）と合わせて資本の10分の1もしくは定款で定めのある金額まで積み立てねばならない（株式法第150条2項）。この法定準備金はわが国の利益準備金に相当するものである。その設定方法は基本的にはわが国の利益準備金の設定と類似している。すなわち，わが国の利益準備金については，資本準備金と合わせて資本の4分の1に達するまで，利益処分として支出する金額の10分の1以上を設定する必要がある。

　なお，ドイツ法では資本準備金としては，①株式払込剰余金，②転換社債及び新株引受権附社債の発行に際して得られた金額，③社員が自己の持分に対する優先権の供与で支払う払込額，④社員が自己資本のなかに支払うその他の追加払込額がある（商法第272条2項）。この4つの資本準備金のうちで，法定準備金の設定に関与するのが第1号から第3号までの項目で，第4号の項目は含まれない。

　法定準備金と商法第272条2項第1号から第3号までの資本準備金の合計額が資本の10分の1もしくは定款で定めるそれを上回る一定の金額に達していないときには，年度欠損額（Jahresfehlbetrag）の塡補に処分できる（株式法第150条3項の1）。但し，この年度欠損額が繰越利益及びその他の利益準備金の取り崩しで塡補できない場合に限る。また，法定準備金と資本準備金の合計額が資本の10分の1もしくは定款で定めるそれを上回る一定の金額に達していないときには，繰越損失の塡補にも処分できる（株式法第150条3項の2）。但し，この繰越損失が年度剰余額で塡補できず，その他の利益準備金でも塡補できない場合に限る。

　法定準備金及び商法第272条2項第1号から第3号までの資本準備金の合計額が資本の10分の1もしくは定款で定めるそれを上回る一定の金額を超過しているときには，それを次の3つの場合に処分することができる。その1は，年度欠損額の塡補のケースであり，但しこれが前期繰越利益によって相殺でき

ない場合である。その2は前期繰越損失を塡補できないケースで，但しこれが年度剰余額によって塡補できない場合に限られる（株式法第150条4項）。その3は会社財産に対する資本増加として処分する場合である（株式法第207条1項）。

C 自己持分準備金と定款準備金

資本会社が消却目的ではなくて後に転売目的で自己持分を取得したときには，借方側に計上される自己持分に等しい自己持分準備金（Rücklage für eigene Anteile）が設定されねばならない（商法第266条2項）。これは，経済的には資本の払戻を示すもので，債権者保護の見地から自己持分準備金について株主に対する分配規制がある。この項目は，当該株式が売却されたり，あるいは消却される場合にのみ取り崩されうるにすぎない（商法第272条4項1文）。

会社の定款もしくは会社契約の規定に基づく定款準備金（satzmäßige Rücklage）に関しては，利益準備金の設定によって実施される。定款で法定準備金の設定範囲を資本の10分の1を上回る金額に定めているときには，資本の10分の1を上回る超過額も法定準備金を構成する（株式法第150条2項）。これを除くそれ以外の定款準備金はその他の利益準備金に計上されねばならない。この準備金には一定の目的が定められているものと，目的の定めが特定されていないものとがある。前者の典型が実体維持準備金，設備更新準備金及び合理化作業準備金である。

D その他の利益準備金

その他の利益準備金のなかには，株主総会が利益を確定するか，あるいは取締役及び監査役がそれを確定するのかにかかわらず，定款の定めもしくは株主総会の権限がなくとも，次の2つの利益準備金の計上が取締役及び監査役に認められている（株式法第58条2a項）。1つは固定資産及び流動資産の範囲における価額保持に関する自己資本相当分である。企業が任意にあるいは商法第280条1項に伴う価額保持命令に対する法的義務に基づいて，より低い簿価による計上の根拠が消滅した時に行われる価額取り戻し（Wertzuschreibung）を実施すると，年度成果は増加し利益分配の危険性がある。この点に関して株式法第58条2a項に従い，借方側に増価された金額を利益処分の範囲で利益準備金

に計上することが取締役及び監査役に許容される。その結果，価額取り戻しによる増価額を分配規制しうるのである(22)。もう1つは，取締役及び監査役が，逆基準性（umgekehrte Maßgeblichkeitsprinzip）が適用されない税務上控除しうる準備金を利益処分において準備金として設定する場合である。

なお，株式法第58条2 a 項に基づいて年度剰余額から設定されたその他の利益準備金に関しては，株主総会の決議により貸借対照表利益（Bilanzgewinn）の処分に際してそれ以上の金額，場合によってはすべての貸借対照表利益もその他の利益準備金に計上することができる（株式法第58条3項）。但し，その他の利益準備金への設定が著しく過大で，最低限度の4パーセントを配当も分配されないときには，株主総会に決議でその過大な設定について取り崩すことができる（株式法第254条1項）。その他の利益準備金の取り崩しに関しては，当該準備金の設定について権限のある機関，例えば取締役及び監査役や，株主総会などで実施しうる。

このように，会社財産の一部処分に関して分配規制がある。

（2） 財産全部処分計算と静的会計

財産一部処分計算に対立するのが財産全部処分計算である。これは企業を解散するとき，例えば企業の清算や破産などのときに必要となる。ここでもまた財産の処分にあたって債権者と株主との利害調整が不可欠である。

① ドイツ倒産法による処理

A 財団の目録及び債権者目録の作成

従来ドイツでは破産法（Konkursordnung），和議法（Vergleichsordnung）及び強制執行法（Gesamtvollstoreckungsordnung）といった各法律が別々に制定されていた。しかし，破産財団のない破産が著しく増加し，また和議法が実務上実質的意味を失ってしまった点から，既述の3つの法律は1999年以降新たに倒産法（Insolvenzordnung）のもとに統一されることになったのである。この倒産法においては倒産処理計画（Insolvenzplan）が重要となる。というのは，それは一方で企業の再建もしくは再組織プランとなりうるし，他方で清算プランと

もなりうるからである。このうちで財産全部処分計算と関係するのはもちろん後者である。

ドイツでは一般に支払不能（Zahlungsfähigkeit）が主たる倒産原因であるが（倒産法第17条），そのほかに支払不能の恐れ（drohende Zahlungsunfähigkeit）及び債務超過（Überschuldung）もまた倒産原因の１つである（倒産法第18条及び第19条）。倒産管財人（Insolvenzverwalter）は倒産財団（Insolvenzmasse）の目録（Verzeichnis）を作成しなければならない（倒産法第151条1項）。各資産に関してその金額を付す場合，企業の継続もしくは営業の停止によってその金額が異なるときには，両者の金額が示されねばならない（倒産法第151条2項）。すでに触れたように，倒産処理計画に従い，債権プランのケースと清算ケースの2つがありうるので，このような規定が設けられている。いうまでもなく，前者のケースでは企業の再建を予定するので，存続企業の見積売却価値が問題となり，いわゆる収益価値もしくは割引キャッシュ・フロー法で測定される。これに対して，後者では企業の清算を予定するので，資産は換金価値で評価されるのが原則である。

また倒産管財人は債務者に対するすべての債権者の目録（Gläubigerverzeichnis）を作成しなければならない（倒産法第152条1項）。この債権者目録には，別除権を有する（absonderungsberechtigt）債権者及び劣後的（nachrangig）債権者の各順位を記載する必要がある（倒産法第152条2項）。別除権を有する債権者に関しては，別除権のある資産及び推定される不足額も記載される。また，遅滞なく債務者の資産を換金したときの財団債務（Masseverbindlichkeit）は評価されねばならない（倒産法第152条3項）。

B 財産一覧表の作成

財団の目録及び債権者の目録に基づいて作成されるのが財産一覧表である（倒産法第153条）。倒産管財人はこの財産一覧表を倒産手続の開始時点で作成することが義務づけられる。この意味で，この財産一覧表は倒産開始貸借対照表（Insolvenzeröffnungsbilanz）とも呼ばれる[23]。しかし，そこでは財団目録と債権者の目録が対照されて示されるけれども，通常の貸借対照表と違った側面をも

つ。というのは，すべての自己資本項目，価値修正項目及び計算限定項目はそこには含まれないからである[24]。また貸借一致を前提とした表の作成も要求されてはいない。この点から，財産一覧表は厳密には貸借対照表というよりは，むしろその性質上財産目録とみなすのが妥当であろう。

(イ) 財産一覧表の一般的作成原則　財産一覧表の一般的作成原則は，商事貸借対照表の作成に関して適用される一般的な GoB と同様に以下の通りである。

① 正当性及び恣意性排除の原則
② 完全性の原則
③ 明瞭性の原則
④ 中立的価値測定の原則
⑤ 継続性の原則
⑥ 個別評価の原則

　正当性及び恣意性排除の原則は，将来の倒産結果が貸借対照表上の金額を正当で恣意性がなく評価することを要請する。その場合，評価が予測に基づくために，慎重な予測原則の意味に解されねばならない。完全性の原則は，倒産財団すべてに属する資産と債権者目録すべての負債の情報が示されることを要する。但し，それを補完するのは重要性の原則である。明瞭性の原則は，財産一覧表の表示に際して明瞭な概観性を与えることを要請する。中立的価値測定の原則は，商事貸借対照表と違って，用心の原則の適用を受けない。また，楽観的な評価も認められず，その意味で中立的な価値測定が要請される。商事貸借対照表において貸借対照表計上及び貸借対照表評価の方法に関して遵守される継続性の原則は，財産一覧表の作成に関して限定的にだけ適用される。つまり，貸借対照表の形式的枠組みは貸借対照表の評価において堅持されねばならないが，しかし場合によっては中立的な価値測定の原則の短期的な変更や重要性の原則なども必要となる。個別評価の原則は商法第252条1項3号に従い，各資産及び負債に即した評価を前提とする。

(ロ) 資産及び負債の評価　無形固定資産については，それが個別的に換金可能か否かが重要となる。土地及び建物については例えば評価法（Bewertungsgesetz）第76条に基づいて評価される。工場用設備，備品及び機械については取得原価または製造原価を基礎とし，その評価引き上げあるいは評価引き下げによって評価される。例えば車両であれば，欠陥リストが用いられる。取引所の相場のある有価証券については取引所価格及び市場価格で評価される。棚卸資産も同様に市場価格で評価される。前払金については，倒産管財人が倒産法第103条に従って自己の選択権を行使するか否かによって異なる。倒産管財人が契約の履行を選択すると，前払金は反対給付の換価により残っている剰余から控除される。倒産管財人が契約の履行を拒否すると，前払金は債権と同様に評価され，場合によっては履行拒否に伴う相手方の損害請求権はマイナスされる。債権及びそれ以外の資産については，その生成の根拠，債権の支払期限，債務者の担保もしくは支払能力などを勘案して評価される。

　負債については，法的事実がその評価基盤となる。倒産請求権の評価に関しては，金銭請求権が何よりも問題である。したがって，物権的請求権は倒産請求権には属さない。すでに触れた通り，倒産管財人による契約の履行拒否に基づく損害賠償請求権が財産一覧表において，貸借対照表上の負債のなかに計上されねばならない。社員に対する債務は，社員の出資した消費貸借の債権の性質を有するもの（kapitalersetzendes Gesellschafterdarlehen）に限定される。

　なお，財産一覧表のなかで倒産財団債務全体に対して，取戻権（Aussonderungsrecht）もしくは別除権（Absonderungsrecht）を有する債権者，先取特権（Vorrecht）のない債権者，さらに劣後的債権者の順位を明記する必要がある。ここで取戻権とは，物的又は人的権利に基づいてある資産が倒産財団に属さない場合に当該資産の取り戻しを求める権利を指す（倒産法第47条）。別除権とは，倒産財団に属する資産について優先的に弁済を受ける権利をいう（倒産法第50条）。劣後的倒産債権者としては，例えば①倒産手続開始後に生じる倒産債権者の債権利息，②罰金，過料，秩序及び強制金，犯罪行為又は秩序違反の

金銭支払を義務づける付随効果，③債務者の給付に対する債権，④社員の出資した消費貸借目的物の返還を求める債権などがある。

② 会社の清算に関する処理

企業の財産全部処分計算は，企業の倒産以外に企業の清算のケースにおいても問題となる。ドイツ株式法は会社の主な解散事由として次のものを指摘する（株式法第262条1項）。①定款の定めのある一定の期間の経過後，②株主総会における特別決議で決定した場合，③会社の財産に関する倒産法の開始の場合，④財団不足による倒産法の開始が拒否される決議の法的効力の場合などである。このような会社の解散により清算が行われるのは，会社の財産に関して倒産手続が開始されない場合である（株式法第264条1項）。

A 清算開始貸借対照表の作成

清算人（Abwickler）は清算の開始時点で清算開始貸借対照表（Liquidations-Eröffnungsbilanz）と，それを説明する報告書を毎期末に対する年次決算書及び状況報告書と併せて作成しなければならない（株式法第270条1項）。この清算開始貸借対照表は，1965年旧株式法第270条2項では資産及び負債について帳簿価額とは完全に異なる新評価（Neubewertung）を要求し，換金価値に基づく財産分配貸借対照表（Vermögensverteilungsbilanz）としての性質を有していた[25]。

ところが，1985年貸借対照表法指令（Bilanzrichtlinien-Gesetz）の導入に伴い，その性質が変更されたといわれる。清算中の会計は広範囲に営業中の会社の会計に対応することになったからである（株式法第270条2項2文）。その理由について立法者は，清算中の会社が直ちに営業を停止せずに，なおかなり長い期間にわたって存続するのが普通であると主張する[26]。その結果，「清算開始貸借対照表及びすべての清算会計は，貸借対照表指令法の枠内における株式法第270条及び有限会社法第71条の変更後には，企業の継続とその会計によって支配される。財産貸借対照表の代わりに債権者保護のために作成されるべき清算開始貸借対照表は特別の種類の中間貸借対照表となったのである。[27]」その具体的根拠が，清算開始貸借対照表では財産に関する取得原価基準の適用に

見出されるのである。この点からいえば，清算開始貸借対照表はまだこの段階では財産全部処分計算と接点をもつとはいいがたい。

B 清算手続完了後の会計

財産全部処分計算と密接な関係をもつのが清算手続完了後の会計においてである。これには次の2つを区別する必要がある。1つは清算完了貸借対照表 (Liquidations-Schlussbilanz) である。もう1つは清算人が作成する完了計算 (Schlussrechnung) である。

前者は最終的な公法上の会計の面で清算完了年度に損益計算書，附属説明書及び状況報告書と一緒に作成される（株式法第270条1項）。この清算完了貸借対照表は清算時点でなお残っている純財産を示し，株主への純財産の分配表示に役立つ。もちろん，株主への分配に先立って債権者保護の見地からすべての負債の返済もしくはそれに相当する担保の提供が条件である（株式法第272条）。この清算完了貸借対照表では独立して売却可能な資産すべてが計上されねばならない。それ故に，商法第248条2項で規定する無償取得による無形固定資産の計上禁止はもはや適用されない。また清算に伴う税金引当金の負債化は認められず，かかる債務の確定後にはじめて残余純財産が株主に分配される。帳簿及び文書の保管費も事前に支払わねばならない。但し，最終の株主総会開催に対する関係費は引当計上されねばならない。購入契約及び賃貸契約などによる会計に対する社員の債務法上の請求権は，他の債権者のそれに準じて処理される。これに対して，社員の債権がすべての債務履行後にはじめて契約上返済されねばならない場合，または法もしくは判例により自己資本を補償する場合には，それらの債権は会社関係に基づく請求権として処理されねばならない。したがって，それは分配規制を伴う財産拘束とみなされる。

一方，後者は清算人が清算完了貸借対照表で測定された純財産を株主に分配し，その結果を報告するものである。通説では，この清算完了貸借対照表は収入支出計算と解される。ただ，この収入支出計算が清算期間全体に及ぶのか，それともまだ報告されていない会計期間だけに関係するのかについては，必ずしも明らかではない。この点について清算期間中にはすでに商法第238条の

GoBに基づく会計が実施されるので，清算期間全体の収入支出計算は不必要であり，事実上まだ会計報告されていない期間の収入支出計算が問題となる[28]。この清算人の完了計算では次の内容が重要となる。まず第1に，清算完了貸借対照表上の純財産を出発点とし，これに事後的な収入をプラスまたは支出をマイナスした後で，会社関係から生じる請求権（例えば資本補償的な株主の債権や解散前の通常年度における利益分配）をさらに控除する。その結果として得られるのが未分配清算剰余額である。これを，一部には金銭給付として，他の一部には財産価値（特許権や土地，有価証券など）として処分する[29]。

4　企業経営の監視機能と静的会計

経営者に対する監視機能の面で静的会計と接点を有するのは，以下の諸点である。1つは財産管理責任の面，2つめは財産実在証拠書類の面，そして3つめは財務内容悪化に伴うリスク情報の開示の面である。

（1）　財産管理責任の面

いうまでもなく，経営者たる取締役は企業財産の管理に関して株主に対する会計責任がある。この場合，重要となるのは帳簿上存在すべき財産が果たして実際に実在しているか否かの確認である。かりに帳簿上，当然に存在しなければならない財産が実地調査の結果として実在していなければ，その財産の管理を任されている者に財産管理責任が問われねばならないはずである。この点に威力をいかんなく発揮するのが，既述の通り財産目録である。これは実地調査に基づいて財産に関する詳細な数量計算を担当するからである。この点は重要性の原則を適用した結果，それほど重視されない財産に関しても同様に該当する。消耗品費等として処理されている項目や償却されて簿外処理されている項目がその一例である。このように財産管理担当者が当該資産についての自己の責任を十分に果たしていない場合には，経営者もまたその監督上の管理責任が問われねばならないであろう。

また，たとえ企業財産が実在していても，その保守・点検を怠り，その管理者としての責任を全うしておらず，企業財産に損害を与えているケースも同様である。

いずれにせよ，財産の管理責任問題に関しては財産目録の担当する財産数量計算が重要な役割を果たすのである。

（2） 財産実在証拠書類の面

経営者が株主及び債権者を中心とした利害関係者に対して財務報告書を作成し開示する場合に，その財務報告書としての財務諸表が適切に記帳された会計帳簿に基づき，しかも財産の実在性を確認したうえで作成されていることが必須の条件である。つまり，ここでは財産の数量計算だけに留まらず，財産の金額計算にまで財産の実在性の確認が重要な意味をもつのである。これがいわゆる財産実在証拠書類の面である。これもまた同じく財産目録の金額計算を前提とする。この意味で，財産目録は依然として今日でもなお重要な存在と解されるのである。

このような証拠機能はもちろん債権者保護だけでなく，出資者保護にも役立つ。このうちで前者の点についてモクスターは次のように述べる。「各資産及び各負債の完全な証拠は，貸借対照表法上かなり重要である。それは資産の詐欺的な準備や負債の詐欺的な"ねつ造"も妨げる。……〔中略〕……証拠機能の意義を過大しないであろう。例えば簿記，財産目録及び貸借対照表への記帳を偽造すること（不完全な証拠）によって，この債権者保護手段を迂回させる可能性がある。しかし，貸借対照表法上（そしてそれ以外の）債権者保護の手段すべては不完全であることを考慮するであろう。証拠は，差しあたり不可欠な債権者保護手段である。[30]」

これに対して，後者の出資者保護に関してもモクスターは次のように述べる。「多くの企業所有者がいれば，――ある社員はその仲間の社員を犠牲にして私腹を肥やす危険の恐れがある。これに対する――手段は，会社財産に属する資産を秘密裏に横領することである。会社財産に属する資産を簿記，財産

目録及び貸借対照表のなかに証拠づけることによって，この種の詐欺は妨げられる。[31]」

このように，会計帳簿及び財務諸表の全体が財産実在証拠書類としての性質を有することは，企業経営の監視面からみて，きわめて重要な意義を有すると考えられるのである。

（3） リスク情報開示の面

ドイツ法では一定の財務状況が現れるときには，それに対するリスク情報の開示が義務づけられる。一定の財務状況とは，1つは損失通告のケースであり，他の1つは債務超過のケースである。

① 損失通告貸借対照表の作成

ドイツ株式法第92条に従うと，年次貸借対照表あるいは中間貸借対照表の作成に際して資本の2分の1に達する損失の発生が明らかなときには，取締役は遅滞なく株主総会を開催し，その旨を報告する義務がある。この損失通告の目的に対する財産測定基準の内容は，法文上明記されていない。通説は年次決算書の計上及び評価の原則が適用されると解する[32]。したがって，継続企業の前提のもとでの会計がこの損失通告貸借対照表（Verlustanzeigebilanz）では問題となる。この点に関する論点は，年次決算書の作成に際して計上及び評価の選択権が損失通告にとっても基準となるのか，それとも損失通告の目的には計上及び評価の選択権を別処理することも認められるのか否かである。これについて，以前に法に準拠して作成されていた年次決算書を変更する理由はなく，損失回避目的ですでに選択権を行使している会計処理の変更は認められない[33]。

なお，ここで触れた商事貸借対照表における継続企業の前提は，少なくとも会社がほぼ確実に決算日後12ヶ月以内に倒産申請の義務がない点，つまり支払能力が確保され債務超過にも陥らない点である。もし継続企業の仮定が満たされなければ，清算価値による評価が実施されねばならない。但し，一部の事業部門のみが企業継続の仮定に反するときには，その部門だけに清算価値によ

る評価が適用される[34]。

② 債務超過貸借対照表の作成

一般に資産が負債を填補しないときに債務超過が生じる。株式会社などのように株主の有限責任制度を前提とする企業においては，この債務超過は倒産法の適用の開始理由の1つである。すなわち，会社が債務超過に陥ったときには，債務超過の発生後3週間以内に倒産手続の申し立てを申請しなければならない（株式法第92条2項，有限会社法第64条）。但し，遅くとも3週間以内に債務超過を解消する会社更生の現実的な見込みがあるときには，この限りでない。

既述の通り，債務超過の状況は倒産申請手続に属するが，債務超過貸借対照表の作成は倒産申請義務に属さない。逆に債務超過に際して債務超過貸借対照表を作成しないことは倒産申請義務の解除にはならない。債務超過貸借対照表の作成が義務づけられるのは，債務超過が存するかどうかの疑いがある場合である。帳簿上で債務超過が生じているときには，それが倒産法上の債務超過に陥っているかどうかを検査する要因となる。その判定の際には財産目録の作成義務はないけれども，債務超過の状況の判断には実地棚卸の実施は要求される。また，帳簿上で債務超過に陥っておらず，自己資本がプラスであっても，倒産法上の債務超過が生じているか否かを検査する要因が生じうる。企業が危機的状況にあるときには，債務超過の検査は継続して実施されねばならない。

その場合，企業の継続の仮定のもとで少なくとも2期間以内に支払不能が生じるかどうかを判断するために，資金計画書が作成されねばならない。この結果に基づいて清算以外の選択肢がないとき，あるいは予測期間中に継続価値でも債務超過が発生しているときには，清算価値で評価されねばならない。これに対して，資金計画の結果，支払不能も債務超過も発生しないと見込まれるときには，継続価値で評価されねばならない。

このドイツ法の損失通告貸借対照表の作成義務はわが国の商法にはない。また，債務超過貸借対照表の作成義務はわが国の商法では，株式会社における会社の整理及び特別清算において問題となる。前者の会社の整理では，会社が債

務超過に陥る虞があるとき，あるいは債務超過の疑いがあるときに債務超過貸借対照表の作成が必要となる（商法第381条1項）。但し，この会社の整理に関する規定は新会社法では削除された。これに対して，後者の特別清算では，清算中の会社が債務超過の疑いがあるときにその作成が同じく必要となる（商法第431条1項，新会社法第510条）。また，破産法でも債務超過は破産原因となり（破産法第16条），債務超過貸借対照表が同じく作成される。

いずれにせよ，資本に対する一定の損失の発生あるいは債務超過といった会社の財務内容が著しく悪化したときには，企業経営の監視機能の一環としてリスク情報の開示が要求される。

5 むすび

以上の論旨を整理すれば，以下の通りである。

第1に，コーポレート・ガバナンスに関する接近方法には，およそ次の3つがある。1つめは経営上の意思決定に関する仕組みを中心とするアプローチである。2つめは企業と様々な利害関係者との関係を中心としたアプローチである。ここには利害関係者に対する情報提供面と，利害関係者相互間の利害調整面とが存在する。3つめは企業に対する監視面を中心としたアプローチである。

第2に，この上記3つのアプローチのうちで静的会計と接点をもつのは第2と第3のアプローチである。

第3に，第2のアプローチのうちで会計情報提供面と関係するのは利害関係者のうちで特に債権者と株主である。債権者にとっては，企業の継続を前提とする場合には企業の債務弁済能力が重大な関心事である。これには決算貸借対照表が1つの重要な手掛かりを与える。しかし，それは自ら一定の限界があり，資金計画書がぜひとも不可欠である。これに対して，企業の解散を前提とするときの企業の債務弁済能力は，相対的に解散貸借対照表を通じて適切に表示される。一方，株主に対する会計情報としては静的会計との関係からみる

と，期末時点に株主に帰属する純財産の決定が重要となる。それは資本の効率的利用を判断する際の指標となるからである。この金額決定に際しては，資産負債の範囲とその評価が一義的である。なお，この把握との関係でそれらについて法規制のある貸借対照表を対象とする場合と，法規制を受けない財産目録を対象とする場合とによって，資産負債の範囲とその評価が異なる可能性がある。

第4に，第2のコーポレート・ガバナンスのアプローチのうちで利害調整面と静的会計が関係するのは財産処分計算である。この財産処分計算には継続企業を前提とした財産一部処分計算と，解散企業を前提とした財産全部処分計算とがある。前者には株主に対する利益請求権の決定を意味する処分可能利益の算定と，会社財産の分配規制とが重要である。これに対して，後者では企業の清算や破産などにおいて株主と債権者との間で利害調整が必要となる。この点に関してドイツでは倒産法の制定の結果，より具体的な手続を定めている。特に，財産一覧表の作成はまさに静的会計と接点を有するといってよい。また，企業の清算処理のなかで作成される清算完了貸借対照表及び完了計算も同様に静的会計と密接な関連性をもつ。

第5に，コーポレート・ガバナンスに対する第3のアプローチと静的会計が接点をもつのは，財産の数量計算を中心とした財産管理責任面，財務書類全体に関する財産実在証拠書類面，そして損失通告や債務超過といった財務内容の悪化に伴うリスク情報の開示面である。

このように，コーポレート・ガバナンスが重視される昨今，それとの関係で静的会計はきわめて重要な役割を果たすと解されるのである。その意味で，静的会計は再評価されねばならないと考えられるのである。

〔注〕
（1） A. Moxter, Bilanzlehre, 第1巻：Einführung in die Bilanztheorie, 第3版, Wiesbaden, 1984年, 88頁。
（2） A. Moxter, 前掲書注（1）, 90頁。

(3) A. Moxter, 前掲書注(1), 91頁。
(4) H. Beisse, Zum Verhältnis von Bilanzrecht und Betriebswirtschaftslehre, in: Steuer und Wirtschaft, 第61巻第14号, 1984年, 11~13頁。この概要については, 拙著,『現代静的会計論』森山書店, 平成11年, 61~63頁参照。
(5) A. Moxter, Grundsätze ordnungsgemäßer Rechnungslegung, Düsseldorf, 2003年, 15頁。
(6) A. Moxter, 前掲書注(5), 19~20頁。なお, モクスターは, このほかにすべての利害調整を必要とする目標設定に対するフレームワーク原則として次の3つを指摘する。1つめは経済観察法原則, 2つめは客観性原則, 3つめは決算日原則である (A. Moxter, 前掲書注(5), 15頁)。
(7) A. Moxter, 前掲書注(5), 24~25頁。
(8) A. Moxter, 前掲書注(5), 38頁。
(9) A. Moxter, 前掲書注(5), 41頁。
(10) A. Moxter, 前掲書注(5), 55頁。
(11) A. Moxter, 前掲書注(5), 64頁。
(12) A. Moxter, 前掲書注(5), 73頁。
(13) A. Moxter, 前掲書注(5), 81頁。
(14) A. Moxter, 前掲書注(5), 89頁。
(15) A. Moxter, 前掲書注(5), 97頁。
(16) A. Moxter, 前掲書注(5), 113頁。
(17) A. Moxter, 前掲書注(5), 128頁。
(18) A. Moxter, 前掲書注(5), 137頁。
(19) A. Moxter, 前掲書注(5), 147頁。
(20) A. Moxter, 前掲書注(5), 171頁。
(21) A. Moxter, 前掲書注(5), 195頁。
(22) A. G. Coenenberg, Jahresabschluß und Jahresabschlußanalyse, 第17版, Landsberg/Lech, 2000年, 295~296頁。なお, ドイツの資本会計制度の概要については, 拙稿,「ドイツ資本会計制度」『商学集志』第74巻第1号, 平成16年6月, 1~16頁参照。
(23) J. Pelka・W. Niemann, Praxis der Rechnungslegung in Insolvenzverfahren, 第5版, Köln, 2002年, 126頁。なお, ドイツ倒産法の概要については, 木川裕一郎『ドイツ倒産法研究序説』成文堂, 平成11年参照。
(24) J. Pelka・W. Niemann, 前掲書注(23), 141頁。

(25) G. Förschle・M. Deubert, Abwicklungs-/Liquidationsrechnungslegung der Kapitalgesellschaft, in: W. D. Budde・G. Förschle 編, Sonderbilanzen, 第3版, München, 2002年, 所収, 707頁及び712～713頁参照。
(26) G. Förschle・M. Deubert, 前掲論文注(25), 708頁。
(27) G. Förschle・M. Deubert, 前掲論文注(25), 713頁。
(28) G. Förschle・M. Deubert, 前掲論文注(25), 755頁。
(29) G. Förschle・M. Deubert, 前掲論文注(25), 756頁。
(30)(31) A. Moxter, 前掲書注(5), 82頁。
(32) G. Förschle・K. Hoffmann, Überschuldung und Sanierung, in: W. D. Budde・G. Förschle 編, 前掲書注(25), 所収, 577頁。
(33) G. Förschle・K. Hoffmann, 前掲論文注(32), 578頁。
(34) G. Förschle・K. Hoffmann, 前掲論文注(32), 579頁。

Ⅳ 特殊会計制度と静的会計

第10章
ドイツ特殊会計制度と静的会計

1 はじめに

　貸借対照表には毎期の決算ごとに定期的に作成される決算貸借対照表と，特別な事由から臨時的にだけ作成される非常貸借対照表（Sonderbilanz）とがある。従来，会計学では決算貸借対照表の本質をめぐって様々な見解が示され，そこには鋭い対立があることは周知の通りである。例えば決算貸借対照表の目的をどのように解するのかによって，貸借対照表能力および評価に関する考え方も自ら必然的に異なる。このような決算貸借対照表とは違って，非常貸借対照表の場合には，その作成目的がより明確化しているので，それほど大きな問題は少ないようである。

　本章では，ドイツの特殊会計制度を中心にしたこの非常貸借対照表のなかで特に静的会計と接点をもつものを取り上げて，その内容について明らかにすることにしたい。

2 非常貸借対照表の概要

（1） 非常貸借対照表作成の事由

　非常貸借対照表にはまず全体経済的な面から作成されるものと，個別経済的面から作成されるものとがある。前者の典型は，かつてのドイツ民主共和国に所在地のあった企業を対象とした1990年のドイツマルク貸借対照表法（D-Markbilanzgesetz）の施行である。これによれば，当該企業は1990年7月1日

にドイツマルクを導入して作成しなければならないとされた。これに対して，ユーロの導入によってもまた全体経済的な原因で通貨の変更に伴い，資産及び負債の項目はすでに2001年12月31日までに評価替された。しかし，これは非常貸借対照表ではないと解される[1]。それは単なる換算にすぎないからである。一方，後者の典型は主として商法もしくは会社法の規定に基づいてその作成が義務づけられており，主なものは以下の通りである。

(1) 事業の譲受もしくは設立（開業貸借対照表（Eröffnungsbilanz））
(2) 会社財産による資本増加（資本増加貸借対照表（Kapitalerhöhungsbilanz））
(3) 合併，分割
(4) 損失の通告
(5) 債務超過
(6) 解散（清算開始貸借対照表）
(7) 倒産（倒産開始貸借対照表）

(2) 非常貸借対照表の種類

非常貸借対照表の作成にあたっては，その作成方法に関して明確な法規定がない場合には，その時々の非常貸借対照表の意味と目的によってその計上，評価，分類及び開示が規制される。この非常貸借対照表の目的設定に関しては，次の2つの貸借対照表の種類がある。1つは財産貸借対照表であり，他の1つは成果貸借対照表である。

① 財産貸借対照表と成果貸借対照表

財産貸借対照表は企業の解散または企業の継続のいずれかの仮定のもとで，債務者の担保となる財産の測定に役立つ貸借対照表である[2]。ここでは従来の商法上の計上及び評価もしくはその法事象は原則として関係しないのが特徴である。その結果，例えば自己創設による無形財などの貸借対照表計上禁止（商法第248条2項），商法上の評価上限規定（商法第253条1項）などは財産貸借対照表の作成には適用されない。この作成にあたっては，企業の解散もしくは継続のいずれかの仮定のもとで資産及び負債の計上及び評価が決定される。こ

の財産貸借対照表に属するのは，債務超過の状況，通貨単位の変更に伴う開始貸借対照表，事業譲受もしくは設立などに基づいて作成される貸借対照表である。

成果貸借対照表は主として成果測定に役立つのではなくて，会社法上の変更及びその他の措置の準備として会社財産の保全及び表示に役立つ貸借対照表である[3]。証拠目的で作成されるこの成果貸借対照表には，さらに法規制により一義的に定められた一定の日に作成されるものと，法規定ないし期限の枠内で簡便性の面から，作成日を任意に選択しうるものとがある。前者の典型は清算開始貸借対照表であり，後者の典型は合併貸借対照表あるいは会社財産による資本増加貸借対照表である。

② 外部非常貸借対照表と内部非常貸借対照表

このような財産貸借対照表及び成果貸借対照表による区別のほかに，非常貸借対照表はまた外部非常貸借対照表と内部非常貸借対照表とにも区別される。前者は商業登記簿などに開示が要求されるものである。これには資本増加貸借対照表や清算開始貸借対照表などがある。特に資本増加貸借対照表に関しては監査義務もある。これに対して，後者は企業の内部，場合によっては企業の外部の一定の報告対象に対してのみ入手されるにすぎないものであり，他人財産の管理者としての経営者の会計報告に役立つ。これに属するのが損失通告貸借対照表及び倒産開始貸借対照表である。

③ 税務特別貸借対照表と広義の非常貸借対照表

以上の非常貸借対照表としてのSonderbilanzは，主として商法及び会社法や，倒産法に基づいて作成される。

このほかに，所得税法の範囲で作成されるSonderbilanzもある。これが税務特別貸借対照表 (steuerliche Sonderbilanz) である。この税務特別貸借対照表は，人的会社の商事貸借対照表全体に対する補完として作成され，そのなかに以下に示すような出資者の特別事業財産が収容される。特別事業財産Ⅰには，出資者の所有しており，人的会社の事業に貢献したりあるいはそれに貢献することが定められている経済財が含まれる。例えば出資者に属する土地もしくは

機械で、それが人的会社に利用が任されているものである。また、出資者の人的会社に対する設立もしくは出資者の強化のために役立つ経済財は、特別事業財産IIとして示される(4)。ここでは人的会社への持分取得による資金調達としての貸付金がこれに該当する。

なお、非常貸借対照表の上位概念として単に継続的な営業事象が問題ではあるが、しかし例外的にしかも臨時的な企業状況で、あるいは他の法の担い手による非常貸借対照表の関係のいずれかで生じる事情も考えられる。これが広義の非常貸借対照表である。これに該当するのは会社更生、会社形態の変更、現物出資もしくは会社の合併または分割などである。

本章では、以下において静的会計と関係する非常貸借対照表、特に損失通告、債務超過、倒産及び清算などの財産貸借対照表に関係するものについて限定して論じる。

3 損失通告貸借対照表

（1） 損失通告の法規定

株式法、有限会社法（Gesetz betreffend die Gesellschaften mit beschränkter Haftung；GmbHG）及び組合法（Genossenschaftsgesetz）は損失通告について規定している。ここでは株式法と有限会社法の規定について示す。

株式法第92条1項：年次貸借対照表あるいは中間貸借対照表の作成に際してあるいは義務に即した判断に際して、資本の2分の1の大きさで損失が発生することが明らかになるときには、取締役は遅滞なく株主総会を開催し、その旨をそこで報告しなければならない。

有限会社法第49条3項：年次貸借対照表あるいは期中に作成される貸借対照表から、資本金の半分が失われることが明らかになるときには、特に総会を遅滞なく開催し、その旨をそこで報告しなければならない。

なお、株式合資会社（Kommanditgesellschaft auf Aktien）に関しては、この損

失通告が適用されるか否かは議論がある。この点について,株式合資会社について規定する株式法第283条1号によると,無限責任社員に対しては株式会社の取締役に適用される株主総会開催の規定が準用されるので,損失の通告義務があるとされる。合名会社及び合資会社には損失通告の法規定はない(5)。

(2) 損失通告の定義

損失通告が必要となるのは,一般に純財産がわが国の資本金に相当する資本(Grundkapital) もしくは資本金 (Stammkapital) の2分の1を下回る時点とされる。ただ株式会社に関する前述の規定のなかで,損失を商法第266条3項の年度欠損額(Jahresfehlbetrag)の意味にも解しうるが,この見解は通説ではない。資本ないし資本金の提供者のほかに,例えば匿名組合員 (stille Gesellschafter) や享益権資本提供者 (Genussrechtskapitalgeber) といったそれ以外の自己資本提供者がいれば,資本または資本金に相当する純財産がそれらの2分の1を下回るときにも,やはり損失通告の義務がある(6)。仮に損失通告を資本ないし資本金だけでなく,例えば株式発行プレミアムも含めるとすると,資本が少なくプレミアムの多い企業の場合には,逆に資本がより多くてプレミアムの比較的少ない企業よりも損失通告時点が遅れる結果となる。現段階では法はそのような方法を想定していない(7)。

(3) 損失通告における計上及び評価の原則
① 総　　論

損失通告の目的に対する財産測定にとって基準となる計上及び評価の原則については,必ずしも明確ではない。通説では,それに関して年次決算書における計上及び評価原則が適用されるとする。この1つの根拠を示すのが前掲の有限会社法第49条3項の文言である。ここでは明らかに損失通告において年次決算書から損失が生じることを明言しているからである。したがって,株式法及び組合法もこれと同様に解される。

この考え方のほかに,文献では後述する債務超過と同様に損失通告目的の財

産測定は資産及び負債の時価を基礎とすべきであるという見解もある。「この見解は,その規定の意味と全く結合しうる。すでに財産の帳簿価額が名目資本の半分に下落したことは,企業の危機の意味のある典型とみなされるので,これはいよいよ財産の時価がこの価額への下落に適用される。[8]」しかし,依然として損失通告の財産測定には年次決算書の基準が決定的であるとフェルシュレ（G. Förschle）＆ホフマン（K. Hoffmann）は主張する。

その場合,事実上の年次決算書にとって具体的に選択された計上及び評価の選択権が損失通告にとってもまた基準となるのか,損失通告の目的には年次決算書の基準とは相違した計上及び評価の選択権を用いることが許容されるのかが問題となる。この点に関して例えば商法第255条4項に基づく買入のれん,商法第249条2項に基づく修繕引当金,商法第250条3項に基づく借方債務超過差額（Disagio），商法第269条2項に基づく開業費もしくは営業拡大費などの計上選択権は,過年度の計上と違って当期の事象に対しては,比較可能なケースでは行使しうるとされる[9]。しかし,過年度に計上しなかった項目を事後的に資産化できず,あるいはまだその根拠が消滅していない過年度に設定された引当金を取り崩すことはできない。つまり,損失を回避する目的で過年度に法に準拠して作成された年次決算書を変更することは許されない。同様に評価方法にも継続性が要求される。但し企業の危機的状況の発生は方法の変更を認める例外的なケースの根拠となる。方法の変更の影響を附属説明書で説明しなければならないので,警告機能はそれによって失われないからである。

いずれにせよ,計上及び評価の原則に関して継続企業のもとでの会計基準が一義的である。ここで継続企業の前提は,少なくとも会社が確実に決算日後12ヶ月間内に倒産の通告義務がなく,したがって支払能力が確保され債務超過に陥らない点である。もし企業継続の仮定が満たされなければ,清算価値による評価が実施されねばならない[10]。但し事業の一部のみが企業の継続の仮定に反するときには,その部門だけに清算価値による会計の適用は限定される。

② 損失通告と各貸借対照表項目

損失通告にとって資本もしくは資本金は,それが全額払い込まれていたか否

かは問わない。未払込資本請求額については，その回収可能性を考慮して会社の純財産が測定される。開業費もしくは営業拡大費といった貸借対照表擬制項目は損失通告目的の財産測定にもまた計上される[11]。そもそも，その項目は損失表示の回避を想定して計上されるからである。但し損失通告貸借対照表では，それらの項目は規則的に償却されねばならない。消却目的で取得されておらず，資産として表示されえない自己持分を会社が所有しているときには，損失通告の貸借対照表においてそれをどのように処理するかが問題となる。この点について自己持分の取得は経済的には資本返済であるが，既述の資産化された自己持分は取得原価で評価された資本増加の可能性を示す。したがって，損失通告の際にもそれは同様の処理される必要がある[12]。

　商法第247条3項または商法第273条で規定する準備金相当部分を含む特別項目（Sonderposten mit Rücklageanteil）及び商法第254条及び商法第279条2項で規定する純然たる税務上の過大評価減（rein steuerliche Mehrabschreibung）については，損失通告の目的にとって，通常の年次決算書における選択権について基準となるとする基本的考え方の例外が生じる。つまり，準備金相当部分を含む項目は成果作用的に取り崩され，税務上の過大評価減は修正される。この場合に貸方繰延税金が生じる。企業の損失状況が税法上の繰越損失となるとすれば，貸方繰延税金は計上しなくとも済む場合がある。これについてはその取り崩しが認められるという。その理由は，商法において異質な計上及び評価については継続性が要求されないし，いつでもそれを放棄しうるからである[13]。税務上の価値取り戻し（Wertaufhohlung）命令に基づき，商法第280条1項による商法上の価値取り戻し命令が株式会社，有限会社及び株式合資会社に適用される。

　このような税法上の評価に基づく基本原則の例外により，年次決算書において資本ないし資本金の2分の1を下回る自己資本が示される。しかし，それに伴う損失通告の理由は全くない。これについて会社は状況報告書でそれについて説明しうるが，その説明義務はない。

　有限会社法第32a条における自己資本の補填としての借入金（eigenkapitalersetzende Darlehen) は，損失通告の測定に際して債務として計上されねばならない。その例外は債務免除が契約されている場合だけである。

4 債務超過貸借対照表

（1）法 的 基 盤

債務超過は，株式会社，株式合資会社，事情によっては組合に対して，支払不能（Zahlungsunfähigkeit）と並んで倒産法に対する追加的な開始理由の1つである。債務超過に陥ったときには，債務超過の発生後3週間以内に会社の更生手続によって債務超過を解消しない限り，倒産手続の開始を申請しなければならない。同じことは，合名会社および合資会社にも適用される。以下，債務超過に関する主な法規定を示す。

倒産法第19条

1項：法人において債務超過もまた開始理由である。

2項：債務者の資産が現在の債務をもはや塡補しないときに，債務超過が生じる。けれども，債務者の財産評価に際して企業の継続が事情により十分に確実であれば，それを基礎としなければならない。

3項：法人格のない会社においては，無限責任社員が自然人でないときには，第1項及び第2項を準用する。但し，無限責任社員から成るその他の会社において，無限責任社員が自然人であるときには，これは適用されない。

株式法第92条2項：会社が支払不能となると，取締役は遅滞なく遅くとも支払不能の発生後3週間以内に倒産手続の開始を申請しなければならない。会社の債務超過が生じるときにも，それに準じて適用される。

なお，有限会社法第64条もこの株式法第92条と同趣旨の規定を設けている。

(2) 債務超過の意味とその確定
① 債務超過の意味

すでに触れたように,債務超過は資産が負債を填補しないときに生じる。この場合,会社が債務を支払うことができるか否かは,資金計画書に基づいて検討されねばならない。将来に発生する負債を含めて,その途中に支払不能に陥らずに債務をすべて支払いうることが判明したときには,債務超過ではないという見解もある。しかし,そのような債務超過の検査はかなり主観的とならざるをえない。このため,通説は倒産法第19条の意味における債務超過を資産と負債の比較によって測定する。ここで注意すべきは,資産及び負債はその真実価値で評価されねばならず,商法上の取得原価もしくは製造原価を上限とする評価規定は適用されない。但し資産及び負債の評価にあたっては,企業の継続を前提とする必要がある[14]。

この企業継続が確実か否かの判定に関しては,少なくとも12ヶ月間会社が支払不能に陥らないことが条件とされる。

② 債務超過の確定プロセス

そこで,債務超過の確定に関しては,以下の2つの段階が必要となる。

まず第1段階は少なくとも12ヶ月間の支払能力の予測である。十分な確実性をもって支払不能に陥らないかどうかが検討されねばならない。これには企業の継続を前提とした資金計画書が重要となる。その検査の結果,支払不能が見込まれるときには,一部清算によって,企業の継続は修正されねばならない。また,全面清算も視野に入れなければならない場合も生じうる。この資金計画書により,支払能力に問題がないときには,継続価値に基づく暫定的債務超過の状況について作成しなければならない。その結果,純財産がマイナスとなれば,継続の仮定を適用したときにも,その手続は終了する。債務超過による倒産の理由があるからである[15]。

もし継続価値による暫定的状況がプラスの純財産を示すと,第2段階において12ヶ月間に継続価値に基づく債務超過が発生しないかどうかが検討されねばならない。これに役立つのが予測損益計算書である。

(3) 債務超過の認識とその把握方法

債務超過の状況は既述の通り倒産申請の手続であるが，しかし債務超過貸借対照表の作成自体は倒産申請義務に属さない。会社は債務超過の疑いをもつときに，この債務超過貸借対照表を作成しなければならない。販売不振や注文数の減少などにより商法上の原則に基づいて帳簿上の債務超過が発生したときには，倒産法上の債務超過を伴うか否かについて検査する要因が生じうる。しかし，たとえ帳簿上債務超過に陥っておらず，自己資本がプラスであっても，倒産法上の債務超過に陥っているかどうかを検査する要因が生じている。「その理由は，損失の発生，一部事業部門の閉鎖及びそれに伴う人員の整理が必要となるときには，たとえ商事貸借対照表の評価において必要な具体化が場合によってまだ与えられていなくとも，債務超過の状況には，それに相応した予定されている社会保障の義務をすでに考慮しなければならないからである。[16]」

また，企業が危機的状況にあるときには，債務超過の検査は継続的に実施されねばならない。つまり，継続の予測にとっての基礎となる資金計画書及び債務超過の予測は，持続されるべき企業継続の面から検討される必要がある。債務超過状況に際して財産目録の作成は義務づけられていない。しかし，その疑いがあり，しかも実地調査によってしか十分な確実性をもって把握できない領域について不確実があれば，債務超過状況にとってもまた財産目録の作成は要求される[17]。

(4) 債務超過における貸借対照表項目の計上と評価
① 総　　　論
A　清算の仮定

資金計画書の作成結果により，企業の支払不能が見込まれるときには，債務超過状況において企業の清算を前提として清算価値が計上されねばならない。この場合，すべての個別資産の強制売却を想定するときには，その清算価値で評価される。ここでは清算の仮定が前提である。ただ，債務超過状況についてむしろ見積売却価値の一定の幅のなかで原則として下限で評価されねばならな

い。それよりも高い価格で計上しうるかどうかは，清算にとってどの程度支払期間が残っているかに左右される。なお，個別資産の清算の際に債務超過状況では解雇される従業員の社会保障義務や，いわゆる追加負債も考慮されねばならない。

これに対して，企業全体またはその一部を売却したほうが個別資産の売却よりも有利と見込まれるときには，それがすでに具体化された売却交渉があり，その売却契約の締結がかなり確実な場合にのみ，前者は考慮される。しかし，この種の具体的な拠り所がなければ，個別売却価格で評価せざるをえない。

なお，投資の評価については企業継続を前提とするときには，それを考慮して評価され，清算価値では評価されない。

B　企業継続の仮定

資金計画書を作成した結果，会社が支払不能に陥らずに債務超過にもならないことが十分確実となるときには，債務超過の状況において企業継続を前提として継続価値による評価が重要となる。ここで問題となるのは特に固定資産である。これに関して現在割引価値で評価すべきことも考えられるが，立法者はそれを予定していない[18]。むしろ継続の仮定はより強く客観性に重点が置かれるので，継続企業の仮定によって資産及び負債の一部は個別清算価値で評価されうる。しかし，少なくとも商法上の上限の価値で評価されうる。この場合，固定資産について過去にどのような会計処理をしていたかは問題ではない。商法上，その時々で上限となる評価が許容される。

なお，商法上の取得原価もしくは製造原価を超える清算価値による評価が市場において信頼できる形で決定されるときには，その評価も認められる[19]。ただ，債権者保護の見地から慎重な評価が要求されるので，少なくとも簿価の金額による収入が見込まれるとみなされる。この点は買入のれんも同様である。

商法施行法 (Einführungsgesetz zum Handelsgesetzbuch) 第28条に基づく計上選択権のある項目，とりわけ直接的及び間接的な年金債務については，債務超過状況ではその全額が計上されねばならない。また，開業費または営業拡大

費，借方繰延税金は，それが継続部分として算入されねばならないときにもまた，債務超過状況には計上できない。このうちでたしかに開業費または営業拡大費は営業価値に類する性質をもっており，買入のれんの計上を認める場合には，同様にその計上については一考に値する。しかし，倒産法第19条2項の債務超過の意義を厳格に定義する目的からは，債権者にとって換金できない資産を計上すべきではないので，それらの項目の計上を除外すべきである[20]。

なお，固定資産に関しては場合によって再調達原価が継続価値として債務超過状況で許容されるが，しかし企業の危機的状況のもとでは，それは正当ではない。その意味で，再調達原価による評価は債務超過状況では認められない[21]。

② その他の項目

未払込資本金については，出資者の支払能力を勘案した金額により債務超過状況で計上されうる。自己創設のれんは計上できない。計上できるのは，専門家による判断に基づいて企業の売却に際してその対価を支払う市場が準備している場合に限られる。企業の清算部分の一部に相当する買入のれんについては，自己創設のれんの計上に対する前提が満たされる場合にのみ，この自己創設のれんと一緒に計上される。これに対して，買入のれんが企業の継続の一部に相当し年次決算書に計上されうるときには，同様に債務超過状況に計上しうる。

自己持分は，その売却がすでに確定しているのでなければ，債務超過状況には計上できない[22]。借方計算限定項目は，企業の継続すべき一部に属する限り，計上しうる。それが企業の清算すべき一部に属するときには，その返済を考慮して計上しうる。貸方計算限定項目は負債を示すので，計上されねばならない。

再整地もしくは再処理義務のある引当金に関しては，それが事業を清算すべき事業部門に対応しているときには，その履行額で計上されねばならない。これに対して，企業の継続の仮定のもとで事業部門に対応するときには，期間に配分した部分履行額でよい[23]。

債務は債務超過状況ではその返済額で計上されねばならず[24]，無利子債務は利子相当分を控除しなければならない。出資者に対する債務も同様に計上される。たとえその債務が自己資本の補塡に関する法律上もしくは司法上の規制のもとでない場合も適用される。信用供与請求権は，その与信者の支払能力が十分にあり，与信者が会社に対する将来の返済請求権の面で少なくとも劣後的地位を説明しているときには，資産化される。貸方繰延税金は原則として計上されねばならない。それは潜在的な税負担を示すからである。

5 倒産法における会計

(1) 序

　従来，ドイツには破産法，和議法及び強制執行法といった法律が別々に制定されていた。しかし，破産財団のない破産の著しい増加及び和議法の実務における実質的意義の低下などの理由から，既述の3つの法律は1999年以降新たな倒産法の制定により統一法として整理されることになったのである。この倒産法の中心は倒産処理計画にある。つまり，それは債務者の倒産後の措置に関して債権者自身による意思決定を容易にする手段とみなされるのである。この倒産後計画は再建の実現を通じて債務者の収益力を回復させる可能性がある。この点から倒産後計画は再建プランもしくは再組織プランともなりうる。もし当該会社が第三者に営業譲渡されるときには，営業譲渡プランとなる。また，関係者は倒産処理計画において倒産法の規定と相違する債務者財産の換金及び分配を予定することもできる。その場合には，倒産後計画の清算プランの性質を帯びる。このほかに暫定的に差しあたり企業を継続させておき，その後で清算するといった措置も考えられる。

　このような倒産法による手続のなかでの会計として注目すべきは，次の2つの領域の区別である。1つは倒産管財人が倒産法の規定に即して行わねばならない内部会計（interne Rechnungslegung）である。これに対して，もう1つは倒産手続中にもまた継続して実施する商法上及び税法上行わねばならない会計，

すなわち外部会計（externe Rechnungslegung）である。

（2） 倒産法に基づく内部会計
① 倒産に伴う会計

　倒産管財人は倒産手続の開始後に所有している倒産財団に関してその財団目録（Masseverzeichnis）を作成しなければならない（倒産法第151条1項1文）。但し取戻権のある財産はそれから除外する（倒産法第47条）。別除権を有する債権者は個別強制執行を実施しうるが，しかし倒産管財人は動産に関してその任意処分権をもつ（倒産法第166条1項）。また，財団目録については商法上の会計規定は適用されない。その結果として無償による無形固定資産が換金できれば，その財団目録に収容される。

　問題はその財団目録に収容される倒産財団の評価である。一般に企業の清算を想定すれば，もちろん倒産財団は清算価値で評価される。しかし，場合によっては企業の継続が仮定されることも十分に考えられる。そこで，このケースでは倒産財団について継続価値で評価するのが妥当である[25]。例えばその1つとして企業全体の買い手が企業の継続または再建を基礎として全体購入価格の範囲で各資産に支払うはずの価値で評価することも考えられる。これは税法上の部分価値（Teilwert）による評価を意味する。しかし，この考え方については，次のような批判がある。「いかなる再組織による措置を企業の再建が想定しているか，そして買い手がいかなる価格を健全化する企業全体に支払う用意があるかは，通常この時点ではまだはっきり定まっていない。しかし，このような売却価値の把握できる信頼できる債務企業の各資産に対して継続価値を誘導する基礎はない。継続の予測がプラスのときに債務超過状況における財産評価に対する考え方に準じて，倒産管財人はその限りで原則として再調達原価から出発しうる。[26]」

　一方，倒産管財人は債権者の目録を作成し，そのなかに債務者に対するすべての債権者とその請求額を，別除権をはじめ各債権の順位をつけて記載する義務がある。但し取戻権のある者はそれから除外される。これらの債権者の請求

権は通常はその名目額で評価されるが，疑わしい債権についてはそれに適した評価がなされる[27]。

このような財団目録及び債権者目録の作成手続を通じて倒産管財人が作成しなければならないのが財産一覧表である（倒産法第153条）である。それは事実上財産目録にほかならない。

② **中間会計及び完了会計**

倒産管財人には債権者総会の要求で中間会計（Zwischenrechnungslegung）が義務づけられる（倒産法第66条3項1文）。しかし，これは定期的な期間会計の義務ではない。中間会計の対象及び内容は後述する完了計算と同様である。この完了計算では倒産管財人は完了貸借対照表（Schlussbilanz），損益計算書及び配当表（Verteilungsverzeichnis），さらには活動報告書（Tätigkeitsbericht）を作成しなければならない。

③ **倒産処理計画の会計**

倒産処理計画では，関係者は倒産法の会計規定とは異なる倒産財団の換金及び分配や，倒産手続完了後の債務者の責任を定めることができる（倒産法第217条）。この倒産処理計画について倒産法と相違する債務者財産の清算を予定することに限定することもできる。これに対して，倒産管財人が債務者企業の営業譲渡もしくは再建による継続が可能であると判断し，それを債権者総会に提案するときには，倒産法第151条から第153条に基づく財産表示がその是非の判定のうえで必要となる。

（3） **倒産法における外部会計**

この内部会計から区別されるのが商法及び税法による外部会計である。

倒産手続の開始に伴い，新年度がスタートする（倒産法第155条2項1文）。これは倒産法固有の会計年度ではなくて，商法及び税法にとって基準となる会計年度である。また倒産手続の完了をもってその会計年度が終了する。この倒産手続の完了は，倒産法規定により最終分配手続の終了時点や倒産後計画の策定時点である。

このような新会計年度のスタートにより，その開始日と通常の決算日との間に短縮期間（Rumpfgeschäft）が生じる。これはさらに倒産手続中の最終決算日と倒産手続完了時点との間の期間にも生じる。これらの短縮期間末に貸借対照表が作成されねばならない。

① 倒産手続開始前完了貸借対照表の作成

倒産手続開始前の完了貸借対照表の作成に関しては，商法第246条で規定する計上及び分類が原則として適用される。この貸借対照表は倒産開始に先立つ日に作成されねばならない。清算が予定されているときには，財産はその清算価値で評価されねばならない。但し，そこでは用心の原則が適用される。企業の継続が予定されるときには，原則として継続価値として簿価で評価されねばならない。その限りでは倒産財団の評価と相違する[28]。この貸借対照表のほかに損益計算書が作成されねばならない。

② 倒産開始貸借対照表

手続開始決議の日に倒産開始貸借対照表が作成されねばならない。この内容は前述の最終貸借対照表と同じである。但し，手続開始決議日とこれまでの商法上の決算日との間にずれが生じるときには，後者の期間延長が法的に認められる。というのは，財団目録，債権者目録及び財産一覧表の作成は緊急性を要し，それは商法上の開始貸借対照表とは異なる計上及び評価原則が適用されるからである。

債務者企業に監査義務があるときには，倒産開始貸借対照表は決算監査人（Abschlussprüfer）によって監査されねばならない。

③ 手続中にある会計年度での年次決算書

一般的な商法上の会計に基づいて倒産管財人はあらゆる年度末に年次決算書と場合によっては状況報告書を作成しなければならない。これについては法的な監査義務のほかに契約上の監査義務が継続する。

④ 手続完了会計年度における完了貸借対照表

倒産手続が清算を予定しているときには，債務者財産の最終分配の完了をもって清算が終了する。目的に適した倒産法第155条2項1文の適用では完了

貸借対照表は最終分配の直前に作成されねばならない。というのは，倒産手続の完了時点においてはすでに債務者財産は分配され，倒産管財人はその職務を完了しているからである(29)。

6 清算貸借対照表

会社の解散により清算が行われる場合にも，それは静的会計と接点をもつ。

(1) 清算開始の会計

清算人は清算の開始時点で清算開始貸借対照表と，それを説明する報告書を毎期末に対する年次決算書及び状況報告書と併せて作成しなければならない（株式法第270条1項）。この清算開始貸借対照表は，1965年旧株式法第270条2項に従い資産及び負債について帳簿価額とは完全に異なる新評価を要求していた。このため，そこで作成される清算開始貸借対照表は換金価値に基づく財産分配貸借対照表としての性質を有していた。ところが，1985年の貸借対照表法指令の導入に伴い，その性質は大きく変化した。清算中の会計は広範囲に営業中の会社の会計が適用されることになったからである（株式法第270条2項2文）。この点については，すでに第9章で触れた通りである。その結果，清算開始貸借対照表では財産に関する取得原価基準が適用されるのである。

(2) 清算手続完了後の会計

清算手続完了後の会計においては次の2つを区別する必要がある。1つは清算完了貸借対照表と，もう1つは清算人が作成する完了計算である。

前者は最終的な公法上の会計の面で清算完了年度に損益計算書，附属説明書及び状況報告書と一緒に作成される（株式法第270条1項）。この清算完了貸借対照表は清算時点でなお残っている純財産を示し，株主への純財産の分配表示に役立つ。もちろん，株主への分配に先立って債権者保護の見地からすべての負債の返済もしくはそれに相当する担保の提供が条件である（株式法第272条）。

この清算完了貸借対照表では独立して売却可能な資産すべてが計上されねばならない。それ故に，商法第248条2項で規定する無償取得による無形固定資産の計上禁止はもはや適用されない。また清算に伴う税金引当金の負債化は認められず，かかる債務の確定後にはじめて残余純財産が株主に分配される。帳簿及び文書の保管費も事前に支払わねばならない。但し，最終の株主総会開催に対する関係費は引当計上されねばならない。購入契約及び賃貸契約などによる社員の債務法上の請求権は，他の債権者のそれに準じて処理される。これに対して，社員の債権がすべての債務履行後にはじめて契約上返済されねばならない場合，または法もしくは判例により自己資本を補償する場合には，それらの債権は会社関係に基づく請求権として処理されねばならない。したがって，それは分配規制を伴う財産拘束とみなされる。

　一方，後者は清算人が清算完了貸借対照表で測定された純財産を株主に分配し，その結果を報告するものである。通説では，この清算完了貸借対照表は収入支出計算と解される。ただ，この収入支出計算が清算期間全体に及ぶのか，それともまだ報告されていない会計期間だけに関係するのかについては，必ずしも明らかではない。この点について清算期間中にはすでに商法第238条のGoBに基づく会計が実施されるので，清算期間全体の収入支出計算は不必要であり，事実上まだ会計報告されていない期間の収入支出計算が問題となる。この清算人の完了計算では次の手続が重要となる。まず清算完了貸借対照表上の純財産を出発点とし，これに事後的な収入をプラスまたは支出をマイナスした後で，会社関係から生じる請求権（例えば資本補償的な株主の債権や解散前の通常年度における利益分配）をさらに控除する。その結果として得られるのが未分配清算剰余額である。これを，一部には金銭給付として，他の一部には財産価値（特許権や土地，有価証券など）として処分する。

　このような清算会計では，既述の通り静的会計に属する財産全部処分計算の手続が実施される。

7 むすび

　以上,非常貸借対照表のなかで静的会計,特に財産測定貸借対照表と関連性をもつ損失通告貸借対照表,債務超過貸借対照表及び倒産法に基づく会計,そして清算に関する会計について考察した。その要旨は以下の通りである。

　第1に,損失通告貸借対照表は純財産が資本もしくは資本金の2分の1を下回る時点でその作成が義務づけられる。この場合,その作成方法は企業の継続を前提とするか,あるいは清算を予定するかによって,その内容は異なる。前者の場合には年次決算書と同様の計上及び評価原則が適用されるのに対して,後者の場合には清算価値による評価が適用される。

　第2に,債務超過の生じる時点で債務超過貸借対照表が作成されねばならない。その場合,資金計画書の作成を通じて支払能力の予測に関して思わしくない結果が生じたときには,清算価値による評価が適用される。これに対して,資金計画書の作成により,将来的に会社が支払不能に陥らずに債務超過を回避できる見込みがあるときには,企業継続の仮定に基づいて財産評価が行われる。そこでは,通常の年次決算書の作成基準とは異なる時価ベースでの評価が行われる。

　第3に,破産法,和議法及び強制執行法を統一法とした倒産法における会計では,内部会計と外部会計とが区別される。前者の内部会計では,倒産時に財団目録及び債権者目録に基づいて財産一覧表が作成されねばならない。その際の財産評価は,前述の通り企業の継続を想定する場合と,清算を予定する場合とで大きく異なる。また,完了計算では完了貸借対照表及び配当表などが作成される。後者の外部計算では,商法及び税法の規定に即した会計が実施される。例えば倒産手続開始前に完了貸借対照表が企業の継続または清算のいずれかの見地で作成される。さらにそれと同一内容をもつ倒産手続開始日の倒産開始貸借対照表が作成されねばならない。また,手続中の会計年度では年次決算書の作成も必要となる。そして,清算を予定しているときには,債務者財産の

最終分配の完了をもって，清算が終了する。

　第4に，清算開始貸借対照表ではまだ営業中の会計に準じて会計処理されるけれども，清算手続完了後に作成される清算完了貸借対照表及び完了計算では最終的な清算に伴う財産全部処分計算の手続が実施される。

　このような静的会計と接点をもつドイツ非常貸借対照表は，わが国とはやや異なる。というのは，損失通告貸借対照表及び債務超過貸借対照表の作成は義務づけられていないからである。その点から，わが国においても例えば債権者保護の見地からそれらの非常貸借対照表の作成の是非について検討する必要がある。また，倒産時の会計について，わが国では会社更生法，民事再生法，破産法などの法制度がある。これについてドイツ法と同様に統一法として整備する必要があるかについても視野に入れて議論すべきであろう。さらに，企業の倒産防止及び企業の財務内容悪化に対する警告機能をもつ非常貸借対照表については，あまり本格的に論議されてきてはいないが，今後大いに議論されるべきであると解されるのである。

〔注〕
（1）　G. Förschle・M. Deubert, Einführung, in : W. D. Budde・G. Förschle 編, Sonderbilanzen, 第3版, München, 2002 年，所収，1頁。
（2）（3）　G. Forschle・M. Deubert, 前掲論文注（1），2頁。
（4）　G. Förschle・・M. Deubert, 前掲論文注（1），3頁。
（5）　G. Förschle・K. Hoffmann, Überschuldung und Sanierung, in : W. D. Budde・G. Förschle 編, 前掲書注（1），所収，572頁。
（6）　G. Förschle・K. Hoffmann, 前掲論文注（5），575頁。
（7）　G. Förschle・K. Hoffmann, 前掲論文注（5），576頁。
（8）（9）　G. Förschle・K. Hoffmann, 前掲論文注（5），578頁。
（10）　G. Förschle・K. Hoffmann, 前掲論文注（5），579頁。
（11）（12）　G. Förschle・K. Hoffmann, 前掲論文注（5），580頁。
（13）　G. Förschle・K. Hoffmann, 前掲論文注（5），581頁。
（14）　G. Förschle・K. Hoffmann, 前掲論文注（5），585頁。
（15）　G. Förschle・K. Hoffmann, 前掲論文注（5），587頁。

(16) G. Förschle・K. Hoffmann, 前掲論文注(5), 588頁。
(17) G. Förschle・K. Hoffmann, 前掲論文注(5), 589頁。
(18)(19) G. Förschle・K. Hoffmann, 前掲論文注(5), 591頁。
(20) G. Förschle・K. Hoffmann, 前掲論文注(5), 592頁。
(21) この考え方は前掲書の第2版(1999年)とは相違する。第2版では事業に不可欠な資産に関しては、企業継続の仮定のもとで再調達原価がその評価の拠り所となると明言している(W. D. Budde・G. Förschle編, 前掲書注(1), 第2版, 591頁)。
(22) G. Förschle・K. Hoffmann, 前掲論文注(5), 594頁。
(23) G. Förschle・K. Hoffmann, 前掲論文注(5), 596頁。
(24) 費用性引当金(商法第249条1項3号及び2項)は原則として債務超過状況ではその計上が省略される(W. D. Budde・G. Förschle編, 前掲書注(1), 第2版, 515頁)。また準備金相当部分を含む特別項目については、企業の継続を前提としたときには債務超過状況においてその項目の取崩を前提とする必要がある(W. D. Budde・G. Förschle編, 前掲書注(1), 第2版, München, 508頁)。というのは、債務超過状況では商法上及び税法上の費用化は適用されないからである。
(25)(26)(27) G. Förschle・A. Weisang, Rechnungslegung im Insolvenzverfahren nach der Insolvenzordnung, in: W. D. Budde・G. Förschle編, 前掲書注(1), 所収, 654頁。
(28) G. Förschle・A. Weisang, 前掲論文注(25), 660頁。
(29) 倒産時の内部会計と外部会計との連携に関しては、次のような見解がある。つまり、事業を停止する場合には、商法上作成しなければならない完了貸借対照表をもって、倒産法第153条で規定する内部会計としての財産概観の代用とし、倒産完了時の商法上の最終の貸借対照表も内部会計の完了計算の代用とする。これに対して、企業の継続を想定する場合には、商法上の清算開始貸借対照表は倒産法第153条に基づく財産概観の代用とはならない。というのは、商法上の貸借対照表は利益測定貸借対照表としての性質をもち、けっして財産測定貸借対照表ではないからである。倒産手続中には商法上の中間貸借対照表を作成すれば、それを内部会計の代用とみなす。倒産手続の完了時点では商法上の最終の貸借対照表を内部会計の完了計算の代用とするという見解である。というのは、商法上の成果計算はすべての営業取引を把握するからである。(J. Pelka・W. Niemann, Praxis der Rechnungslegung in Insolvenzverfahren, 第5版, Köln, 2002年, 1~3頁)。

第11章
ドイツ倒産法における債務超過の判定

1 はじめに

　一般に債務超過とは，現在負っている債務を企業が資産で弁済できない状況をいう[1]。この債務超過に関しては，ドイツ法では主として破産法との関係で論究されてきた。債務超過が破産原因の1つとして解されていたからである。ところが，1855年のプロシア破産法の制定以降，長い間継承されてきた破産法は，1994年の倒産法の制定に伴い，廃止されることになったのである。従来，この破産法のほかに和議法及び強制執行法が別々に制定されていた。しかし，破産の著しい増加及び和議法の実務上における実質的な意義の低下などの理由から，これらの3つの法律を統一した統一法としての倒産法が制定されたのである。この倒産法は1999年1月1日から施行されている。
　本章では，依然としてこの倒産法のなかでも重視されている債務超過の判定基準に関する注目すべき見解を検討することにしたい。

2 ドイツ旧破産法と債務超過

（1） 1855年プロシア破産法と債務超過

　ドイツでは16世紀末頃に普通法（Gemeines Recht）による破産手続が生まれた[2]。これは主として裁判上の慣習法としての性質を有しており，その法文化はなされなかった。この普通法はローマ法に基づいているが，しかし義務的システムに関しては17世紀後半以降スペインの Salgado de Samozas による

著書の影響も受けた。この普通法ではすべての人に対して財産不足（Vermögensinsuffizienz），すなわち債務超過が破産開始原因とみなされていた[3]。この場合，債権者がその破産原因の申し立てをするときには，債務者の財産及び債務の記録を作成しなければならず，債務者がその申し立てをするのは，債権者が債務超過を疑っている場合だけであった。いずれにせよ，ここでの債務超過の判定に際して，清算価値をベースとした財産評価が中心であったとされる[4]。

1855年にプロシア破産法が制定された。これは，1807年フランス商事法（Code de commerce）の影響を受けたものである。つまり，フランス商事法では商人に対して支払不能としての支払停止だけが破産原因とみなされていたのである。ただ，非商人については債務超過に際して民事訴訟法が適用され，債務者の弁済が行われた。プロシア破産法では，フランス商事法を基礎として次のように破産原因を規定したのである。すなわち，商人と非商人を区別し，商人に対してはフランス商事法と同様に債務者の支払停止を破産原因とみなすが（プロシア破産法第113条），非商人に対しては財産不足，つまり債務超過が従来通り破産原因とされたのである（プロシア破産法第322条）。なお，株式会社に関しては単に支払不能だけでなく，貸借対照表における債務超過もまた破産原因とされた。

支払不能を一義的な破産原因とした理由について，1855年プロシア破産法草案は次のように述べている。「商人については総じてその財産不足についての報告は問題となってはならない。……商人の財産は常に変動する。……このため，財産の十分性または不足に関する判断は除かれる。商人については，信用が決定的である。その前提は，支払債務の期限どおりの弁済である。[5]」

ただ，株式会社には既述の通り債務超過も破産原因とされた。その債務超過の判定に際してその当時の1843年プロシア株式法では明確な財産評価規定がなく，会社の定款で評価問題が強制的に規定されるにすぎなかった。この点についてゲッツ（J. Götz）は次のように述べる。「これは，株式会社において債務超過の確定が事情によっては部分的に継続価値に基づくことができたことを意

味する。1861年普通ドイツ商法の制定においてはじめて、再び評価の法文化（商法第31条）が行われたのである。これは、なるほど内容について定着がつかないまま制定されたが、しかしその後において清算を方向付けた評価規定として解釈されたのである。(6)」このゲッツの見解は債務超過の判定に際して従来の普通法における清算価値だけでなく、さらに評価規定の欠如を理由に継続価値に基づく可能性を示唆したものとして注目に値するといってよい。

（2） 1877年破産法と債務超過

ようやく1877年に破産法がドイツにおいて制定され、地域的な法適用の分裂が解消されることになった。これは基本的にはプロシア破産法を継承したが、但し商人と非商人との間における破産の区別を廃止した。その結果、商人及び非商人とも支払不能が破産開始原因に拡大され、この支払不能がすべての法形態に対する一般的な破産の前提条件となったのである。

この点に関して、1877年破産法理由書は次のように述べる。「債務者のすべての処分権限を解き、すべての財産を把握し、しかもただむなしく指をくわえていようとはしたくないすべての債権者に共通の清算への関与を必要とする1つの手続としては、あたかも債務超過の状況が正当であるかのように、一目で実際には思われるであろう。けれども、この見解は詳しく検討すると無理であることが示される。その原則の厳格な実施から生じる実践上の不備がすぐに現れる。財産不足の確定は破産債務者の資産の見積と、対照的な比較目的からその負債の検査を前提とする。破産債務者の好意的な協力と、重大な仮定及び前提がなければ、この種の財産概観はほとんど得られないはずである。破産債務者の全体における義務的関係について第三者の洞察が奪われる。積極財産の把握はしばしば異なる場所に分散している。その価値は持続的な変動を蒙る。景気の変動と未決の投機による思いもよらぬ損失はその時々で積極財産と消極財産との関係を変化させるが、しかしその基準となる時点の確定にとって基準となる時点はない。この欠点がその原則自体に対する疑問として加わる。破産は、個人的な債権者だけが関係しなければならない。しかし、彼らは財産の量

と直接的な請求権はなく，債務者の個人に対するそれでしかない。彼らが請求しなければならないのは弁済である。債権者がこの弁済を破産債務者の個人資産から，あるいは債務者になお与えられる信用から得られるかどうかはどうでもよい。信用が取引活動における財産である。[7]」

このように，支払不能が破産の一般的な原因となったのは，必ずしも理論的側面からではなく，もっぱら債務超過判定に関する実践的困難性にあったといわれる。

ただ，株式会社に関しては例外的に支払不能と並んで債務超過も依然として破産原因として従来通り踏襲された。その理由についてエシュリッヒ（A. Eschrich）は次のように述べる。「それに対して，1843年株式法は，期間ごとの貸借対照表作成を義務づけ，しかも監査役に提出されるべき貸借対照表が負債を填補するのに十分な財産の金額に達していない場合には，職権により破産開始を規定することによって，株式会社に対して開始手続を定めた。それによって，株式会社についてはその準備手続は不可欠であった。かくして，1855年の破産法は，それに関して債務超過による破産が堅持されたが，しかしその他の点では手間のかかる矛盾する財産検査の予備手続から離反したことだけが理解されるにすぎない。というのは，一般的な貸借対照表作成義務にその当時はさかのぼることができなかったからである。それは，1861年普通ドイツ商法の制定ではじめて導入された。その理由から，むしろ歴史的な法の発展からみて，株式会社における債務超過という破産原因は元来，この会社形態の責任関係から由来したものではなく，債務超過が本来的な破産原因としてすべてに対して適用されるその発生時点より受け入れられたと推測しうる。なぜならば，それは株式会社において適宜に確定について実践可能な1つの形であったからである。この仮定は，破産原因の区分の導入に際して何よりもまず実践性の考慮が決定的な影響を与えたのであり，原則的にそれほど法的考慮をしてはいないという事実を根拠とする。[8]」

この結果，株式会社に限り，債務超過も破産原因の1つとしてみなされ，その判定に際して，1855年プロシア破産法と同様に，決算で作成される商法上

の年次貸借対照表が用いられ，しかも破産法自体には債務超過判定のための会計基準はない点にその特徴がある[9]。特に後者の理由は，1861年普通ドイツ商法第31条で規定された「付すべき価値」に関して清算価値と解する見解がその当時では支配的であり，これはまさしく債務超過の判定目的に合致すると考えられたからである。

（3） 1884年株式法改正・1892年有限会社法制定・1897年商法と債務超過

このような債務超過と商事貸借対照表との緊密な関係について変化の兆しが現れてきたのが，1884年株式法改正と1892年有限会社法の制定である。

1884年株式法改正では資産すべてに関する取得原価を上限とする規定が明文化された（株式法第185a条）。1892年に制定された有限会社法では固定資産について取得原価を上限とする規定が設けられた（有限会社法第43条）。しかし，流動資産については商法第31条の規定，すなわち清算価値による評価が適用された。このように，取得原価に基づく両規定の財産評価の結果，年次貸借対照表規定による債務超過の判定に対する離脱の方向が示されたのである。

これに一層の拍車がかかり，年次貸借対照表と債務超過の緊密な関係の解消が決定的になったのは，1897年商法の制定である。1896年の商法第二次改正案第220条は，債務超過の判定に年次貸借対照表の作成で適用される規定が基準とならないという趣旨の内容であった。しかし，最終的にはこの案は採択されなかった。その理由は，実務において30年間にわたって株式法の規定に基づいて作成された貸借対照表により破産開始となったケースはなかったからである。1884年商法第240条とは異なる文言の一部修正が行われた[10]。これに関連してゲッツは次のように述べている。ほとんど過去と同一の文言にもかかわらず，「今や株式法上の計上及び評価規定が債務超過の判定にとって基準となるべきではないという新しい見解にとって十分であった。第二草案で予定されていたもっとより詳しい債務超過の定義の受け入れを放棄することによって，立法者は，商法第261条における株式法上の会計規定が別の領域には同じ

く適用可能でないと解釈されうることを単に回避しようとしたのである。独自の債務超過に関する会計システムに対する基盤はそれによって形成された。(11)」

（4） 文献上における債務超過の判定に関する見解
① 4つの見解

その後の文献においては，主として20世紀の後半頃から伝統的な清算価値に基づく債務超過の判定に関して異論が唱えられるようになった。その結果，債務超過概念自体が不確定な法律概念の様相を呈するに至ったのである。ゲッツはこれについて4つの異なる見解を明示している(12)。

第1の見解は，企業の清算の仮定による評価だけを想定するが，これは必ずしも直接的な解散を示唆する必要はないとするものである。第2の見解は，もっぱら企業の継続を想定するものである。第3の見解は，財産評価に関して清算の仮定及び継続の仮定の両者を重視し，そのうちで好ましからざる結果が債務超過となるとするものである。つまり，債務超過は一方で清算の仮定による破産手続を，他方で継続の仮定による和議手続をもたらすとする考え方である。これはいわゆる「累積的検査」（kumulative Prüfung）と呼ばれる。第4の見解は，財産評価において最善の戦略と，それによる二段階の評価プロセスを重視するものである。これによると，まず第1段階では企業の将来的存続力をそれに適した計算方法で，例えば資金計画書や収益価値の計算などによって検査する。次に第2段階では第1段階の結果いかんで清算または継続のいずれかを出発とするものである。

このような4つの見解において，「商事貸借対照表が債務超過の判定における不可欠な構成要素を形成しない点にだけ，広範囲な一致があった。けれども，すべてのタイプは，一部には文献上，債務超過の事実に対する完全な拒否への要求にすら通じるような重大なコンセプトの欠点を含んでいたのである。(13)」

② 修正二段階方式

このような様々な見解のなかで，新たに展開されたのがシュミット（K. Schmidt）が提唱する修正二段階方式（modifizierte zweistufige Methode）である。これは，すでに触れた第4のタイプにみられる二段階方式を修正したものである。この二段階方式では継続価値に基づく企業の存続の可能性に関する将来予測が直ちに企業の清算もしくは継続を決定すると解されていた。これに対して，修正二段階方式では，財産から生じるキャッシュ・フローの超過分という継続価値の測定と不可分な予測は，債務超過の判定における独立要素と解すべきであるという考え方に立脚するものである。その結果，シュミットは次の修正二段階方式を主張するのである。

ⓐ 清算価値に基づく債務超過の判定
ⓑ 支払能力の予測に基づく企業の存続の可能性に関する予測

すなわち，まず第1段階として清算価値に基づく債務超過の有無を判定する。それにより清算価値で評価された資産総額が負債総額を下回るときには，債務超過の必要要件を満たす。しかし，資産が負債を上回るときには，債務超過ではないと判定される。また，第1段階で資産が負債を下回り，債務超過の必要要件を満たしているときには，第2段階として企業の支払能力を予測して企業の存続の予測を判定するのである。その結果として企業の支払能力からみて企業の存続が見込まれるときには，債務超過ではないと最終的に判断される。これに対して，企業の支払能力からみて企業の存続が危ぶまれるときには，債務超過と判断されるのである。

要するに，すでに明示した二つの要件もマイナスの結果が生じたときのみ，債務超過とみなされるのである。したがって，企業の将来における支払能力の面で問題を含んでいるとしても，清算価値による財産評価の結果，資産が負債を上回るときには，債務超過ではないと判定される。また同じく清算価値による財産評価の結果，資産が負債を下回っても，企業の将来における支払能力に関して特に問題がなければ，債務超過ではないと判定されるのである。

3 ドイツ倒産法における債務超過

（1） 1985年倒産法委員会による債務超過 ── 三段階方式

1977年以降，倒産法の改革（Insolvenzrechtsreform）が盛んに議論されるようになった。そのなかで1985年倒産法委員会（Kommission für Insolvenzrecht）は倒産法草案のなかで次のような三段階方式を提案したのである[14]。

① 清算価値に基づいて債務超過を判定する。これ以外の段階が必要となるのは，資産が負債を下回る場合だけである。

② GoBに基づいて作成された商事貸借対照表において，自己資本がマイナスとなる。

③ ②の結果，自己資本がマイナスとなっていないときには，一定の期間内において企業収益力に関する回復の可能性を予測する。その結果，企業の収益力の回復が見込まれないときには，債務超過となる。

この三段階方式で注目すべきは，②のなかでGoBに言及して商事貸借対照表との連関を意識している点である。つまり，かつてのように商法上の貸借対照表に方向づけられた債務超過の判定への再接近である。この点についてゲッツは次のように述べる。「むしろ委員会は伝統的な商法上の計上及び評価規定に基づく貸借対照表を強制的な１つの構成要素として選択することにしたのである。1855年プロシア破産法及び1877年破産法の施行時期における株式会社に対する歴史的な債務超過の判定との類似性は，基準となる会計規定の変遷にもかかわらず，否定できない。というのは，商事貸借対照表にさかのぼらねばならないだけでなく，第１段階の検査での清算価値を通じて，歴史的に基準となる計上及び評価規定もまた組み込まれているからである。収益力の予測だけが１つの完全に新たな要素を形成する。[15]」

このように，1985年倒産法委員会草案によると，一方でかつてのように商事貸借対照表との関連性を重視し，他方で収益力の予測という独自の新たな計算要素を導入する点にその特徴があるといってよい。しかし，この三段階方式

はその後の立法草案には反映されなかった。その理由は，1988年討議草案 (Diskussionsentwurf) 及び1989年参事官草案 (Referententwurf) においてはいずれも継続の予測が決定的であるべきとする考え方が支配的となったからである[16]。

(2) 1992年政府草案及び1994年法務委員会における債務超過

このような事情から，1992年の政府草案 (Regierungsentwurf) では債務超過の定義に関しては，1988年の討議草案及び1989年の参事官草案と同一の文言であった。また，1994年の法務委員会 (Rechtausschuß) の審議では内容的に変更せずに，ただ文言の修正だけが実施され，債務超過は次のように定義されることになった。すなわち，「債務超過は，債務者の財産が現在の負債をもはやカバーしない場合に存する。けれども，財産評価に際して，企業の継続の確実性が高いときには，これが基礎づけられねばならない。」（法務委員会草案第23条2項）。

(3) 現行倒産法における債務超過
① 債務超過に関する法規制

これを受けて1994年にドイツ倒産法が正式に制定されたのである。これは1999年1月1日から施行されている。これによると，倒産手続はすべての自然人及びすべての法人の財産に関して開始することができる（倒産法第11条）。この倒産手続の申し立てをできるのは債権者及び債務者である（倒産法第13条1項）。但し，債権者が申し立てをするときには倒産手続の開始に対する法律上の利益を有しなければならない（倒産法第14条1項）。倒産手続の一般的開始原因は支払不能である（倒産法第17条1項）。また，債務者が支払不能の恐れがあるときにも倒産手続の開始原因となる（倒産法第18条1項）。但し，この申し立てについては債務者しかできず，債権者にはその申し立てはできない（第18条1項）。以下において，倒産法における債務超過に関する規定を示す。

倒産法第19条1項：法人については債務超過もまた倒産開始原因である。

270　第11章　ドイツ倒産法における債務超過の判定

　　　〃　　　2項：債務者の財産が現在の債務をもはや填補できないときに債務
　　　　　　　　　超過が生じる。けれども，債務者の財産評価において，企業の
　　　　　　　　　継続が事情により十分に確実であれば，それを基礎としなけれ
　　　　　　　　　ばならない。
　　　〃　　　3項：法人格のない会社においては，無限責任社員が自然人でない
　　　　　　　　　ときには，第1項及び第2項の規定を準用する。但し，無限責
　　　　　　　　　任社員から成るその他の会社において，無限責任社員が自然人
　　　　　　　　　であるときには，これは適用されない。

　この倒産法第19条3項から明らかなように，債務超過が倒産原因となるのは株式会社や有限会社などの法人と，無限責任社員が自然人でない法人格のない会社に限定される。つまり，債務超過の事実は，無限責任社員のいないことに対する調整（Ausgleich）であり，それは債権者保護に役立つ[17]。これに対して，自然人及び人的会社は無限責任制度を前提とするので，この債務超過を倒産原因とする必要はなく，倒産法第19条3項により，その規制の対象から除外される。

②　債務超過に関する二段階方式の採用

　倒産法第19条2項に基づく債務超過概念は，すでに触れた法務委員会草案を正式に法文化したものである。これは，以下に示すように債務超過の判定に関して新たに二段階方式を採用したものである。

　ⓐ　第1段階：企業の継続の見込みに関する判定
　ⓑ　第2段階：貸借対照表に基づく財産と負債の比較

　これに基づく債務超過の判定方法を図示すると，以下の通りである。
　図表11-1からわかるように，まず第1段階として将来の一定期間，具体的には当面2年間における企業の支払能力を予測する。その結果，将来の支払能力についてポジティブな結果が得られれば，第2段階として継続価値に基づくストックによる債務超過の状況が判定される。これにより資産が負債を上回っているときには債務超過ではない。またこれとは逆に資産が負債を下回っているときには，債務超過と判定される。これに対して，第1段階における将来の

図表 11−1　倒産法第 19 条に基づく債務超過の判定

```
            支払能力の意味における継続の見込み（予測）
            ┌─────────────────┴─────────────────┐
         ポジティブ                          ネガティブ              第1段階
            │                                  │                 ：期間要素
      継続価値による債務超過              清算価値による債務超過       第2段階
          の状況                            の状況                 ：時点要素
       ┌────┴────┐                      ┌────┴────┐
    資産＞債務  資産＜債務              資産＜債務  資産＞債務
    ┌─────┐  ┌─────────────────┐      ┌─────┐
    債務超過でない   債務　超　過         債務超過でない
```

出典：J. Götz, Überschuldung und Handelsbilanz, Berlin, 2004 年, 176 頁

　支払能力に関してネガティブな結果が得られたときには，第 2 段階として清算価値をベースとしたストックによる債務超過の状況が判断材料となる。それにより清算ベースでの資産が負債を上回っているときには，債務超過ではない。また資産が負債を下回っているときには，債務超過とそれぞれ判定される。

　このように，倒産法ではこのような二段階方式を採用したのである。その理由としてベッカー（P. Böcker）は次のように述べている。「修正二段階方式は清算価値を価値尺度として定め，予測を用いて将来問題を補った。おそらく，しばしば存在する計算的債務超過に基づいて，予測が法的債務超過問題に対して決定的な意義をもったのである。債務超過判定の重点が計算的財産不足から予測という不文律のメルクマールに移行した。方法上の信頼性が根拠づけられた。予測は単に貸借対照表の計数値に隠され，表面的にしか貸借対照表では客観的に示されずに裏づけられるにすぎないだけでなく，その固有の意義を有する。それは，債務超過が複雑性に基づいて簡単に貸借対照表から読みとることができないという理解に合致する。予測の意義を抑制することは，修正二段階方式の批判から生じる。[18]」

A　継続の予測

　企業の支払能力の予測が第 1 段階では重要となる。問題はこれをいかに測定するかである。ここでは一定期間内で企業が支払の補填をできるか否かがポイ

ントとなる。したがって，支払能力の予測に対する基盤は，将来のキャッシュ・フロー（zukünftige Zahlung）とみなされる。その1つの具体的な手掛かりとなるのは資金計画書である。この資金計画書だけではまだ不十分であり，それを補うのが予測損益計算書（Plan-Gewinn- und Verlustrechnung）と予測貸借対照表（Planbilanz）である。支払能力の予測期間は2年間を上限とする。

また，企業の継続の確実性が高いという場合，次の3つのケースが考えられる[19]。

ⓐ 企業継続の予測について確実性の程度が最も高い状況のケース
ⓑ 資金計画書において少なくとも収支の均衡がとれる状況の発生の可能性が50％を上回るケース
ⓒ 資金計画書の見積について，あらゆる状況を想定した資金計画を凝縮したケース

このうちでⓐにおいては，企業継続の予測に関する確率分布及びそれに応じたキャッシュ・フローが考慮されないという欠点をもつ。また，確率が50％のときの収入余剰はプラスの50が発生すると見込まれるけれども，その確率が40％のときの収入余剰はマイナスの80が見込まれるときには，ⓑとⓒとでは常に企業の継続を仮定して継続価値で評価されねばならない。というのは，確率が50％を超えているときにプラスの収入余剰が見込まれるからである。ところが，ⓒの場合には事情は異なる。確率60％に収入余剰のプラス50を乗じた値はプラスの30である。一方，確率40％に収入余剰のマイナス80を乗じると，マイナス32の値となる。その結果，両者を比較すれば，2だけマイナスの差額が生じる。そこで，ⓒでは企業の清算を前提として清算価値で評価されることになる。この点に関して，ゲッツはⓑよりもむしろⓒのほうがベターであるとみる。その理由は，確率面だけでなく，その確率に応じた金額面も併せて考慮することができるからである[20]。

ここで問題となるのは，将来における資金調達措置の取り決めがある場合である。つまり，他人資本にせよ自己資本にせよ，将来にもし資金調達の途が約束されているときには，それを考慮すべきか否かという問題である。この点に

関して，倒産申請を債務者が申し立てて，しかも継続の予測がポジティブではあるが，継続価値に基づく資産が負債に満たないときにだけ，それを考慮すべきであるとゲッツは主張する[21]。

B　債務超過貸借対照表の作成

　第2段階はもちろん債務超過を判定するための債務超過貸借対照表の作成である。ここで重要となるのはその作成時点である。通説はこれを債務超過の判定時点とみなし，すでに触れた第1段階の継続の予測時点とは別とみなす。その結果，この通説に従うと，債務超過貸借対照表に計上される項目の範囲及びその評価は商法上のそれとは異なる。しかし，通常は商事貸借対照表上の項目及び評価を出発点とし，それを修正する形で債務超過貸借対照表を作成する。

（イ）　継続の予測がネガティブな場合　第1段階における継続の予測がネガティブの結果となったときには，清算の仮定に基づく債務超過貸借対照表が作成される。このケースにおける財産評価は，企業の清算を指向するといっても，各財産の個別的売却価値を中心とする場合，資産全体の売却を想定する場合，両者をミックスさせる場合とが考えられる。但し，企業の即時解散を前提として評価する必要はない[22]。

　商法第272条1項2文及び3文の未払込資本請求権は，回収可能なときには資産化されねばならない。通常，開業費及び営業拡大費は換金可能でないので，資産化できない。買入のれんもしくは自己創設のれんの区別も必要はない。借方計算限定項目の計上は原則として否定されるが，しかし償還請求権があるときには計上できる。また，会社更生に伴って決定された自己資本の増加，株式法第302条の従う損失引受請求権も資産化できる[23]。

　引当金については，厳密にはその現在割引価値で評価する必要がある。また用心の原則から設定された引当金は，債務超過の判定には負債として計上されえない。退職給付引当金のうちで受給権が失効していないものは債務超過貸借対照表にその現在価値で計上されねばならない。しかし，受給権の失効しているものについては計上できない。社員が出資した消費貸借目的物の返済に対する債権は劣後的地位にあるけれども，負債化される[24]。貸方計算限定項目に

ついては清算時にその返済義務があれば，負債化されねばならない。

（ロ）　継続の予測がポジティブな場合　継続の予測がポジティブとなったときには，通説では用役潜在性（Nutzpotentials）の意味における利用可能性（Verwertbarkeit）が財産評価のメルクマールとなる。したがって，その倒産法における貸借対照表内容は事実上商事貸借対照表上のそれとおおむね類似する結果となる。ただ，このケースでの債務超過貸借対照表上の資産計上基準は利用可能性であるから，これを満たさない項目が商事貸借対照表のなかに計上されるときには，その項目は債務超過貸借対照表に計上できないのである。その典型が開業費及び営業拡大費といった貸借対照表擬制項目である。自己創設のれん又は買入のれんに関しては，通説では独自の利用可能性がなくとも，企業持分について売却に関する見込みがあり，しかもその実体価値（Substanzwert）を上回る売却収入額があるときには，例外的に債務超過貸借対照表に計上できる。借方計算限定項目については，基礎となる契約について事前に解消が可能で，償還請求権があるときにのみ債務超過貸借対照表に資産化できる。但し，倒産法第47条で定める取戻権のある資産は債務超過貸借対照表上の作成には原則として考慮されない。これに対して，債権者に対して別除権のある資産は債務超過貸借対照表に計上されねばならない[25]。

　一方，債務超過貸借対照表の貸方側にはすべての債務が計上されねばならない。但し，継続の予測の結果もまた計上に関して考慮される必要がある。引当金に関しては，その義務が確実なときにのみ計上される。偶発債務については，その行使が見込まれねばならない場合にのみ，負債化されねばならない。但し，このケースでは請求権もまた同様に資産化されねばならない。費用性引当金は対外債務としての性質を欠くので，債務超過貸借対照表には計上されない。

　債務超過貸借対照表には自己資本項目は計上されない。問題は，出資者が出資した消費貸借目的物の返済に対する債権の取扱である。これについては企業に対して劣後的債権にすぎなくとも，倒産手続に含めることが明文化されてい

る（倒産法第19条１項５号）。それは劣後的地位にあるにせよ，依然として倒産財団に対する請求権として文字通り債務たる性質を有するというのが，その主たる理由である[26]。それ故に，出資者が出資した消費貸借目的物の返済に対する債権が債務超過貸借対照表に計上されないのは，当該出資者がその債権放棄を明確に認めたときに限られるという見解がある。しかし，この考え方は文献ではかなり狭いとみなされた。そこで，通説では出資者と企業との間で劣後的地位の解除に関する取り決めがあれば，債権放棄がなくとも，それを債務超過貸借対照表に計上する必要はない[27]。

債務超過貸借対照表に計上されるべき資産及び負債の評価が次に問題となる。この点に関して継続の予測がポジティブなときには，実現原則に基づく取得原価評価及び不均等原則といった商法上の評価は除外される。また，アングロサクソン会計で重視される投資理論的側面から財産評価に対する現在割引価値による測定も一般に否定される。というのは，そこでは企業全体の収益価値を各資産に配分する必要があるため，恣意性の介入する恐れがあるからである。その実践性に困難が伴うことが予想されるというのが，その主たる理由である。そこで，通説では継続価値評価について再調達原価が重視される。それは，企業が各資産を事業目的に利用する際に同一物を再調達したと仮定したときに要するであろう現金支出額を意味する。この再調達原価による評価は，インプット・バリュー系統に属するもので，けっしてアウトプット・バリュー系統には属さない。但し，事業目的に必要ではない資産については例外的にその売却価値で評価されねばならないとする見解もある。

このような考え方に対して，ここでは債務超過の判定が問題であるから，継続価値をすべてアウトプット・バリュー系統で統一的に評価すべきとする見解もある[28]。例えば，固定資産はその売却収入額で評価すべきとすると解される。さらに，継続価値による評価に関しては，客観性の面から商法上の評価額を上限とする見解もある。これに従うと，「債務超過の状況における継続価値として商法上その時々での上限として認められる評価が許容される。継続の仮定は，清算の仮定に対して改善をもたらし，何ら清算に条件づけられた負債が

計上されてはならず，商法上の上限となっている評価を下回る財産の評価減は必要でないことを意味するであろう。[29]」その結果，この見解では固定資産の取得原価に基づく簿価が100,000ユーロ，その清算価値が50,000ユーロのときには，商法上の100,000ユーロが継続価値とみなされる。一方，清算価値が150,000ユーロのときには，この金額で債務超過貸借対照表に計上することが許容される。

負債に関しては，原則としてその返済額で評価される。但し，長期無利息債務及び退職給付引当金はその現在割引価値で評価される。但し，第三者の請求権について現在割引価値で評価することに批判的見解もある。その理由は次の3点である。第1に財産は一般に現在割引価値で評価されておらず，この面で資産及び負債の評価に関する統一性に欠ける点である。第2に，割引価値計算を導入すると，債務超過の予測期間が2年であるという制限を超え，予測期間の拡大につながる点である。第3に，継続がポジティブな場合には，契約に準拠した処理に基づいて現在割引価値評価を要求する清算価値の仮定は矛盾する。

これ以外の各項目について簡単に触れる。開業費もしくは営業拡大費あるいは借方繰延税金といった貸借対照表擬制項目に関しては，企業の継続すべき部分に含められねばならないとしても，債務超過貸借対照表には計上できない。但し，貸方繰延税金は負債に計上されねばならない。未払込資本請求権については，商事貸借対照表において資産化もしくは表示資本金の控除として処理されているかにかかわらず，出資者の支払能力に応じて債務超過貸借対照表に計上される。自己株式は，その売却が予定されていないときには債務超過貸借対照表には計上されない。

このように，倒産法上，継続の予測がポジティブな場合には，修正された商事貸借対照表が債務超過貸借対照表の判定に利用されるのである[30]。

③ **継続の予測に関する具体的事例**

いま，倒産法に関する有名なコンメンタールのなかで例示されている継続の予測の事例を取り上げる。

3 ドイツ倒産法における債務超過 277

　ある有限会社は前期末における資本金の2分の1を失ってしまったときには，遅滞なく株主総会を開催しなければならない（有限会社法第49条3項）。この資本金の減少は債務超過の判定を実施することに対する要因となるはずである。そこで，以下のような当期及び翌期に関する予測キャッシュ・フロー計算書と予測損益計算書がその確率に即して作成される。

　この図表11－2に基づくと，資本需要予定額控除後キャッシュ・フローに関してマイナスの結果が生じるのは，Z_{12}, Z_{22}, Z_{23}, Z_{24} である。年度剰余額は Z_{23}, Z_{24} でマイナスとなる。このような資本需要予定額控除後キャッシュ・フローを中心とした予測情報だけから，企業の支払能力を判定することはできない。その理由は，資本需要の填補に対するそれ以外の可能性がいくつかあるからである。例えば，流動資金の期首残高，事業営業活動に必要でない資産の売

図表11－2　資金計画書と予測損益計算書

起こりうる環境状況	当期		翌期			
	Z_{11}	Z_{12}	Z_{21}	Z_{22}	Z_{23}	Z_{24}
発生の確率	0.4	0.6	0.3	0.7	0.4	0.6
資金計画書						
売上高	420	360	410	350	300	280
－) 材料費及び労務費	200	190	210	190	180	180
－) 受取債権の変動	5	4	5	3	4	2
税引後営業キャッシュ・フロー	215	166	195	157	116	98
－) 投資支出	50	40	50	40	40	40
－) 利息支払	57	57	49	49	49	49
－) 借入金返済	80	80	80	80	80	80
資本需要予定額控除後キャッシュ・フロー	28	－11	16	－12	－53	－71
予測損益計算書						
売上高	420	360	410	350	300	280
－) 材料費及び労務費	200	190	210	190	180	180
－) 減価償却費	100	100	100	100	100	100
－) 支払利息	57	57	49	49	49	49
年度剰余額	63	13	51	11	－29	－49

出典：J. Drukarczyk・A. Schüler, Überschuldung, in: Münchener Kommentar zur Insolvenzordnung, 第1巻, München, 2001年, 所収, 348頁

却，債権者からの信用供与，短期他人資本の長期他人資本への転換，流動資産，とりわけ債権のファクタリング，自己資本の追加出資などがそうである。

図表11—3は予測貸借対照表とそれに伴う自己資本の推移を示したものである。また，図表11—4は図表11—2及び図表11—3の予測データを用いて当期及び翌期の資金計画書，予測損益計算書及び予測貸借対照表，そして自己資本の推移を総括したものである。

この図表11-4に関して予定資本流入及び投資支出後キャッシュ・フローつ

図表11—3 予測貸借対照表と自己資本の推移

起こりうる環境状況		当期		翌期			
		Z_{11}	Z_{12}	Z_{21}	Z_{22}	Z_{23}	Z_{24}
発生の確率	前期	0.4	0.6	0.3	0.7	0.4	0.6
予測貸借対照表							
積極							
固定資産	550	500	490	450	440	430	430
流動資産							
受取債権	30	35	34	40	38	38	36
現金	0	5	0	5	5	0	0
貸借対照表合計	580	540	524	495	483	468	466
消極							
自己資本							
資本金	10	50	34	50	62	58	56
準備金	0	0	0	35	11	0	0
他人資本	570	490	490	410	410	410	410
貸借対照表合計	580	540	524	495	483	468	466
自己資本の推移							
年度剰余額		63	13	51	11	−29	−49
準備金振替		0	0	35	11	0	0
配当		23	0	16	0	0	0
資本金変動		40	24	0	12	24	22
最低自己資本の補充による増加		40	13	0	0	0	0
損失による減少		0	0	0	0	−29	−49
出資金による資本増加		0	11	0	12	53	71

出典：J. Drukarczyk・A. Schüler，前掲論文，349頁

3 ドイツ倒産法における債務超過　279

図表11−4　予測価値による資金計画書・予測損益計算書・予測貸借対照表

資金計画書	当期	翌期
売上高	384,0 ※1	320,0 ※2
−材料費及び労務費	194,0	186,4
−受取債権の変動	4,4	3,1
=純営業キャッシュ・フロー	185,6	130,5
−投資支出	44,0	41,2
−利息の支払	57,0	49,0
−負債の返済	80,0	80,0
資本需要予定額控除後キャッシュ・フロー	4,6	−39,7

※1　$420 \times 0.4 + 360 \times 0.6 = 384$
※2　$0.4 \times 0.3 \times 410 + 0.4 \times 0.7 \times 350 + 0.6 \times 0.4 \times 300 + 0.6 \times 0.6 \times 280 = 320$

予測損益計算書		
売上高	384,0	320
−材料費及び労務費	194,0	186,4
−減価償却費	100,0	100,0
−支払利息	57,0	49,0
年度剰余額	33,0	−15,4

予測貸借対照表	前期	当期	翌期
積極			
固定資産	550	494,0	435,2
流動資産			
受取債権	30	34,4	37,5
現金	0	4,6	0,0
合計	580	533,0	472,7
消極			
自己資本			
資本金	10	43,0	62,7
準備金	0	0,0	0,0
他人資本	570	490,0	410,0
合計	580	533,0	472,7
自己資本の変動			
準備金の設定		0,0	0,0
配当金		0,0	0,0
資本金の変動		33,0	19,7
最低自己資本の補塡による増加		33,0	0,0
損失による減少		0,0	−15,4
出資による資本増加		0,0	35,1

出典：J. Drukarczyk・A. Schüler, 前掲論文, 352頁

まり，資本需要予定額控除後キャッシュ・フローはプラス4.6であり，これが予測貸借対照表上の現金在高となっている。さらに当期末に予想される年度剰余額33が資本金に計上されている。その結果，予測貸借対照表上の資本金は前期末の10にこの33を加えて43となっている。また，翌期に関しては資本需要予定額控除後キャッシュ・フローがマイナス39.7と予想され，資本調達が必要とされる。加えて，年度剰余額はマイナス15.4である。それに伴い，新たに出資者の資本増加に対する要請として増資を35.1だけ実施し，翌期に予想される損失を填補した後の残額を資本金とすると，それは当期末の19から翌期には19.7だけ増加して翌期末には62.7となる見込みである。

　一般に，予定資本流入及び投資支出後キャッシュ・フローが50％を上回る確率でポジティブであるときには，企業の継続とみなされる。ところが，このケースでは翌期にこの値がマイナスの39.7と予想され，それを補填する財源として当期中の現金在高の増加（4.6）と翌期の増資（35.1）を想定している。問題は，この新たな資本調達たる増資の可能性に対する確実性の程度である。この確実性が高いときには企業の継続と判定されるのに対して，その確実性が低いときには企業の清算を視野に入れねばならない[31]。但し，このような例示した資金計画書に基づく債務超過の判定を実施するためには，多くの中小企業にはかなり煩瑣であり，またその適用に対する会計規定の整備が前提となるはずである。しかし，現在ではそれは存在しておらず，その意味で実務上の適用は難しい[32]。そこで，それに取って代わって実務上適用可能な代替案が必要となる。

　その1つの適用指針として次の考え方がある。それは2年間にわたる資金計画書の差額（Finanzplanüberschuss）を用いた方法である。そこでは4つのパターンが考えられる[33]。

　ⓐ　2年間にわたって支払能力に問題がない。ここでは当然，企業の継続を想定する。
　ⓑ　当期には支払能力があるが，しかし翌期には支払能力がない。
　ⓒ　当期には支払能力はないが，翌期には支払能力がある。

図表11—5 債務超過の判定

当期 (t_1)	翌期 (t_2)	継続の予測	債務超過貸借対照表
(1) $NCF_1>0$	$NCF_2>0$	ポジティブ	継続価値
(2) $NCF_1>0$	$NCF_2<0$	$NCF_1(1+iA^*)+NCF_2\geqq0$ であれば，ポジティブ	継続価値
		$NCF_1(1+iA^*)+NCF_2<0$ であれば，ネガティブ	清算価値
(3) $NCF_1<0$	$NCF_2>0$	$\dfrac{NCF_2}{1+iV^{**}}+NCF_1\geqq0$ であれば，ポジティブ	継続価値
		$\dfrac{NCF_2}{1+iV^{**}}+NCF_1<0$ であれば，ネガティブ	清算価値
(4) $NCF_1<0$	$NCF_2<0$	ネガティブ	清算価値

* iA：投資利子率，** iV：信用利子率
出典：J. Drukarczyk・A. Schüler，前掲論文，354頁

ⓓ 2年間にわたって支払能力がない。このため，ここでは継続の結果はネガティブである。

この4つのパターンに関して2年間を別々に取り扱うのは意味がない。その理由から，連続的な2年間にわたる総合的判断が必要となる。図表11—5が純キャッシュ・フローを用いたその具体的な判定方法である。なお，NCFは純キャッシュ・フローの略である。

この図表11—5の(2)のケースの場合，継続の予測にあたって $NCF_1(1+iA)$ が示されている。これは当期の NCF_1 に対する翌期の利息要素を加味したものである。一方，(3)の継続の予測に関して $NCF_2/1+iV$ が示されている。これは翌期の NCF_2 を現在価値に割り引いた値を意味する。

4 むすび

以上の要旨を整理すれば以下の通りである。

第1に，ドイツ旧破産法の出発点は1855年プロシア破産法である。そこでは商人に関しては1807年フランス商事法と同様に支払不能が新たに破産原因

となったが，しかし非商人に関しては中世以降の普通法と同様に債務超過が破産原因とみなされた。但し，株式会社については支払不能及び貸借対照表による債務超過のいずれも破産原因とみなされた。1877年破産法の制定に伴い，プロシア破産法上の商人・非商人の区別は廃止され，両者とも支払不能が破産原因に拡大され，すべての法形態における一般的破産要件となった。但し，株式会社に限って例外的に債務超過も破産原因とされ，その判定に商事貸借対照表が用いられた。つまり，債務超過の判定と商事貸借対照表とが当初は密接な関連性を有していたのである。

第2に，この関連性に変化の兆しが生じたのは，1884年株式法改正及び1892年有限会社法の制定と1897年商法の制定である。そこでは債務超過の判定に際して取得原価を中心とした商法上の貸借対照表を用いるべきではないとする見解が示されたからである。その後，文献上この債務超過の判定をめぐって様々な見解が主張され，債務超過概念自体が不確定な法律概念の様相を呈するに至ったのである。このような状況のなかで1980年代を中心に展開され，通説を形成したのがシュミットの修正二段階方式である。これは判例にも用いられ，大きな影響力をもつようになったのである。ここでもまた，依然として債務超過の判定に際しては商事貸借対照表の連関は全く想定されていないのがその特徴である。

第3に，1985年倒産法委員会は債務超過の判定に際して三段階方式を提唱した。そのなかで第2及び第3段階として商法上の会計規定との関係を意識して再び商法上の計上及び評価規定をベースとした債務超過の判定方法を明示したのである。しかし，この見解は最終的には採用されなかった。結局，1994年に従来の破産法・和議法・強制執行法の3つの法律を包括したドイツ倒産法の制定に際しては，その当時の通説であった修正二段階方式に代えて新たに二段階方式が採用されることになったのである。

第4に，この現行倒産法が採用した二段階方式では，第1段階として期間要素に着目して企業の継続の見込みに関する支払能力の判定が実施される。次に第2段階として第1段階の結果に応じて時点要素に着目した貸借対照表に基づ

く資産と負債の比較により，いわゆる債務超過貸借対照表の作成を通じて債務超過が判定される仕組みになっている。継続の予測に関してはネガティブの結果が生じたときには，清算ベースでの債務超過の有無が判定される。これはまさしく清算を予定した静的会計そのものにほかならない。これに対して，継続の予測についてポジティブの結果が得られたときには，継続価値をベースとした債務超過貸借対照表を通じて債務超過の有無が判定される。

　第5に，この継続価値をベースとした債務超過貸借対照表の作成にあたって，いわゆる年次決算書を構成する商事貸借対照表との連関が再び問題となるのである。別言すれば，継続の予測がポジティブな場合には，この商事貸借対照表が原則として債務超過貸借対照表作成の出発点を形成するのである。但し，両者は必ずしも全く同一というわけではない。というのは，商事貸借対照表に計上される各項目及びその評価に関して債務超過の判定からみて不適切な部分も含まれているからである。すなわち，商事貸借対照表においては強制的もしくは任意的な秘密積立金及び秘密負担金が設定されるし，他方で厳密な資産もしくは負債としての要件を満たさない項目が計上されているからである。その意味で，債務超過の判定に際して商事貸借対照表を修正する必要がある。いずれにせよ，継続価値をベースとした商事貸借対照表を出発点として債務超過貸借対照表の作成を通じて債務超過の判定を実施する点に大きな特徴があるといってよい。そして，この点にもまた清算ベースによる債務超過貸借対照表と同様に静的会計との接点を見出すことができるのである。資産及び負債の範囲とその財産評価は清算ベースとは異なるにせよ，その実質的内容は明らかに財産貸借対照表を指向する点で，静的会計に属する会計手続と解しうるのである。

　要するに，ドイツ倒産法における債務超過の判定方法のなかに静的会計との明確な接点を見出すことができるのである。

　ただ，このようなドイツ倒産法における債務超過の判定方法に関しては，問題点もある。

　第1に，例えば企業の支払能力の予測に関してである。ここではその予測に

際して将来のキャッシュフローを見積もる必要がある。そのために資金計画書や予測損益計算書及び予測貸借対照表もまた考慮しなければならない。しかも，その予測が少なくとも2年間不可欠となる。したがって，このような企業の支払能力の予測に関して将来事象を含むかなり不確定要素が前提となる。それ故に，理論上はともかく，実務上そのような方法で第1段階における債務超過の判定に客観性が得られるかどうかはやや問題である。この点は今後の判例の推移を見守る必要があろう。

　第2に，この企業の支払能力の予測についてポジティブな結果が得られた場合，継続価値に基づく債務超過貸借対照表の作成としての第2段階に関してである。

　ここでもまた第1段階と同様に若干問題を含んでいる。基本的に企業の継続を前提としたときの債務超過貸借対照表は商事貸借対照表をベースとし，それに修正を加えて作成される。その場合，負債については倒産請求権となりうる法的債務性を有する項目に限定される。これに対して，資産については法的権利としての側面はなくとも，買入のれんのようにキャッシュ・インフローをもたらしうる項目はオンバランスされるが，貸借対照表擬制項目はオフバランスとなる。

　このようにみると，債務超過貸借対照表における資産計上基準と負債計上基準とは必ずしもパラレルな関係にはないようにみえる。その理由は次の通りである。負債に関しては原則として企業の支払能力の予測がネガティブな場合には，清算を前提とした債務超過貸借対照表上の債務に限りなく接近する。これに対して，資産計上基準に関しては，商事貸借対照表上の原価主義に基づく借方項目をベースとしながらも，一方でキャッシュ・インフローをもたらす項目を加え，抽象的な用役潜在性をもたない項目を削除するのである。このような資産項目のなかには，インプット・バリュー系統の項目と，アウトプット・バリュー系統の項目とが混在していることになる。継続企業の貸借対照表はこのような混在化した形での資産項目から構成されるのである。

　しかし，例えば貸借対照表擬制項目のなかにも，将来のキャッシュ・インフ

ローをもたらすことが確実なものがあれば，それを継続ベースでの債務超過貸借対照表にも計上する必要があろう。また，その負債に関しても単に倒産法を適用した場合の法的債務性のある項目だけでなく，企業の継続を前提としたときには，それ以外の純会計的負債に属する項目も計上する必要があろう。また，債務超過貸借対照表を倒産法における債務超過の判定の必要なときにだけ作成する代わりに，毎期の決算時点であらかじめ例えば財産目録を通じて企業の継続の場合と清算の場合にそれぞれ分けて情報提供の一環として企業に開示させるのも一考であろう。

　いずれにせよ，ドイツ倒産法における債務超過の判定方法は，わが国でも債務超過を考えるうえで無視できない。その意味で，ドイツ倒産法における債務超過の判定方法の今後の推移を十分に見守る必要がある[34]。

〔注〕
（1）　安藤英義「株式会社の債務超過の判定問題」『會計』第155巻第5号，平成11年5月，2頁。なお，主としてドイツ法における債務超過問題については，野村秀敏『破産と会計』信山社，平成11年が詳しい。
（2）　A. Meier, Die Geschichte des deutschen Konkursrechts, inbesondere die Entstehung der Reichkonkursordnung von 1877, Frankfurt am Main, 2003年，57頁。
（3）　J. Götz, Überschuldung und Handelsbilanz, Berlin, 2004年，37頁。
（4）　J. Götz, 前掲書注（3），40頁。
（5）　A. Eschrich, Bilanzierung als Instrument zum Schutze von Gläubigern, München, 1969年，34頁。
（6）　J. Götz, 前掲書注（3），45頁。
（7）　A. Eschrich, 前掲書注（5），35～36頁。
（8）　A. Eschrich, 前掲書注（5），37～38頁。
（9）　J. Götz, 前掲書注（3），49頁。
（10）　この点に関して同様の趣旨をシュタウブ編のコンメンタールは次のように明確に述べている。「しかし，第240条第1項の基礎となる貸借対照表の目的は，会社の財産がどのくらいあるかを把握することを目的としている。ここでもまた，真実価値を計上せずに，利益分配について規定されている尺度を適用しようとすれば，それは法の趣旨並びに実情に反するであろう。さらに，立法者はその規定を削除しようとしたこ

とが加わる（ジモンに関する生成史と、なるほど文言上は第240条第2項についてだけ言及するが、しかし2つの項とも意味あるように解しようとする草案理由書151頁参照）。このため、法は、旧第240条のように、"貸借対照表により"ということも表現せずに、"貸借対照表の作成に際して"と表現する。この表現方法が選ばれたのは、草案理由書が指摘するように、第261条第1号及び第2号の規定が適用されうるという見解を防止するためである。"作成に際して"等の文言が完全に同時並行的な第240条第1項及び第2項の規定がそれぞれの場合で別々に解釈されねばならないのは最終的に許されない。第2項については、第261条第1号及び第2号の規定が適用されえないことは議論の余地はない。」(Staub's Kommentar zum Handelsgesetzbuch, 第1巻、第9版、Berlin, 1912年、897頁。) これについては、すでに安藤教授の指摘がある（安藤英義、前掲論文注(1)、9頁）。

(11) J. Götz, 前掲書注(3), 58頁。
(12) J. Götz, 前掲書注(3), 60~61頁。なお、野村教授は、ドイツ法における債務超過の判定方法として、清算価値説、継続価値説、累積適用説、そして効用価値説の4つを指摘し、これらを比較検討した結果、クラール(M. B. Klar)の主張する効用価値説を支持する（野村秀敏、前掲書注(1), 85頁以下）。
(13) J. Götz, 前掲書注(3), 61頁。
(14) J. Götz, 前掲書注(3), 65頁。
(15) J. Götz, 前掲書注(3), 65~66頁。
(16) J. Götz, 前掲書注(3), 66頁。
(17) P. Böcker, Die Überschuldung im Recht der Gesellschaft mit beschränkter Haftung, Baden-Baden, 2002年, 37頁。
(18) P. Böcker, 前掲書注(17), 82~83頁。このベッカーと同一趣旨の内容を倒産法のコンメンタールは次のように述べている。「継続の予測による出発から独立して一般に貸借対照表による資産負債比較が実施されねばならない。予測の出発は、資産及び負債がいかに評価されねばならないかについてだけ決定する。それによって、原則としてかつての修正二段階方式の状況が達成される。この状況に対する前進が得られるのは、継続の予測の義務的要素が具体化され、しかも継続価値を導くときに、より大きな明確性が形成されるときである。」(J. Drukarczyk・A. Schüler, Überschuldung, in : Münchener Kommentar zur Insolvenzordnung, 第1巻、München, 2001年、所収、343頁)
(19) J. Götz, 前掲書注(3), 179~180頁。
(20) J. Götz, 前掲書注(3), 182頁。

(21) J. Götz, 前掲書注（3），185頁．
(22) J. Götz, 前掲書注（3），188頁．
(23) J. Drukarczyk・A. Schüler, 前掲論文注(18)，358頁．
(24) J. Drukarczyk・A. Schüler, 前掲論文注(18)，360〜361頁．
(25) J. Götz, 前掲書注（3），189〜190頁．
(26) J. Götz, 前掲書注（3），191頁．
(27) J. Götz, 前掲書注（3），192頁．
(28) 各資産の再調達原価評価の合計額と，企業が将来にもたらすキャッシュ・フローとしての企業価値との間には，必ずしもパラレルな関係がないので，前者を用いることには問題であるという考え方である．具体的には，前者が後者を上回るときには，前者の金額で会社の財産対価を支払わないであろう．また，逆に前者が後者を下回るときには，会社の財産を売却しないであろうからである（J. Drukarczyk・A. Schüler, 前掲論文注(18)，362頁）．

なお，2005年以降，EU諸国では連結財務諸表の作成に際してIFRSが義務づけられる．個別財務諸表の作成にIFRSを適用するにはEU諸国の選択権がある．個別財務諸表の作成に対するIFRSの適用は，ゲッツに従うと，現行倒産法の会計処理に基本的に合致すると解される．そこで，IFRSを用いて彼は以下に示すような債務超過の判定を主張する．すなわち，第1段階として現行倒産法と同様に継続を予測する．次に第2段階として継続の予測がポジティブな場合には，IFRSと収益力の測定にともなう自己創設のれんを加味した債務超過貸借対照表の作成を通じて債務超過の有無が判定される．これに対して，継続の予測がネガティブな場合には，清算価値をベースとした債務超過貸借対照表の作成を通じて債務超過の有無が判定される．継続の予測がポジティブなときに収益力に関する自己創設のれんを含めたのは，債権者の請求権が将来的に価値減少する可能性があるかを考慮する目的からである（J. Götz, 前掲書注（3），332〜333頁）．

その結果，継続の予測がポジティブなときには，①各資産合計とプラスの自己創設のれんの合計が債務合計を上回るか，あるいは各資産合計が各債務合計とマイナスのれんの合計を上回るときには，債務超過ではないと最終的に判定される．これに対して，②各資産合計とプラスの自己創設のれんの合計が債務合計を下回るとき，あるいは各資産合計が各債務合計とマイナスのれんとの合計を下回るときには，債務超過と判定される（J. Götz, 前掲書注（3），330頁）．

(29) G. Förschle・K. Hoffmann, Verlustanzeigebilanz und Überschuldungsbilanz, in : D. Budde・G. Förschle 編, Sonderbilanzen, 第3版, München, 2002年, 所収, 591頁．

(30) J. Götz, 前掲書注（3），188～189頁及び P. Böcker, 前掲書注(17)，106～109頁参照。

　なお，ベッカーは継続の仮定のもとでの会計上の債務超過に関する判定方法として以下の方法を指摘する。1つめは，既述の通り商法上の評価方法を利用する考え方である。但し，商法の貸借対照表そのものではなくて，その一部を修正する見解が一般的である。2つめは実体価値法（Substanzwertmethode）を用いる考え方である。ここで実体価値とは，評価すべきものと同一の技術的給付能力を有する企業を設立したと仮定したときに要するであろう支出額を意味する。この見解のなかでは再生産価値を重視する見解が支配的である。これ以外に，広義の実体価値という考え方もある。これによると，一部の項目については再生産価値と，貸借対照表には計上されない資産に対する見積による再生産原価との合計が総生産価値とみなされる。3つめは，収益価値を用いる考え方である。いうまでもなく，これは企業の全体価値を重視するものであり，将来の見積純収益額を一定の資本還元率で割り引いて算出される。4つめは，実体価値と収益価値をミックスした結合法（Kombinationsmethode）である。これには，さらに実体価値と収益価値との平均値を用いる見解，自己創設のれんの償却を予定する見解，実体価値とのれんの合計が企業価値を形成するとみる超過利益法に着目する見解，割引キャッシュ・フローを重視する見解などがある（P. Böcker, 前掲書注(17)，58～73頁参照）。

(31)(32) J. Drukarczyk・A. Schüler, 前掲論文注(18)，353頁。

(33) J. Drukarczyk・A. Schüler, 前掲論文注(18)，354頁。

(34) オーストリア破産法第67条1項では，ドイツ倒産法と同様に有限責任を前提とする商事会社において，債務超過は破産開始原因である。但し，債務超過の判定に関しては既述の修正二段階方式が主流を形成している（E. Feil, Konkursordnung, 第5版，Wien, 2004年，502～503頁，G. Seicht, Gläubigerschutz, Bilanz und insolvenzrechtliche Überschuldung, in : U. Wagner, 編，Zum Erkenntnisstand der Betriebswirtschaftslehre am Beginn des 21. Jahrhunderts, Festschrift für Erich Loitlsberger zum 80. Geburtstag, Belin, 2001年，所収，300～301頁）。なお，ザイヒト（G. Seicht）は企業の継続に方向づけられた債務超過の判定に際して将来収入の現在割引価値による収益価値を用いるべきであると主張する（G. Seicht, Irrtümer und Fehler in der Praxis der Feststellung der „Zahlungsunfähigkeit" und der „Überschuldung", in : Jahrbuch für Controlling und Rechnungswesen, 2000年，所収，33頁）。

第12章
ドイツ倒産法における支払不能の判定

1 は じ め に

　第11章で触れた通り，従来ドイツにおいて破産法，和議法及び強制執行法が別々に規定されていた。ところが，1994年にこの3つの法律は統一法としての倒産法に継承され一本化されることになり，1999年からこの倒産法は施行されている。これに伴い，ドイツにおいて1877年に制定され，それ以降伝統を形成していた破産法は廃止されたのである。本章では，倒産法のもとで制定されている支払不能及びそれに関係して新たに導入された支払不能の恐れに関する概念及びその判定方法について検討することにしたい。

2 支払不能及び支払不能の恐れに関する法規定

(1) 旧破産法の規定

　ドイツでは16世紀末に普通法による破産手続が生まれた[1]。これは主として裁判上の慣習法としての性質を有しており，その法文化はなされなかった。この普通法ではいわゆる債務超過が破産開始原因とみなされていた。
　1855年プロシア破産法は1807年フランス商事法の影響を受けて商人に関しては債務者の支払不能をもって破産開始原因と規定した（プロシア破産法第113条）。但し，非商人に関しては従来通り債務超過を破産開始原因として踏襲したのである（プロシア破産法第322条）。
　1877年のドイツ破産法においては，商人及び非商人のいかんを問わず，支

払不能が一般的な破産開始原因となった（1877年破産法第94条）。ただ，株式会社に限っては支払不能と並んで債務超過も引き続き破産開始原因とみなされた（1877年破産法第193条）。

その後，この破産法は20世紀に入ってから幾度か部分改正された。そして，1994年倒産法が制定される直前の旧破産法第102条では支払不能について以下のように規定していた。

> 旧破産法第102条1項：破産手続の開始は破産者（Gemeinerschulder）の支払不能を前提とする。
>
> 同条2項：支払不能は支払停止（Zahlungseinstellung）が生じたときに特に想定されねばならない。

問題は，この旧破産法第102条で規定する支払不能の実質的内容である。この点について判例及びコンメンタールでは，まず第1にこの支払不能は単なる支払遅滞（Zahlungsstockung）から区別される。つまり，債務者が単に個々の債務について一時的に支払の履行をしていないが，しかし信用により十分な資金を調達できる場合がこの支払遅滞に該当する。この支払遅滞は破産原因としての支払不能から区別されるのである。この両者の区別において重要となるのが，支払が継続的に行われるかどうかである[2]。第2に，留意すべきは支払不能と支払停止との関係である。この点に関して債務者が支払期限の到来している義務の重要な部分を成し，かつ債権者が真剣に請求している債務をもはや支払うことができないときに，支払不能となる。つまり，支払不能の条件は，債権者が真剣な請求をしていること（ernsthafter Einfordern），さらに支払の履行ができない当該債務が債務全体のなかで重要な部分を占めていること（Wesentlichkeit），この2点である[3]。逆にいえば，この2つの要件のいずれかあるいは両方を欠くときには支払停止にすぎず，まだ支払不能ではないのである。これが倒産法制定直前までの旧破産法における支払不能の実質的内容であったのである。

(2) 倒産法の規定
① 支払不能の内容

1994年に成立し，1999年から施行されている倒産法は，支払不能について次のように規定している。

倒産法第17条1項：(倒産手続の一筆者挿入) 一般的な開始原因は支払不能である。

同条2項：債務者が支払期限の到来している支払義務を履行できないときに，支払不能である。支払不能は，債務者が自己の支払を停止したときに原則として想定されねばならない。

この倒産法第17条でいう支払不能の内容は必ずしも前述の旧破産法上のそれと同一ではないといわれる。その第1の理由は，まず支払遅滞との区別に関してである。たしかに倒産法においてもまた単に支払遅滞は直ちに支払不能とはみなされない。その意味では，支払不能の継続性という要件は依然として保たれている。しかし，「事実上，せいぜい2〜4週間の短期的な非流動化だけが取るに足らない支払遅滞であるはずである。それによって支払不能の重点は以前に強調されたそれよりも長い期間の非流動性から，時点的流動資金不足 (Zeitpunktilliquidität) に推移する。債務者はきわめて短期間内で実際の資金調達によってのみ，支払不能を回避しうるにすぎない。[4]」このように，支払遅滞の存在は依然として認められるものの，その期間が従来に比して短縮化される方向が示されているのである。

第2に，従来支払不能の要件から除外されていた債権者による"真剣な請求"が倒産法では除かれることになった[5]。その結果，これまで債権者が支払を持続的に十分に要求しなかった場合の暗黙上の支払猶予は支払不能から排除できなくなったのである。それ故に，支払不能時点は早まった。

第3に，債務の重要性という要件もまた倒産法では支払不能の要件から除かれることになった。それに伴い，支払不能は厳格になったのである。「立法者は，それによって支払不能を制約的に解釈するという以前の要因であった従来の定義における不確実性に関するその他の原因を取り除く。債務者は，自己の債務の少ない部分ですら支払えないときには，すでに支払不能である。[6]」

この3つの理由から既述の支払不能に関する要件はいずれも倒産法において取り除かれることになったのである。この点に関してベッカー（P. Böcker）は次のように述べる。「支払不能概念が簡潔となり強化され明確となり，解釈及び判断の余地が狭められたことは歓迎されねばならない。その結果，それが支払不能の測定可能な前倒しとなるかどうかについてはまだ正確には予測できないとしても，それは少なくとも理論上より簡素化され，しかも従来よりも早く想定されうる。(7)」

② 支払不能の恐れの内容

倒産法では支払不能を倒産原因とする従来の考え方のほかに，新たに支払不能の恐れという概念が導入され，これもまた倒産開始原因となったのである。これについて倒産法第18条は以下のように規定する。

> 倒産法第18条1項：債務者が倒産手続の開始を申し立てるときには，支払不能の恐れもまた開始原因である。
>
> 同条2項：支払期限の到来時点で存在する支払義務を履行できないと見込まれるときには，債務者は支払不能の恐れが生じる。
>
> 同条3項：法人または法人格のない会社においては，代表機関のすべての構成員，無限責任のある社員もしくはすべての清算人によってその申し立てがなされないときには，その申立人が法人もしくは会社の代表として資格がある場合にのみ，第1項は適用されるにすぎない。

この支払不能の恐れという概念自体はすでに刑法（Strafgesetz）第283条及び第283d条のなかにある。しかし，刑法で規定する支払不能の恐れについては，不法行為を伴う罰則だけが対象となるにすぎない。これに対して，倒産法上の支払不能の恐れについては危機的状況にある企業の再生のチャンスを与えるのがその目的である。この点で両者の内容は異なる。

さて，このような倒産法上の支払不能の恐れに関しては，債務超過及び支払不能のケースと違って，債務者と債権者との間で予測要素に関する情報の非対称性（Informationsasymmetrie）がある。このため，債権者は支払不能の恐れを

信頼できる形で確認できない。このような理由から，立法者は債務者にだけこの申し立てをすることが認められている。なお，債務者が支払不能の恐れに関する申し立てに際して立証しなければならないかどうかは議論がある。その第1は，倒産理由の検証について債務者が行う必要はないという見解である。第2は，将来の支払不能に関する確率が高まったことを債務者は立証しなければならないとする見解である。というのは，もしそうでなければ，倒産理由が法廷上確認できないからである。ベッカーは第2の見解を支持する[8]。

支払不能の恐れについては，次の諸点が特徴である。

第1に，既述の通りその申し立てが債務者しかできない点である。

第2に，支払不能についてはもっぱら時点的な判断が要求されるのに対して，支払不能の恐れについては一定の期間を前提とした予測が不可欠となる。言い換えれば，支払不能は貨幣の非流動性と呼ばれるけれども，支払不能の恐れは予測を用いた期間的流動資金不足（Zeitraumilliquidität）と呼ばれる。

第3に，この期間の具体的内容については現在の債務の支払期限までとする見解，2～3年の期間を想定する見解，4～6ヶ月に限定すべきとする見解，30日と短期間とみなす見解などがある。通説は2～3週間を想定する[9]。

第4に，支払不能の恐れを判定する際に重要な手掛かりとなるのが資金計画書である。この資金計画書により，確実性のある債務と収入の見込みとの比較により，支払不能の恐れが判定されるのである。したがって，支払不能の恐れに関して資金計画書を用いる点では，基本的に債務超過の判定と同様である。債務超過の判定に際して継続の見込みについて資金計画書が重視されるからである[10]。

第5に，資金計画書のなかで対象とすべき債務の範囲に関しては，既述の期間に法的に発生している債務だけに限定する見解，将来に見込まれるべき収入とまだ根拠づけられていない債務もまた含めるべきとする見解とがある。倒産法理由書によれば，後者が妥当とみなされる[11]。

第6に，この資金計画書のなかにどの程度の更生プランが盛り込まれるかである。これに関しては，信用供与の可能性といった会社の更生措置を考慮すべ

きとする見解がある。これに対して，立法者はその考慮を意図しなかったとする見解もある。というのは，その見解によると，法的な会社の更生や組織再編成を実施するために倒産法第18条を設けたと解されるからである。このような2つの対立する見解を踏まえて，資本増加，追加出資，損失負担，債務免除，劣後契約，更生のための信用供与が考慮されるのは，その実施が企図され十分に保証されている場合だけに限定されるとベッカーは主張する[12]。

3 支払不能及び支払不能の恐れに関する判定方法

(1) 支払不能の判定方法

アイレンベルガー（G. Eilenberger）は支払不能の判定方法として次の2つの方法を示す。1つは資金計画書を用いる方法である。他の1つは流動性貸借対照表（Liquiditätsbilanz）を用いる方法である。

① 資金計画書を用いる方法

客観的な支払不能の測定にあたっては，支払期限の到来する支払義務とその塡補に役立つ支払手段との比較が不可欠である。これに関して有用となるのは資金計画書である。このなかでは，ごく近い将来，とりわけ12ヶ月間における支払期限の到来するすべての支払義務と，その返済に対する塡補手段とが日々正確に表示される。但し，10日から20日の期間ごと，さらにはそれ以上の期間ないし月ごとに期間を設定した資金計画書を作成することもできる。

このような資金計画書の特徴は次の2点である。第1に，それは当面到来する20日から30日の間において債務者の時点に関係した流動性もしくは非流動性を示す。第2に，それ以降12ヶ月までの支払能力に関する予測，すなわち将来期間に対する期間的流動資金不足も示す。このように，資金計画書は直近の時点的流動資金不足のみならず，将来の期間的流動資金不足もまた示すのが特徴である[13]。したがって，例えば前者の時点的流動資金不足に関してはたしかに当面は起こりそうになく，十分な支払能力があるとしても，後者の期間的流動資金不足の見込みがあり，支払困難が予想されるときには，債務者は追

3 支払不能及び支払不能の恐れに関する判定方法　　295

加的な支払手段を調達するか，あるいは既述の倒産法第18条の規定により支払不能の恐れに該当するので，倒産手続の申し立てをするかのいずれかを選択する必要がある。

　いま，資金計画書の概要を示せば，以下の図表12-1の通りである。このなかの4で示されるプラス・マイナスは特に重要となる。この金額をチェックし，少なくともその残額はゼロでなければならず，各月ごともゼロでなければならない。

　なお，この資金計画書に関係して，ある特定日の現実的な時点的流動資金不足の有無の確定に対する手段として利用されるのが，資金状況（Finanzstatus）である[14]。例示した図表12－1のなかでの特定日がこれに相当する。

図表12―1　資金計画書の概要

	1ヶ月後				2ヶ月後	3ヶ月後	――	12ヶ月後
	1日	2日	――	30日				
1 支払手段の在高 　（プラス/マイナス） 　売上収入 　その他の収入 　純粋の財務分野による収入								
2 収入合計								
人件費支出 　材料支出 　税金支出 　その他の支出 　純粋の財務分野からの支出 　設備（投資）支出								
3 支出合計								
4 プラス/マイナス 　（1＋2－3）								

出典：G. Eilenberger, Zahlungsunfähigkeit, in: Münchener Kommentar zur Insolvenzordnung, 第1巻, München, 2001年, 所収, 313頁

② 流動性貸借対照表を用いる方法

支払不能の判定に流動性貸借対照表を用いる場合，その特徴は以下の通りである。第1に，企業の資産及び負債全体を示すこの流動性貸借対照表が原則として支払不能の判定に用いられる。したがって，ここでは前述の資金計画書とは違って，収入及び支出を直接的に対象としたものではない。それはその一部を示すにすぎない。第2に，流動性貸借対照表では決算日時点ですでに支払期限の到来している資産（I）及び負債（I）を中心にしてそれ以降20日以内（これは3週間期限と呼ばれる。）に支払期限の到来する資産（II）及び負債（II）と，21日以降に支払期限の到来する資産（III）及び負債（III）が支払能力の判定上考察の対象となる。それ故に，倒産法上の流動性比率は次の式で算定される[15]。

$$\frac{\Sigma 資産 I + \Sigma 資産 II}{\Sigma 負債 I + \Sigma 負債 II} \times 100 = LKZ（流動性比率）$$

いま，流動性貸借対照表を例示すれば，以下の図表12—2の通りである。これを用いる方法についてアイレンベルガーは次のように述べる。「これにより

図表12—2　流動性貸借対照表

I　決算日に直接的に利用可能な資産（支払手段） 1　当座預金 2　現金 3　小切手 4　財務領域から支払期限の到来する債権	I　決算日に直接的に支払期限の到来する負債 1　仕入及び給付による支払期限の到来する債務 2　純粋の財務領域による債務 3　その他の支払期限の到来する債務（例えば税金，社会的公共料金）
II　20日以内に利用可能な資産 1　支払期限の到来する受取手形 2　売掛金 3　財務領域からの支払期限の到来する債権	II　20日以内に支払期限の到来する債務 1　仕入及び給付による債務 2　純粋の財務領域による債務 3　その他の債務
III　21日以降利用可能なその他の資産	III　21日以降支払期限の到来するその他の負債
資産合計	負債合計

出典：G. Eilenberger，前掲論文，315頁

明らかになるのは、倒産法上の流動性比率を用いる判定が支払能力ないし支払不能の測定に対して比較的に大雑把な手段を示し、すべての予測される収入及び支出を時点的に示す資金計画書に劣る点である。にもかかわらず、倒産法上の比率は、正確に測定されると、決算日の流動性状況に関して及び3週間内の将来の期間において（期間―流動性）倒産の判決による概算的な判断を可能にすることができる。もちろん、貸借対照表の金額は場合によっては過小評価を示しうることに留意しなければならない。その結果、事実上決算日をベースとして予測される清算価値（Liquidationswert）が流動性貸借対照表に計上されねばならない。[16]」

（2） 支払不能の恐れに関する判定方法

支払不能の恐れに関する測定に際しては、資金計画書が不可欠である。というのは、それが企業の流動性を測定し管理するための手段だからである。この流動性を示す資金計画書では、将来期間の予測される収入及び支出が示される。その作成にあたって留意しなければならない諸点がある[17]。

第1に、資金計画書は将来の収入及び支出のすべてを総額で示さねばならない。これを通じて現在の債務に対する元利金の返済が可能か否かを検討する必要がある。この資金計画書の作成の手がかりとなるのは予測貸借対照表及び予測損益計算書である。この点に関してドゥルクカルクジク（J. Drukarczyk）・シューラー（A. Schüler）は次のように述べる。「資金計画書は会計及び税務のシステムが定める枠組みに留意しなければならない。それは例えば収入余剰の配当可能性、資本維持規定あるいは年次決算書で測定される租税支出に関係する。それによって、資金計画書は予測貸借対照表及び予測損益計算書と無関係では作成されない。[18]」

第2に、資金計画書のなかでは支払義務の支払期限に関する弁済が可能であるように正確な支払期限の到来を反映しなければならない。したがって、資金計画書が一時的に流動性の不足を示すとすれば、内部資金調達の可能性を活用しうる。

第3に，資金計画書の形における継続の予測は一面的であってはならず，支払不能の恐れが生じうるときには，不確実性が認識されねばならない。その結果，支払不能の恐れに関して確率を考慮する必要がある。

　支払不能の恐れの判定に際しては，資金計画書の作成にあたって予測に確率要素を導入しないケースと，それを導入するケースとが考えられる。

① 予測に確率を導入しないケース

　まず予測に確率要素を導入しない単純な方法について取り上げる。299頁の図表12―3は資金計画書，予測貸借対照表及び予測損益計算書を用いた支払不能の恐れの判定方法を例示したものである。ここで支払不足は，契約上の元利金返済後及び投資支出後キャッシュ・フローのマイナスを意味する。もし支払不足が生じると見込まれると，新規の借り入れを通じて対処する必要がある。

　この図表12―3をみると，資金計画書のなかで当期も翌期もいずれも税引後営業キャッシュ・フローはプラスの値を示している。また，その他の投資支出，利息の支払及び負債の返済後の最終的なキャッシュ・フローは当期がプラスの4.6の値を示すが，しかし翌期がマイナス39.7の値を示す。この数値からみると，当期には少なくとも支払不能の恐れはない。これに対して，翌期については最終的なキャッシュ・フローがマイナスであるため，企業経営者がこの支払不足を補う可能性が全くないときだけ，支払不能の恐れがあると判断される[19]。

　予測損益計算書の内容をみると，当期には33の利益が生じると見込まれるが，しかし翌期には15.4の損失が予想される。当期の予想利益33に関しては資本金の増加をもたらす。これに対して，翌期の損失分15.4だけその減少が予測貸借対照表及び自己資本の推移を通じて判明する。

　なお，営業キャッシュ・フローに関して図表12―3についてはごく簡単にしか示されていない。また翌期に予測されるキャッシュ・フロー不足に対して経営者のとる予定の財務措置も明示されていない。この点をより詳しく示したのが300頁の図表12―4の見積純キャッシュ・フローの測定である。

図表12-3 資金計画書，予測貸借対照表及び予測損益計算書

〔資金計画書〕		当　期	翌　期
売上高		384.0	320.0
－材料費及び労務費		194.0	186.4
－売上債権の変動		4.4	3.1
税引後営業キャッシュ・フロー（NOCF）		185.6	130.5
－投資支出		44.0	41.2
－利息の支払		57.0	49.0
－返済		80.0	80.0
予定資本需要及び投資支出後キャッシュ・フロー		4.6	－39.7
〔予測損益計算書〕			
売上高		384.0	320.0
－材料費及び労務費		194.0	186.4
－減価償却費		100.0	100.0
－支払利息		57.0	49.0
＝年度剰余額		33.0	－15.4
〔予測貸借対照表〕	前期		
積極項目			
固定資産	550	494.0	435.2
流動資産			
売上債権	30	34.4	37.5
現金	0	4.6	－35.1
貸借対照表合計	580	533.0	437.6
消極項目			
自己資本			
資本金	10	43.3	27.6
準備金	0	0.0	0.0
他人資本	570	490	410
貸借対照表合計	580	533.0	437.6
〔自己資本の推移〕			
準備金繰入		0	0
配当金		0	0
資本金変動		33.0	－15.4
最低自己資本の補塡による増加		33.0	0
損失による減少		0	－15.4
払込による資本増加		0	0

出典：J. Drukarczyk, Drohende Zahlungsunfähigkeit, in : Münchener Kommentar zur Insolvenzordnung, 第1巻, München, 2001年, 所収, 323頁

図表12-4　見積純キャッシュ・フローの測定

純売上高
＋その他の事業収益
－材料費
－賃金・給料（うち社会的租税効果を含む。）
－その他の事業費用（リース料，賃借料，支払家賃を含む。）
－税金
－必要な事業資本の増加
　　　　－原料，補助材料及び経営素材の増加
　　　　＋売上債権の増加
　　　　＋前払金の増加
　　　　－売上債務の増加
　　　　－前受金の増加

＝営業キャッシュ・フロー
－借方計算限定項目の増加
＋特別項目の増加
＋引当金の増加
＋その他の債務の増加
＋貸方計算限定項目の増加
－投資支出

＝営業活動からのキャッシュ・フロー
　　　　＋特別利益
　　　　＋受取配当金
　　　　＋受取利息
　　　　＋貸付金の回収額
　　　　－財務固定資産の支払
　　　　－有価証券，その他の債権等の増加

＋その他の事業活動からのキャッシュ・フロー
　　　－他人資本利息　　｝必要な資本需要
　　　－他人資本の返済
＝必要資本需要後のキャッシュ・フロー
　　＋期首現金在高
　　＋資産の売却収入
　　＋他人資本調達
　　＋自己資本変動（資本増加／配当）

＝純キャッシュ・フロー

出典：J. Drukarczyk, 前掲論文, 325頁

② 予測に確率を導入したケース
A 資金計画書の作成

支払不能の恐れの判定に関しては，将来事象に関する確率を用いることも考えられる。当期の予想が Z_{11} では40％の確率もまた Z_{12} では60％の確率と見込まれる。しかも翌期にはそれに応じて Z_{11} のもとでさらに Z_{21} では30％，Z_{22} では70％の確率が見込まれ，また Z_{12} のもとでは Z_{23} では40％，Z_{24} では60％の確率とそれぞれ見込まれるとする。このような確率を用いた結果，資金計画書及び予測損益計算書は図表12—5の通りである。なお，ここではいくつかの仮定が設けられている。

ア 税金問題は無視する。繰越欠損金の処理も考察外とする。
イ 買掛金，従業員の請求権及び借入金の債務を削減せずに返済する。

図表12—5 状況に依存した資金計画書及び予測損益計算書

起こりうる環境状況	当期		翌期			
	Z_{11}	Z_{12}	Z_{21}	Z_{22}	Z_{23}	Z_{24}
発 生 の 確 率	0.4	0.6	0.3	0.7	0.4	0.6
〔資金計画書〕						
売上高	420	360	410	350	300	280
－材料費及び労務費	200	190	210	190	180	180
－買掛金の変動	5	4	5	3	4	2
＝営業キャッシュ・フロー	215	166	195	157	116	98
－投資支出	50	40	50	40	40	40
－利息の支払	57	57	49	49	49	49
－債務の返済	80	80	80	80	80	80
＝資本需要予定後キャッシュ・フロー	28	−11	16	−12	−53	−71
〔予測損益計算書〕						
売上高	420	360	410	350	300	280
－材料費及び労務費	200	190	210	190	180	180
－減価償却費	100	100	100	100	100	100
－支払利息	57	57	49	49	49	49
年度剰余額	63	13	51	11	−29	−49

出典：J. Drukarczyk，前掲論文，326頁

ウ 他人資本の利子率を10%とする。

エ 資本需要のカバーとして必要であったり，あるいは最低自己資本の充当として必要であれば，財務資金を留保する。

この結果，図表12—5におけるZ_{12}, Z_{22}, Z_{23}, Z_{24}では必要な資本需要及び投資支出後のキャッシュ・フローの値はマイナスと予想される。しかし，これをもって直ちに支払不能の恐れがあると最終的に判定できないという。というのは，資本需要の補塡としていかなる可能性があるかどうかが検討されねばならないからである。例えば，以下の点がその主な事項に該当する[20]。

ア 経営者が特に事業上不可欠でない現金や有価証券を即座に流動化させる。

イ 事業に不可欠でない営業上の資産を換金する。

ウ 従来の債権者または新規の債権者から担保を設定して借り入れを行う。
　但し，この選択肢は危機的な状況に陥っているときには利用できない。

エ 債権者に対する元利金の支払猶予を依頼する。

オ 短期的な他人資本を長期的な他人資本に債務の借り替えを実施する。

カ 債務の資本化を行う。

キ 所有者が自己資本を提供したり，新しい投資家による資本調達を行う。

ク 所有者が企業に対して出資者による貸し付け（Gesellschafterdarlehen）を実施する。

資金不足に対するこれらの財務措置のうちで，所有者が倒産手続を予定しているときには，⑦及び⑧は除外される。ここでは図表12—5のZ_{12}に生じうる資金不足に対して，短期借入金で対処しうると仮定する。それに基づく予測貸借対照表の結果を示したのが以下の図表12—6である。

以上の結果，次のように判断される[21]。翌期のZ_{21}及びZ_{22}では当期末のZ_{11}と同じ資本金が維持される見込みである。これに対して，Z_{23}及びZ_{24}では資本需要後キャッシュ・フロー及び年度剰余額はマイナスであり，資本金もマイナスと見込まれる。このような予測状況を踏まえると，資金不足が見込まれるのは事実上Z_{22}, Z_{23}及びZ_{24}である。このうちで，Z_{22}の資金不足(7)は

図表12—6 予測貸借対照表

起こりうる環境状況	前期	当期		翌期			
		Z_{11}	Z_{12}	Z_{21}	Z_{22}	Z_{23}	Z_{24}
発生の確率		0.4	0.6	0.3	0.7	0.4	0.6
〔予測貸借対照表〕							
積極項目							
固定資産	550	500	490	450	440	430	430
流動資産							
売上債権	30	35	34	40	38	38	36
現金	0	5	0	5	−7	−54	−72
合計	580	540	524	495	471	414	394
消極項目							
自己資本							
資本金	10	50※	23	50	50	−7	−27
準備金	0	0	0	35	11	0	0
他人資本	570	490	501	410	410	421	421
合計	580	540	524	495	471	414	394

※　予想年度剰余額のうち,40は資本金の増加と,残りの23は配当金として支払われたと仮定する。その結果,Z_{11}では現金の予測期末残高は28−23=5となる。なお,Z_{21}では配当金は16であるが,Z_{22}では配当金の支払はない。

出典：J. Drukarczyk, 前掲論文, 327頁

当期の配当金(23)を低く抑えれば解消する。ところが,Z_{23}及びZ_{24}の資金不足を第三者による資金調達で賄うには重大な問題が発生しうる。というのは,予測貸借対照表において自己資本がマイナスの値を示すからである。このケースにおいては,もし当期末の資金的剰余額の予測を担保にして第三者からの資金の借り入れを行うとすれば,この剰余額の獲得に関する説得力ある証拠が必要となる。また,資産を担保とした資金借り入れの可否については,別途検討する必要がある。予測貸借対照表上の固定資産評価額は時価ではなくて簿価で計上されているからである。

B　支払不能の恐れに関する判定方法

　このような資金計画書等による資金不足の結果は,少なくとも支払不能の恐

れを判定する上での必要条件である。しかし、それは十分条件ではない。この点に関してドゥルカルクジクは、そのほかにこの資金不足が倒産法第18条で規定する見通し（Voraussichtlichkeit）の基準、すなわち最低限度の確率としての50％を上回っているかどうかが重要な鍵となると解する。これについて以下の3つの要求が考えられる[22]。

ⓐ　支払不能の恐れが生じるのは、ある状態において補塡できない資金計画書による不足が現れる場合である。但し、それは資金計画書の不足額の多寡及びその発生の確率とは無関係である。

ⓑ　支払不能の恐れが発生するのは、ある時点でカバーできない資金計画書の不足に対する累積的な確率が、少なくともそれをカバーできる資金計画書よりも大きい場合である。

ⓒ　支払不能の恐れが発生するのは、資金計画書による資金不足の見積額がマイナスと見込まれる場合である。起こりうる資金計画書の剰余額及び不足額はその発生確率を考慮して資金計画書の結果に加味される。この値がマイナスであれば、支払不能の恐れがあると判定される。

このうちでⓐ及びⓑとは違って、ⓒの特徴は、経営者によるすべての予測の多様性並びに状況に応じた資金計画書の剰余額及び不足額もまた考慮される点にある。

ⓐは補塡されない資金計画書の資金不足に対して、発生の確率が最も低い場合も容認されるのが特徴である。それについてドゥルクカルクジクは「それは、倒産法が指向する基準の適用の考え方をかなり空洞化させるであろう[23]」と述べる。ⓑは倒産法に関する政府草案理由書に合致した考え方である。設例の会社はこの意味で支払不能の恐れが生じている。このⓑにおいては、特定の状況に応じた資金計画書に割り当てられる発生確率は予測者の主観的性質を帯びるのがその特徴である。問題はこの主観的確率に対する第三者による事後的な検証可能性である。たしかに予測者はその主観的発生確率について裁量の余地がある。第三者が予測者の累積的確率に関して立証することは不可能である。しかし、予測者の予測を全く検証できないわけではないとドゥルカルク

ジクは考える。その有力な手掛かりとなるのが過去の財務データからみた資金計画書，予測貸借対照表及び予測損益計算書の内容である。

ⓒに従うと，仮に第1の状況では－100の発生確率が55％で，第2の状況となる200の発生確率が45％であれば，予測される資金計画書の剰余額は35（－100×55％＋200×45％＝35）となる。したがって，このⓒに従うと，債務者が支払不能の恐れを申し立てる権利を有さない結果となる。しかし，このⓒは法の趣旨に反すると彼は考えるのである。というのは，立法理由書では，支払不能の発生確率がそれを回避できる確率よりも高くなければならないからである。この点に関して彼は次のように述べる。「倒産法第18条2項に関するその規定の趣旨は，現在の請求権について契約に準拠した処理が行いえない確率が高いときには，倒産法を用いて債権者と交渉するのが債務者の権利である。債務者が債権者の請求権に関する契約に準拠した処理を履行することができない確率は高いけれども，予測される資金計画書の剰余額がプラスの値であるときに，この権利（債務者による倒産開始の申立権—筆者注）が認められないと仮定すれば，彼から発動権（Auslöserecht）が奪われることになろう。その結果として財務状況が"悪化した"場合に，悪化した経済措置のもとで債権者と交渉し合意しなければならないのである。ⓒの会社は立法者が意図した予測される発動権の効力の結果を弱めることになろう。[24]」このような理由から，ドゥルクカルクジクは②の解釈を妥当と解するのである。

4 む　す　び

以上の論旨を整理すれば以下の通りである。

第1に，旧破産法においては単なる一時的な支払遅滞，重要な部分を構成していない債務の支払停止，さらには債権者が真剣には債務者に対する請求をしていない場合には，支払不能から明確に区別されていたのに対して，倒産法では支払遅滞を除き，それ以外の2つの要件は支払不能に該当するように含められ，改められた。したがって，債務の重要な部分を構成しているか否か，ある

いは債権者が真剣に請求をしているか否かにかかわらず，支払不能と判定されるのである。この限りでは支払不能の時点が従来に比して一段と早まった。

　第2に，倒産法では新たに支払不能の恐れという新たな概念もまた倒産開始原因の一つになった。これは，支払期限の到来時点で支払義務を履行できないと見込まれる場合に生じる。この支払不能の恐れに関しては債務者にしか申し立ての権利がない。

　第3に，一般に支払不能のケースではもっぱら時点的な判断が中心となるのに対して，支払不能の恐れのケースでは期間を前提とする予測が中心となる。

　第4に，支払不能の具体的な判定方法に関しては，資金計画書を用いる方法と流動性貸借対照表を用いる方法とがある。前者は収入及び支出を直接的に対象とし，直近の時点的流動資金不足のみならず，将来の期間的流動資金不足も併せて示すのがその特徴である。これに対して，後者は決算日以降20日以内に支払期限が到来する資産及び負債と，それ以外の資産及び負債を中心に流動性指数を算定して時点的な支払能力を判定する方法である。この方法では収入及び支出について間接的な把握方法であるため，前者に比べてやや概算的な判断を余儀なくされる傾向がある。

　第5に，支払不能の恐れの判定方法に関しては，資金計画書を中心とし，さらに予測貸借対照表及び予測損益計算書も加味して実施する必要がある。その場合，予測にあたって確率を導入しない方法と，確率を導入する方法とがある。いずれの場合にも資金計画書において資金不足が生じる確率が50％を上回るかどうか，さらにこの資金不足に十分に対処しうる財務措置を講じられるかどうかについても併せて検討する必要がある。これを総合的に考慮した結果，支払不能の恐れについて判定しなければならない。なお，確率を導入した場合には，予測者の主観的な見積を前提とせざるをえないけれども，この方法は倒産法上の立法者の趣旨に合致すると解される。

　このようなドイツ倒産法における支払不能の判定方法の意義を次の点に見出すことができる。

　第1は，倒産法のコンメンタールのなかで将来の見積計算に基づく支払不能

及び支払不能の恐れに関する判定方法が詳述されている点である。従来，法律制度のなかにこのような会計上の将来計算を加味した方法はほとんど論及されてこなかった。この点についてドイツ倒産法の制定により，この具体的な論議がなされ，そのモデル化が検討されていることは注目に値する。

第2は，それとの関連で将来のキャッシュ・フローを示す資金計画書の重要性が指摘されている点である。わが国ではごく最近に過去計算としてのキャッシュ・フロー計算書がようやく制度化されたが，しかしドイツでは倒産法の制定を契機に将来のキャッシュ・フロー情報を中心に，この資金計画書の導入が想定されている点は特筆に値する事柄といってよい。

第3は，わが国の法律においてもドイツ倒産法と同様に支払不能及び債務超過との関係でほぼ同趣旨の規定がある点である。まず商法では，支払不能または債務超過に陥る虞れ，あるいは支払不能または債務超過の疑いがあるときには，議決権の100分の3以上を占める株主または資本の10分の1以上の債権を会社に対して有する債権者は，会社の整理の開始を申し立てることができる（商法第381条1項）。次に，旧和議法の廃止により成立した民事再生法では，破産の原因たる事実の生ずるおそれがあるとき，つまり支払不能または債務超過のおそれがあるときに，債務者だけでなく債権者も再生手続を申立てることができる（民事再生法第21条）。しかし，わが国における会社の整理及び民事再生法でいう支払不能及び債務超過の虞れもしくは疑いや，それらのおそれといった内容については，ドイツ倒産法ほど必ずしも具体化されているわけではない。また，新会社法ではこの会社の整理に関する規定は削除されてしまった。その点からみて，ドイツ倒産法上の大きな意義があるといえよう。

一方で，このようないくつかの意義を有するにもかかわらず，その問題点もある。その重大な問題点は，支払不能もしくは支払不能の恐れに関して多分に主観的な性質を帯びる将来計算をはじめて導入した点である。この点に関してグロース (P. J. Groß)・アメン (M. Amen) は次のように批判する。第1に，主観的確率の導入が逆に利害関係者の合理性を制約する[25]。第2に，"確率が高い"点に関する計数化について法も政府草案理由書も要求していない[26]。第

3に，ドイツ連邦最高裁判所（Bundesgerichtshof）は支払不能の判定に関して立証責任をもちえない[27]。このグロース・アメンの見解によると，"確率が高い"という要件は，一般の法実務と同様に法律上の立証程度としては判事が自己の納得のいく意見形成で判断できる確率の比較の意味に解されねばならないのである[28]。この点をめぐってグロース・アメンの見解とドゥルカルクジク・シューラーの見解との間で論争がある[29]。

このようなドイツ倒産法上の支払不能問題は，損益計算中心の動的会計とは明らかに異質な財産計算中心の静的会計との結びつきが強い。ただそこでは時点的な領域だけでなく，期間的な将来のキャッシュ・フロー情報も重視されている点にその大きな特徴があるといえよう。いずれにせよ，ドイツ倒産法における支払不能及び支払不能の恐れとの関連で静的会計との接点を見出すことができるのである。

〔注〕

（1） A. Meier, Die Geschichte des deutschen Konkursrechts, inbesondere die Entstehung der Reichskonkursordnung von 1877, Frankfurt am Main, 2003年, 57頁。
（2） H. Hess・B. Kropschofer, Kommentar zur Konkursordnung, 第3版, Frankfurt am Main, 1989年, 636頁。P. Böcker, Die Überschuldung im Recht der Gesellschaft mit beschränker Haftung, Baden-Baden, 2002年, 114頁。
（3） H. Hess・B. Kropschofer, 前掲書注（2），637頁及びP. Böcker, 前掲書注（2），115頁。
（4） P. Böcker, 前掲書注（2），117頁。
（5） P. Böcker, 前掲書注（2），116頁。
（6） P. Böcker, 前掲書注（2），117頁。
（7） P. Böcker, 前掲書注（2），118頁。
（8） P. Böcker, 前掲書注（2），123頁。
（9） P. Böcker, 前掲書注（2），120頁。
（10） P. J. Groß・M. Amen, Die Fortbestehensprognose—Rchtliche Anforderungen und ihre betriebswirtschaftlichen Grundlagen—, in: Die Wirtschaftprüfung, 第55巻第5号, 2002年3月, 230頁。

(11)(12)　P. Böcker, 前掲書注(2), 121頁。

(13)　G. Eilenberger, Zahlungsunfähigkeit, in : Münchener Kommentar zur Insolvenzordnung, 第1巻, München, 2001年, 所収, 312頁。

(14)　G. Eilenberger, 前掲論文注(13), 315頁。

(15)(16)　G. Eilenberger, 前掲論文注(13), 314頁。

(17)　G. Eilenberger, 前掲論文注(13), 322頁。

(18)　J. Durkarczyk・A. Schüler, Die Eröffnungsgründe der InsO : Zahlungsunfähigkeit, drohende Zahlungsunfähigkeit und Überschuldung, in : Kölner Schrift zur Insolvenzrecht in der Praxis, Arbeitskreis für Insolvenz und Schiedsrichtswesen, 第2版, Herne/Berlin, 2000年, 所収, 110頁。

(19)　J. Durkarczyk, Drohende Zahlungsunfähigkeit, in : Münchener Kommentar zur Insolvenzordnung, 第1巻, München, 2001年, 所収, 324頁。

(20)　J. Durkarczyk, 前掲論文注(19), 327頁。

(21)～(23)　J. Durkarczyk, 前掲論文注(19), 328頁。

(24)　J. Durkarczyk, 前掲論文注(19), 329～330頁。

(25)　P. J. Groß・M. Amen, 前掲論文注(10), 235頁。

(26)　P. J. Groß・M. Amen, 前掲論文注(10), 237頁。

(27)　P. J. Groß・M. Amen, 前掲論文注(10), 238頁。

(28)　P. J. Groß・M. Amen, 前掲論文注(10), 240頁。

(29)　J. Durkarczyk・A. Schüler, Insolvenztatbestände, prognostische Elemente und ihre gesetzeskonforme Handhabung, —zugleich Entgegnung auf den Beitrag von Groß/Amen, Wpg 2002, S. 225 bis 240—, in : Die Wirtschaftprüfung, 第56巻第3号, 2003年3月, 56～67頁。P. J. Groß・M. Amen, Das Beweismaß der, „überwiegenden Wahrscheinlichkeit" im Rahmen der Glaubhaftmachung einer Fortbestehensprognose-zugleich Replik auf die Entgegnung von Durkarczyk/Schüler, Wpg 2003, S. 56 bis 67—, in : Die Wirtschaftprüfung, 第56巻第3号, 2003年3月, 67～81頁。

第13章
わが国の特殊会計と静的会計

1 はじめに

　周知の通り，会計上の諸問題の大半は決算制度に関係するのが一般的である。決算貸借対照表の本質をどう捉えるのか，あるいは期間損益計算の具体的な計算方法及び利益概念をどのように解するのかがその一例であるといってよい。その意味で，この点に関する会計基準の確立はきわめて重要である。しかし，この決算制度をめぐる問題が会計のすべてではない。これ以外にも会計上の問題が存在する。それは主として特殊会計といわれる領域である。例えば企業の清算や企業の事実上のフレッシュ・スタートとなる企業再建の場合がこれに該当する。本章では，わが国の特殊会計の領域のなかで特に静的会計と接点をもつ部分について考察することにしたい。この点に関して，ここでは会社再建型手続と会社清算型手続とに分けて論じる。

2 会社再建型手続と静的会計

　まず会社の再建を図る際に静的会計と関係を有する部分が生じる。これには商法上の会社の整理を行うケース，会社更生法を適用するケース，そして民事再生法を用いるケースがある。いずれも法律制度と結びついた点で共通する。

（1）会社の整理

　会社の整理について規定するのが商法第381条である。この会社の整理は株

式会社に限ってその規模及び種類にかかわらず，適用できる制度である。これによると，会社の現況その他の事情により支払不能または債務超過に陥る虞があるときには，取締役，監査役，6月前より議決権の100分の3以上を有する株主または資本の10分の1以上に当たる債権者の申立により，裁判所は整理の開始を命令することができる。さらに，支払不能または債務超過の疑いがあると認められる場合も，これと同様である。

支払不能または債務超過はいずれも債務者が自己の債務を支払うことができず，あるいはその支払を停止した状況をいう（破産法第15条）。また，債務超過は，企業の負債が資産を上回る状態をいう（破産法第16条）。会社の整理においては，このような破産法上の原因たる支払不能あるいは債務超過に陥る虞，ないしはそれらの疑いがあるときがポイントとなる。

この会社の整理では企業の継続が可能かどうかが重要となる。このため，会社の整理で作成する貸借対照表はゴーイング・コンサーンベースでの貸借対照表が問題となる[1]。

整理開始の命令があるときに，必要な場合に裁判所は，会社の業務及び財産に対する検査を命令することができ，これについて裁判所の選任する検査役が実施する（商法第386条1項，第388条1項）。検査役は調査の結果，特に整理の見込みがあるか否かを報告しなければならない（商法第389条）。この整理案には債権者全員の同意が必要である。ここで整理の見込みとは，一般に会社が財務内容の悪化から脱却し，収益力ある企業として再建できる見込みを指す。その重要な1つの判断資料として会社資産の適正な把握とその評価及び会社債務の調査が必要とされる[2]。したがって，これは事実上ゴーイング・コンサーンベースによる財産目録の作成にほかならない。この財務内容と会社の収益力の見通しを総合的に判断して整理の見込みの可否が決定される[3]。

このように，会社の整理開始時点の財務内容の把握及び整理開始後に検査役による整理の見込みとの関係で，その会計処理は静的会計と接点を有すると解される。

なお，平成17年6月に制定された「新会社法」では，この会社の整理は廃

止された。

（2） 会社更生法
① 更生手続の申立と開始

　会社更生法は，窮境にある株式会社の更生計画の策定及びその遂行に関する手続により，債権者，株主その他の利害関係者の利害調整を図り，株式会社の事業の維持更生を目的として定められたものである（会社更生法第1条）。

　この会社更生手続の開始の申立とは，ⓐ破産の原因となる事実が生じるおそれがある場合，ⓑ弁済期にある債務を弁済すると，その事業の継続に著しい支障を来すおそれがある場合である（会社更生法第17条1項）。ここでⓐの破産の原因とは支払不能の状態をいい，存立中の合名会社及び合資会社を除く法人については債務超過も破産原因となる（破産法第16条）。この会社更生の申立は当該株式会社はもちろん，それ以外にも資本の額の10分の1以上の債権を有する債権者，議決権の10分の1以上を有する株主にもできる（会社更生法第17条2項）。

　更生手続の開始の申立に際しては，申立書に必要な記載事項と添付書類を併せて提出する義務がある（会社更生法第12条〜第13条）。このうちで添付書類には申立の前3ヶ年の貸借対照表及び損益計算書，更生債権者の一覧表，更生担保者の一覧表，財産目録，申立前1年間の資金繰り実績表，申立日以降の6ヶ月間の資金繰り予定表が含まれる。なお，更生手続開始の申立と同時に財産の保全処分も実施するのが普通である（会社更生法第28条）。これにより更生手続開始前の財産処分禁止の仮処分などが可能となる。

　更生手続開始の決定があったときには，会社の事業年度はその開始時に終了し，これ以降の事業年度は計画認可または更生手続の終了日に終了する（会社更生法第232条2項）。

　更生手続開始の決定後直ちに裁判所から選任された管財人は，更生手続開始後遅滞なく更生会社に属する一切の財産に関してその価額を評定する必要がある（会社更生法第83条1項）。その場合の財産評価は時価によるものとする（会社更生法第83条2項）。管財人は，更生手続開示時点での財産評価の結果について

貸借対照表及び財産目録を作成し，それを裁判所に提出しなければならない（会社更生法第83条3項）。また，更生計画認可の決定があったときには，管財人は更生計画認可の決定時点における貸借対照表及び財産目録を作成し，これらを裁判所に提出する義務がある（会社更生法第83条4項）。

② 会社更生法における会計手続

更生開始日に事業年度が終了するので，ここでの決算手続が必要となる。そこで，更生開始手続の申立から開始決定日までの間に財産評定に向けての会計手続が不可欠となる。具体的には開始日現在での帳簿上の資産及び負債の実査を行い，その実在高を決定しなければならない。

例えば，預金及び借入金残高の確認，名目上の債権の再評価，在庫品の再評価，支払期限の到来していない未経過リース料及び支払期間経過のリース料未払金をリース債務として計上する[4]。

負債に関しては，共益債権，更生担保権，優先的更生債権，一般更生債権の区分が必要となる。ここで共益債権とは，更生計画の定めによらず随時弁済されるもので，更生債権に先立って弁済される。例えば更生債権者及び株主の共同の利益のための裁判上の費用，更生手続開始後の事業経過や財産管理及び処分に関する費用などである（会社更生法第132条）。更生担保権は，更生手続開始当時における特別の先取特権，質権，担保権または商法上の留意権で担保されたものをいう（会社更生法第2条10項）。優先的更生債権は，更生債権のうちで一般の先取債権その他一般の優先権のあるものをいい（会社更生法第168条1項の2），例えば従業員の給料に関する労働債権及び租税債権がそうである。一般更生債権は優先的更生債権以外の通常の更生債権である。なお，旧会社更生法にあった劣後的更生債権の制度（旧会社更生法第121条）は，その性質が様々であるため，廃止された。

すでに触れた通り，会社更生手続においては財産の評定が最も重要である。この点に関して旧会社更生法第177条2項に従うと，この財産の評定は会社の事業の継続を前提としなければならないとされた。この事業継続価値の具体的な測定方法に関しては，種々の考え方がこれまであった。なかでも有力な考え

方がいわゆる収益還元価値による評価方法と解されていた。しかし，これには以下の問題点が指摘されていた。その第1は，収益還元価値法の前提となる収益の予測及び割引率の算定に関してやや主観性の色彩の強い見積が必要なため，収益還元価値自体の評価がそれに大きく左右されてしまう点である。第2は，収益の予測を低めに抑えるとともに，収益還元率にリスクプレミアムを加味した結果として算定される収益還元価値が，場合によっては企業の清算価値を下回る可能性があり，担保債権者から不当とする批判的な見解が強い点である。第3は，収益還元価値で算出される企業の全体価値を各財産に配分する合理的な根拠を見出しがたいとする点である。

　このような理由から会社更生法の改正が平成14年に実施され，平成15年4月から新会社更生法が施行されることになったのである。その結果，財産の評定については既述の通り時価による財産評価となったのである。

　問題はその会社更生法第83条2項でいう"時価"の内容である。この点について会社更生法第83条5項に従うと，貸借対照表及び財産目録に記録すべき財産の評価については法務省令の定めによるとされる。これに伴い，平成15年3月18日に会社更生法施行規則が制定されることになった。それによると，会社更生法第83条4項の貸借対照表及び財産目録に記録すべき財産の評価は商法施行規則第28条から第32条までの規定を準用する（会社更生法施行規則第1条）。

　その結果，商法施行規則第28条から第32条までの財産評価における時価は，まさしく企業会計上の公正な会計慣行に基づくものであると解されるので，会社更生法上の時価もおそらくそれを想定したものといってよい。したがって，企業会計上の正味実現可能価額，再調達原価，割引現在価値などといった時価を想定すると解される[5]。また，更生担保権において担保権の目的物は更生手続開始時点における時価であると規定され（会社更生法第2条10項），会社更生法の改正に伴い，その担保評価額は財産評定における当該評価額と一致することになったのである。これは，従来担保権の目的物評価に関して更生担保権者の権利が不当に侵害されていた面を考慮した結果とされる。

なお、このような時価評価を行った財産評定額が取得原価とみなされ（会社更生施行規則第1条2項）、簿価が変更される。この点は後述する民事再生法の場合と異なる。民事再生法における財産評定は清算価値保障の原則を確認する手続である。それ故に、取得原価の変更を予定しないからである。

このように、会社更生法における更生手続開始申立書及び更生手続開始決定の財産評定手続のなかに、明らかに静的会計との密接な関係を見出すことができる。

（3）民事再生法
① 民事再生法の申立と開始

民事再生法は和議法の廃止に伴い、平成12年に制定されたものである。民事再生法は、経済的に窮境にある債務者について、債権者の多数の同意で裁判所の認可により、当該債務者と債権者との民事上の権利関係を調整し、債務者の再生を目的としたものである（民事再生法第1条）。かつての和議法第12条では、債務者の破産事由の存在が、その申立に必要であった。民事再生法第21条によると、その申立は、ⓐ債務者に破産の原因たる事実の生じる恐れがあるとき、ⓑ債務者が事業の継続に著しい支障を来すことなく弁済期にある債務を弁済できないときに実行しうる。その結果、この条件は会社更生法と同様である。なお、民事再生法では破産原因があるときには旧和議法と異なり、債権者からの申立も可能である（民事再生法第21条2項）。会社更生法及び商法上の会社の整理に関しては株式会社しか適用できないのに対して、この民事再生法は個人及びすべての法人にも適用できるのが特徴である（民事再生法第4条1項）。

再生手続開始の申立書のなかには、財務内容に関する記載事項としてⓐ資産、負債その他の財産の状況、ⓑ再生手続開始の原因たる事実が生じるに至った事情、ⓒ再生債務者の財産に関してされている他の手続又は処分で申立人に知られているものが必要である（民事再生規則第13条1項）。また申立書の添付書類としてⓐ債権者の一覧表、ⓑ再生債務者の財産目録（債務者の一覧表）、ⓒ再生手続申立ての前3ヶ月の貸借対照表及び損益計算書、ⓓ申立書1年間の資金

繰り実績表及び申立後6ヶ月の資金繰り予定表などが必要とされる（民事再生規則第14条1項）。この資金繰り表には定められた様式がないため，キャッシュ・フロー計算書を代用することも考えられる[6]。

このような再生手続開始の申立てからその決定までの間において，裁判所は再生債務者の業務および財産に関して保全処分を命じることができる（民事再生法第30条1項）。これにより，手形等に対する弁済の禁止，処分禁止及び借財禁止の保全処置がとられる。

② 再生手続開始決定の財産評定と財産目録・貸借対照表の作成

再生手続開始の決定があったときには，再生債務者等は遅滞なく再生債務者に属する一切の財産の価額を評価しなければならない（民事再生法第124条1項）。この場合，問題となるのは財産評価である。この点に関して財産の処分による評価を原則とするが，但し必要がある場合には財産の全部または一部に関して再生債務者の事業継続を前提とする評価も認められる（民事再生規則第56条1項）。このように民事再生法の財産評定においては，財産の処分に基づく清算価値がその中心であることがわかる。ここで処分価値といっても，それは強制競売による価額を意味しておらず，市場価値としての通常の処分価額を指す[7]。その理由は，再生計画において再生債権者に対して再生債務者の財産を清算した場合の価値を上回らねばならないからである。これを清算価値保障の原則という。

財産評定を完了したときには，再生債務者等は再生手続開始時点における財産目録及び貸借対照表を作成し，裁判所にこれらを提出しなければならない（民事再生法第124条2項）。財産目録及び貸借対照表の作成に際しては，資産及び負債の帳簿価額の妥当性をチェックし，オフバランスとなっている項目をオンバランス化したうえで，それらの項目の清算価値を算定することが必要である。この財産目録及び貸借対照表の作成に関する財産評価の方法およびその他の会計方針は注記する必要がある（民事再生規則第56条2項）。

民事再生法上の再生債務者に対する再生債権者の債権には以下のものがある。

ⓐ 再生債権
ⓑ 共益債権
ⓒ 一般優先債権
ⓓ 別除権

ⓐの再生債権は再生手続開始前の原因に基づいて生じた一般債権である（民事再生法第84条）。これは特別の定めのある場合を除き，再生計画の定めによらなければ弁済できない（民事再生法第85条1項）。ⓑの共益債権は，再生債権者の共同の利益のために発生する裁判上の費用などの債権である（民事再生法第119条）。これは再生手続によらずに随時弁済される（民事再生法第12条1項）。ⓒの一般優先債権は一般の先取特権その他一般の優先権のある特権（但し共益権であるものは除く。）で，例えば租税債権や労働債権がその典型である。これは再生手続によらずに随時弁済される（民事再生法第122条）。ⓓの別除権は，再生債務者の財産に対する担保権（特別の先取特権，質権，抵当権又は商法の規定による留意権）をもつ債権である（民事再生法第53条1項）。これは再生手続によらずに行使でき，弁済される。会社更生法では担保権は更生手続による弁済であり，この点で民事再生法と会社更生法との間で担保権に関する取扱の差異がある。なお，民事再生法上，担保権者の債権総額が担保価値を上回るときには，その超過額は一般債権としての再生債権に属する。

このような清算貸借対照表を作成してから，清算配当率（破産配当率ともいう。）が算定される。これは，再生債権の金額を分母とし，財産処分を前提とした資産総額から共益債権・優先債権・担保権（別除権）の合計額を控除した差額を分子として算定される[8]。つまり，この比率は再生債権の回収見込率を示す。

このような民事再生法における会計処理の内容は，清算貸借対照表及びその明細表たる財産目録の作成を前提とする点で，まさしく静的会計と密接不可分の関係にあるといってよい。

なお，会社再建型はこれまで触れたように，会社の整理，会社更生法及び民

事再生法といった強制力をもつ法的措置に従って実施する場合のほかに，法的措置によらずに会社が自主的に財務内容を建て直す場合もある。任意の整理もしくは私的整理といわれるものがこれである。ここでは債権者と債務者の話し合いで処理を進めるのが特徴である。平成13年9月に発表された「私的整理に関するガイドライン」は大手のゼネコンや不動産を中心として任意の債権放棄スキームを前提とした再建型の私的整理の一種であるといわれる。

3 会社清算型手続と静的会計

すでに触れた会社再建型手続と対立するのが会社清算型手続である。これには通常清算手続，特別清算手続及び破産手続の3つがある。

(1) 通常の清算手続
① 通常清算手続の開始
会社は以下の事由により解散する（商法第404条，新会社法第471条）。
  ⓐ 存立時期の満了その他定款の定めたる事由が発生したとき
  ⓑ 会社の合併により被合併会社となるとき
  ⓒ 会社が破産したとき
  ⓓ 解散を命ずる裁判所の判決及び命令があったとき
  ⓔ 株主総会の決議（特別決議）があったとき
このうちで通常清算手続が一般的なのはⓔのケースである。会社はまだ倒産に至っていない段階で，何らかの事由から自主的に会社を解散するのがこのケースに相当する。この会社の解散は会社の日常業務の終了を意味するが，しかしこの解散後にも残務処理及び会社財産の処分といった清算手続が必要となる。

会社が解散したときには，取締役は清算人となり，この清算手続を実施する（商法第417条1項，新会社法第478条1項）。清算人は遅滞なく会社財産の現況を調査して財産目録及び貸借対照表を作成し，これを株主総会に提出してその承認

を得る必要がある（商法第419条1項，新会社法第492条）。この承認を得た後に，清算人は遅滞なくこの財産目録及び貸借対照表を裁判所に提出しなければならない（商法第419条3項，新会社法ではこの規定は削除された。）。

この清算人が作成すべき財産目録及び貸借対照表は，わが国ではそれぞれ清算財産目録及び清算貸借対照表と呼ばれている。これらは会社の清算に伴い，会社財産の処分を目的として作成されるので，企業の継続を前提とした場合の財産評価とは異なり，清算を予定した財産評価が前提となる[9]。この点はドイツにおける1965年旧株式法と同様である。ドイツ法ではこの種の清算貸借対照表は清算開始貸借対照表と正式に呼ばれる。ただ，1985年貸借対照表指令法の制定の結果，この清算開始貸借対照表の財産評価は従来とは大きく変化したといわれる。その理由は，清算開始貸借対照表がまだ企業の継続思考のもとで理解されるため，財産評価に関して年次決算書と同様に取得原価主義をそのまま適用するからである[10]。

② 債権者公告と残余財産の分配

清算人はその就職の日より2ヶ月以内に少なくとも3回，債権者に対して一定の期間内にその債権を申し出るべき旨を催告し，これを官報に公告しなければならない（商法第421条，新会社法第499条）。その期間は2ヶ月を下ることができない。また，清算人は帳簿上その他により知れたる債権者に対してその債権の申出を催告しなければならない（商法第422条，新会社法第499条）。この債権申出の期間内には，債権者に対して清算人は弁済することはできない（商法第423条1項，新会社法第500条）。

残余財産については，各株主の有する株式数に応じて，これを株主に分配することを要する（商法第425条，新会社法第504条1項）。但し，会社が数種の株式を発行し残余財産の分配について特段の定めを置いたときには（商法第222条），この定めに従う必要がある（新会社法第504条2項）。

清算事務が終了したときには，清算人は遅滞なく決算報告書を作成し，これを株主総会に提出してその承認を要する（商法第427条1項，新会社法第507条）。この決算報告書の内容に関して法は特に定めていないが，資産の処分，債務の

弁済及び残余財産の分配に関する報告が記載されねばならない[11]。

このように，通常清算手続の開始時点で作成される清算財産目録及び清算貸借対照表，さらには清算事務の完了時点で作成される決算報告書は，その内容からみて明らかに静的会計と不可分の関係にあると解されるのである。

（2） 特別清算手続

清算の遂行に著しい支障を来すべき事由があると認められるときには，裁判所が，債権者，清算人，監査役もしくは株主の申立により，また職権で会社に対して特別清算の開始を命ずることができる（商法第431条，新会社法第510条）。会社に債務超過の疑いがあるときも同様である。条文では示されていないけれども，支払不能もまた特別清算開始の原因となる[12]。

この特別清算は解散後の会社が行う清算に関する特別手続である。これに対して，会社の整理は会社の再建を図る制度である点で，両者は相違する。また，この特別清算は会社が実質的に破産状態において適用される清算手続である点で，ある面で破産と類似性がある。他方，破産法のように必ずしも厳格な手続を要しない点に特別清算の大きな特徴がある。例えば，破産のように裁判所から選任される者が清算手続を行わずに，清算人がその手続を実施する。さらに特別清算では出席債権者の過半数で議決権を行使すべき債権者の総債権の4分の3以上の同意が協定の成立となっており（商法第450条1項，新会社法第567条，但し，この新会社法では議決権者の議決権の総額の3分の2以上の同意となった。），債権者の参加ができる。これに対して，破産では破産管財人が中心で，債権者の関与する余地はごく限られた範囲にしかない。したがって，特別清算は通常清算手続の破産手続との中間に位置するといわれる[13]。

特別清算の場合において，清算人は会社，株主及び債権者に対して公平且つ誠実に清算事務の処理が義務づけられる（商法第434条，新会社法第523条）。この特別清算人は通常清算手続とほぼ同様の職務を行う。例えば会社財産の把握，債権の回収，会社財産の調査と財産目録，貸借対照表の作成，財産目録・貸借対照表の株主総会への提出，会社債権者への債権申出の催告，会社財産の換

価，債務の弁済などがその主な職務である。この債務の弁済に関しては，その債権額の割合に応じて行われる（商法第438条，新会社法第537条）。なお，この特別清算においては担保債権者には破産法上の別除権に類似した特別の扱いがなされ，その優先的な弁済権がある（商法第440条，新会社法第548条）。特別清算で別除権となるのは，破産法上の別除権として取り扱われるものである。具体的には特別の先取特権，質権，抵当権などである。この詳細については破産手続のなかで触れる。

特別清算では，債権者に債務免除を要請して債務超過を解消する必要がある。これには個々の債権者と個別に和解して債務を免除してもらう方法と，協定という方法（商法第447条，新会社法第563条）とがある。ここで協定は，特別清算手続に参加した債権者と会社との間における清算を目的とした多数決による集団的な和解契約とみなされる[14]。

会社が債務すべてを弁済した後でなお財産が残余するときには，株主に残余財産を分配する。特別清算手続を適用している企業の大半は債務超過に陥っているので，残余財産の分配は実務上きわめて少ない。

この特別清算手続も通常清算手続と同様に，清算を目的として会社財産の換価と債権者に対するその弁済を中心とする点で，それは明らかに静的会計と密接な関係をもつといってよい。

（3）破　産　法
① 破産法の概要

破産も一種の会社の清算に通じる。この破産原因は，債務者が支払不能の状態にある場合，支払停止の状態にある場合（破産法第15条）だけでなく，さらに法人に関しては債務超過の場合もこれに該当する（破産法第16条）。破産の申立ができるのは債権者または債務者である（破産法第18条1項）。債権者が破産の申立を行うときには，その債権の存在及び破産原因の事実を疎明しなければならない（破産法第18条2項）。

破産の申立があったときには，裁判所は破産宣告前の職権では債務者の財産

に関する処分禁止の仮処分，その他の必要な保全処分を命じることができる（破産法第28条1項）。裁判所による破産宣告があった後に，直ちに裁判所は破産管財人を選任する（破産法第31条1項）。破産宣告に伴い，破産者が有するすべての財産は破産財団となり（破産法第34条1項），また破産宣告前の原因に基づいて生じた財産上の請求権が破産債権である（破産法第2条5項）。

　破産者に属さない財産があるときには，この破産財団に属していない財産の権利者に取戻権がある（破産法第62条）。この取戻権は民法や商法などの実体法の規定によって定められたもので，所有権その他の物権（例えば地上権・質権など），信託財産などがその典型である。破産財団に属する財産に関して特別の先取特権，質権または抵当権を有する者は別除権を有する（破産法第2条9項）。したがって，この別除権者には破産財団の特定の財産について破産手続によらずに優先的に弁済を受ける権利がある（破産法第65条1項）。破産債権者が破産宣告時に対して債務を負担するときには，破産手続によらずに相殺権を有する（破産法第67条1項）。

② 　破産手続における会計処理

　破産管財人は，就職の後直ちに破産財団に属する財産の占有及び管理に着手しなければならない（破産法第79条）。その一環として破産管財人は財産目録及び貸借対照表を作成することを要する（破産法第153条2項）。これがいわゆる破産財産目録及び破産貸借対照表（より正確には破産開始貸借対照表）と呼ばれるものである。この作成にあたっては破産財団に属するすべての財産の価額に関する評定が前提となる（破産法第153条）。ここでは会社の清算が予定されているので，財産の評定に際して決算貸借対照表とは明らかに異なる評価基準が適用される。財産の見積換価額，すなわち清算価値で評価される。

　一方，破産財産の処分，つまり破産法上の配当を行うためには，破産債権者について破産債権者表を作成し，債権者の確定とその債権金額をあらかじめ決定する必要がある（破産法第115条）。その場合，すでに触れた別除権を考慮するだけではない。さらに財団債権にも留意しなければならない。これは破産債権と同様に破産財団から弁済を受けるが，しかし破産債権に優先して，かつ破

産手続によらずに随時弁済をうけるのが特徴である。この財団債権には破産債権者の共同の利益のための裁判上の費用，租税債権などが属する（破産法第148条）。また，破産債権には債権の性質や他の債権者との関係などにおいて，優先的破産債権や劣後的破産債権といった順位もある（破産法第98条1項）。前者の優先的債権には先取特権その他の一般的な優先権のある破産債権が該当する。後者には破産宣告後の利息や，罰金，科料，追徴金などが含まれる（破産法第99条1項）。

破産財団全部の換価が終了し，その総額を配当表に基づいて破産債権者に配当して破産手続が完了する。

このように，破産手続のなかにもまた財産の換価とその処分という会計思考が含まれているので，これはまさしく静的会計と接点を有すると判断することができるのである。

4 むすび

これまでの論旨を整理すれば，以下の通りである。

第1に，通常の決算制度とは異なるわが国の特殊会計の領域のなかで，静的会計と関係をもつのは，主として会社再建型手続と会社清算型手続である。

第2に，会社再建型のうちで特に法的手続として実施されるものには商法上株式会社だけに適用される会社の整理及び会社更生法と，個人及び法人に広く適用される民事再生法とがある。このような法的強制力をもたずに関係当事者間の協議を通じて会社の再建を目指す私的整理もしくは任意整理もある。

第3に，会社の整理に関しては特に会社が債務超過に陥る虞ないしはその疑いがあるときに問題となるので，この債務超過の判定資料及び検査役が行う整理の見込みの判断の際には，いずれも資産負債のストック情報が重要となる。商法上，その点について貸借対照表または財産目録の作成を義務づけてはいないが，その内容からみて，その作成は不可欠と考えられる。その意味で，その手続は静的会計と密接な関係にあるといってよい。なお，債務超過の恐れない

4 むすび

しその疑いの場合には主としてゴーイング・コンサーンでの通常の決算に基づく貸借対照表が問題となるであろう。これに対して，整理の見込みに関しては会社をフレッシュ・スタートすると仮定した場合のゴーイング・コンサーンベースでの貸借対照表と同様に，万が一に会社を清算した場合の貸借対照表もまた1つの判断材料を提供すると解される。このような商法上の会社の整理は，「新会社法」では削除された。

第4に，会社更生法の手続のなかで管財人は更生手続開始後に更生会社に属するすべての財産の時価に基づく財産の評定が必要となる。この財産のゴーイング・コンサーンを前提とし，企業会計上の時価評価に基づく財産目録及び貸借対照表の作成はまさしく静的会計に属する手続とみなされる。なお，負債に関しては債権者の種類に応じて共益債権，更生担保債権，優先的更生債権，一般更生債権の区分が必要となる。

第5に，民事再生法における再生手続開始の決定後に再生債務者等による財産の価額の評定手続は，清算価額保障原則から会社の清算をベースとした貸借対照表が作成される。その結果，この手続もまさしく静的会計に属すると判断される。なお，再生債務者に対する再生債権については，再生債権，共益債権，一般優先債権，別除権に基づいて整理される。

第6に，会社清算型手続のうちで法的手続に基づいて実施されるものには，株式会社の通常清算及び特別清算と，個人及び法人に適用される破産法とがある。

第7に，清算人が会社の解散時に作成しなければならない財産目録及び貸借対照表は明らかに清算を予定した財産評価が前提となる。これをまず債権者に弁済したうえで残余財産を株主に分配する必要がある。したがって，ここでは財産の換価に基づく財産全部処分計算が重要となる。この点に静的会計との連関を見出すことができる。

第8に，清算遂行に著しく支障を来す事由があるとき行われる特別清算手続のなかにも同様に清算人は会社財産の把握と調査，さらにそれに基づく財産目録及び貸借対照表の作成が不可欠となる。この手続もやはり静的会計に属す

る。

　第9に，破産管財人は清算をベースとして財産目録及び貸借対照表を作成しなければならず，そこでもまた静的会計との接点を見出すことができる。なお。破産財団の処分にあたっては，破産債権者について別除権，財団債権，優先的破産債権，劣後的破産債権といった種類を考慮する必要がある。

　このように，会社再建型にせよ，あるいは会社清算型にせよ，そこにみられる手続はいずれも静的会計とリンクする会計思考が存在すると考えられるのである。静的会計はこのような会社再建や会社清算といった特殊会計において明確な形で顕在化するのである。しかし，これは，特殊会計のみに静的会計が限定されることを意味するわけではもちろんない。すでに触れた通り，通常の会計計算や決算手続のなかにおいても，おそらくそれに類する会計手続が含まれているからである。例えば決算における棚卸手続がその典型である。この点をけっして見落としてはならないであろう。

　いずれにせよ，特殊会計のなかに静的会計の思考が明確な形で存在すると結論づけることができるのである。

〔注〕
（1）　片岡義雄『増訂新株式会社特殊会計』中央経済社，昭和39年，234頁。上柳克郎・鴻常夫・竹内昭夫編『新版注釈会社法』(12)（株式会社の定款変更・資本減少・整理）有斐閣，平成2年，246頁。片岡泰彦『会社特殊会計』白桃書房，平成12年，180頁参照。
（2）　上柳・鴻・竹内編，前掲書注（1），246頁。
（3）　整理開始の命令があるときに整理の見込みがないときには，裁判所は職権で破産を宣告することを要する（商法第402条）。
（4）　野村智夫・竹俣耕一編『企業再建・清算の会計と税務』第2版，中央経済社，平成16年，197～200頁参照。
（5）　この具体的内容に関しては，日本公認会計士協会「財産の価額の評定等に関するガイドライン（中間報告）」（経営研究調査会研究報告第23号），平成16年6月参照。
（6）　日本公認会計士協会東京会編『民事再生法経理実務ハンドブック』商事法務，平成15年，52頁。

(7)　日本公認会計士協会東京会編,前掲書注(5),80頁。
(8)　この詳細は,前掲書注(4),56頁及び前掲書注(6),90頁以下参照。
(9)　上柳・鴻・竹内編,前掲書注(1),(13)（株式会社の解散,清算,外国会社,罰則）平成2年,288頁。
(10)　G. Förschle・M. Deubert, Abwicklungs-/Liquidationsrechnungslegung der Kapitalgesellschaft, in: W. D. Budde・G. Förschle 編, Sonderbilanzen, 第3版, München, 2002年, 所収, 713頁。
(11)　上柳・鴻・竹内編,前掲書注(1),(13),315頁。
(12)　上柳・鴻・竹内編,前掲書注(1),(13),385頁。なお,平成17年6月に成立した「新会社法」第510条では,特別清算の開始原因の1つである債務超過に関して,「清算株式会社の財産がその債務を完済するに足りない状態」という定義を示している。
(13)　上柳・鴻・竹内編,前掲書注(1),(13),380頁。
(14)　上柳・鴻・竹内編,前掲書注(1),(13),461頁。

V 総括と展望

第14章
静的会計の論理と残された課題

　以上，静的会計の歴史的変遷，その種類及びその現代的役割を中心とした，いわば静的会計の総論領域と，今日の企業経営及び会計環境の変化に関連する，いわば静的会計の各論領域とについてそれぞれ論究した。静的会計は大きく決算制度と特殊会計にそれぞれ接点を有する。一般に前者が論点の中心であることはいうまでもない。決算貸借対照表との関係が会計上きわめて重視されるからである。これに並んで後者も軽視できない。企業の再建にせよ，あるいは企業の清算にせよ，企業財産の適正な評価とその財産処分等について利害関係者間の利害調整が不可欠だからである。このように，静的会計の領域はかなり広範囲に及ぶことに留意しなければならないのである。

　特に決算制度と結びつく静的会計は，ドイツにおいて主として旧静態論，新静態論，そして制度静態論という流れで発展してきている。まず，旧静態論は法律的会計思考を前提とし，しかも財産評価に関して時価評価と関連性の強い価値論的アプローチをとるのがその特徴である。次に，新静態論は経営経済的会計思考を前提とし，企業の立場から「資本調達・運用説」を重視して，それとの関連で財務分析論を指向する点にその特徴がある。さらに，制度静態論は旧静態論と同様に貸借対照表法を考察対象としつつも，経済観察法の視点から貸借対照表法の計算構造に関する理論的解明を企図する点にその特徴がある。特に，そこでみられる企業の継続を予定した財産一部処分計算は，企業の清算を予定したときの財産全部処分計算との対比において理解することができるのである。

またこれら3つの流れには直接的に属さないけれども、それ以外にもユニークな学説も多く存在する。旧静態論と動態論の結合を試みるゼベリンクの学説、財産表示の見地あるいは企業の再生産価値の見地からいずれも再調達原価による時価評価を提唱するコフェロ及びシュミットの学説、さらには財産表示の見地から自己創設のれんのオンバランス化を主張するモール及びヘレリの学説など、枚挙にいとまがない。このように、静的会計はきわめて多様な内容を包摂しており、今日でもなお示唆に富む考え方を随所に示しているといってよい。

例えば、近年において現在価値会計との関係で登場してきた「企業にとっての価値」をはじめ、その後の公正価値会計にみられるように、一連の財産価値論的評価論の展開は、ある意味で旧静態論の復活もしくは再評価ともいえるであろう。理論上、旧静態論の致命的欠点といわれた財産の使用価値による評価が、現在では特に固定資産の割引現在価値評価との関係で何ら異論なく論じられているのは、それを如実に物語るからである。

最近、特にアングロサクソンの会計を中心に展開されてきているのは、いわゆる資産負債アプローチの重視である。これとかなり類似し、その先駆形態といえる考え方をすでに静的会計のなかに見出すことができることもけっして見落とすことはできない。しかも、静的会計は、この資産負債アプローチとの関連で、精算表の様式や帳簿締切法といった簿記の領域だけでなく、貸借対照表を補完するストックに関する財務表として財産目録の重要性とも深く関わっている。

さらに、企業のあり方をめぐって様々な視点から論じられているコーポレート・ガバナンスについても、静的会計と密接な関係を有しているのである。とりわけ利害関係者に対する有用な会計情報の提供面、利害関係者間の利害調整面、そして財産管理責任面といった点において、静的会計は重要な役割を果たすのである。

特殊会計制度における静的会計の重要性は多言を要しないであろう。ここでは企業の再建や清算、あるいは企業の組織再編成といった特殊なケースにおい

て企業財産の適正な評価が問題となるからである。このような例外的な場合に限ってその問題は論じられるので、たしかに一般的な状況ではそれほど重視されないのが普通である。しかし、企業を取り巻く経済的環境は、きわめて早い速度で変化していく。したがって、通常の場合には特殊会計制度で問題となる諸点を考慮する必要は差しあたりないとしても、あらかじめリスク管理や企業組織の合理的管理の面などから、それについてある程度考慮しておく必要があろう。その意味で、このような特殊会計制度にみられる静的会計は、通常の決算制度と同様に、これまで以上に重視されるべきである。

このように、静的会計は現代の会計理論と関係するだけでなく、商法及び倒産法といった領域とも密接な関係を有していると結論づけることができるのである。本書のタイトルを『会計理論と商法・倒産法』と名づけたゆえんである。この点から、静的会計は再評価されるべきであると解されるのである。もちろん、だからといって、この静的会計だけで十全で事足りるということを主張するものではない。利益計算中心の動的会計は、依然として会計上中核を形成しているからである。

そこで残されたのは、この動的会計と静的会計の関係をどう捉えるのかというきわめて大きな理論的な問題である。これについては、いくつかの考え方がある。1つめは、両者はそもそも別個の会計思考であり、したがって貸借対照表について二元的構造として捉える考え方である。2つめは、もし両者の間で交差し相重なる部分があるとすれば、その部分と、そうでない部分とを明確に識別する考え方である。3つめは、静的会計と動的会計をより高次な次元から包摂し、両者の融合を図りながら、両者の統合ないし一元化を目指す考え方である。

このなかで最後の方向が理論上望ましいであろう。いずれにせよ、この点に関する更なる検討は今後に残された課題であり、他日を期したいと考えている。

参考文献

Adler, H.・Düring, W.・Schmaltz, K. 編, Rechnungslegung und Prüfung der Unternehmen, 第5巻及び第6巻, 第6版, Stuttgart, 1997年及び1998年

Bartsch, R. ・Pollak, R. ・Buchegger, W.編, Östereichisches Insolvenzrecht, Kommentar, 第3巻, Wien/New York, 2002年

Beisse, H., Zum Verhältnis von Bilanzrecht und Betriebswirtschaftslehre, in: Steuer und Wirtschaft, 第61巻第14号, 1984年

Beisse, H., Zum neuen Bild des Bilanzrechtssystems, in: Ballwieser, W. ・Böcking, H. J. ・Drukarczyk, J. ・Schmidt, R. H.編, Bilanzrecht und Kapitalmarkt, Festschrift für Adolf Moxter, Düsseldorf, 1994年, 所収

Berliner, M., Buchhaltungs- und Bilanzen-Lehre, 第3版, Hannover/Leipzig, 1911年

Berliner, M., Buchhaltungs- & Bilanzen-Lehre, 第7版, Hannover, 1924年

Biedermann, H., Kontentheorie und Abschlußtechnik, Zürich, 1948年

Blödtner, W. ・Bilke, K. ・Weiss, M., Lehrbuch Buchführung und Bilanzsteuerrecht, 第4版, Herne・Berlin, 1997年

Böcker, P., Die Überschuldung im Recht der Gesellschaft mit beschränkter Haftung, Baden-Baden, 2002年

Bryant, H. B.・Stratton, H. D. ・Packard, S. S., (Counting House) Book-Keeping, New York, 1865年

Budde, W. D. ・Förschle, G. 編, Sonderbilanzen, 第3版, München, 2002年, 所収

Burlaud, A., Comptabilité et Droit Comptable, Paris, 1998年

Carreira, J. e Carreira, A., Apontamentos de Cintabilidade Commercial, Lisbon, 1901年

Coenenberg, A. G., Jahresabschluß und Jahresabschlußanalyse, 第17版, Landberg/Lech, 2000年

Cole, W. M., Accounting and Auditing, Minneapolis・Chicago・Seattle, 1910年

Cole, W. M., Accounts, 改訂版, Boston・New York etc., 1915年

Colt, J. C., The Science of Double Entry Book-Keeping, Cincinati, 1838年

Con, F. V. alves Da Silva, Noções de Contabilidade, Edicão, 1934年

Cosson, G., L'information des actionnaires par l'inventaire, (2), in: Revue française de comptabilité, 第73巻, 1977年6月

Degranges, E, père., Supplement à la tenue des livres redue facile, ou nouvelle méthode, Paris, 1804年

Deplanque, L., La Tenue des Livres en Partie Simple et en Partie Double, 第8版, 1855年

Dias, F. C., Revista De Comerco E Contabilidade, Lisbon, 1926年

Drapala, T., Die Bilanzen, deren Eintheilung, sowie Grundlagen und Bedeutung, (その3), in: Zeitschrift für Buchhaltung, 第5巻第50号, 1896年5月

Drapala, T., Das Buchführungswesen bei Advocaten, in: Zeitschrift für Buchhaltung, 第9巻第12号, 1898年11月

Drukarczyk, J.・Schüler, A., Die Eröffnungsgründe der InsO: Zahlungsunfähigkeit, drohende Zahlungsunfähigkeit und Überschuldung, in: Kölner Schrift zur Insolvenzrecht in der Praxis, Arbeitskreis für Insolvenz und Schiedsrichtswesen, 第2版, Herne/Berlin, 2000年, 所収

Drukarczyk, J.,Drohende Zahlungsunfähigkeit,in: Münchener Kommentar zur Insolvenzordnung, 第1巻, München, 2001年, 所収

Drukarczyk, J.・Schüler, A., Überschuldung, in: Münchener Kommentar zur Insolvenzordnung, 第1巻, München, 2001年, 所収

Drukarczyk, J.・Schüler, A., Insolvenztatbestände, prognostische Elemente und ihre gesetzeskonforme Handhabung, —zugleich Entgegnung auf den Beitrag von Groß/Amen, Wpg 2002, S 225 bis 240—, in: Die Wirtschaftprüfung, 第56巻第3号, 2003年3月

Ehrenberg, R., Bedeutung geschäftlicher Bilanzen für die Wirtschaft-Wissenschaften, in: Ehrenberg, R.編, Thünen-Archiv (Organ für exakte Wirtschaftsforschung), 第1巻, Jena, 1906年, 所収

Eilenberger, G., Zahlungsunfäigkeit, in: Münchener Kommentar zur Insolvenzordnung, 第1巻, München, 2001年

Eschrich, A., Bilanzierung als Instrument zum Schutze von Gläubigern, München, 1969年

Feil, E., Konkursordnung, 第5版, Wien, 2004年

Fieldhouse, A., Clark's Elementary commercial Book-Keeping, 第19版, London, 1914年

Financial Accounting Standards Board, Statement of Financial Accounting Concepts, 第5号: Recognition and Measurement in Financial Statements of Business Enterprise, 1984年

Finney & Miller, Principles of Accounting, intermediately, 第 8 版, New Jersey, 1980 年
Folsom, E. G., The Logic of Accounts, New York・Chicago, 1873 年
Gabelle, E., Buchführung, 第 2 版, München・Wien, 1993 年
Garnier, P., Comptabilité commerciale, comptabilité générale, 第 6 版, Paris, 1984 年
Gerstner, P., Bilanz-Analyse, 第 1 版, Berlin, 1912 年
Goddard, T. H., The Merchant, or Practical Accountant, 第 4 版, New York, 1834 年, 記帳例題 I
Goré, F. et Dupouy, C., Comptabilité Générale de L'entreprise industrielle et commarciale, Paris, 1975 年
Gottschalk, C. G., Grundlagen des Rechnungswesens, Leipzig, 1865 年
Götz, J., Überschuldung und Handelsbilanz, Berlin, 2004 年
Goujon et Sardou, Cours coplet de tenue des livres et d'opérations commerciales, 第 6 版, Paris, 1877 年
Groh, M., Zur Bilanztheorie des BFH, in : Steuer-Berater, Jahrbuch 1979・80 年
Groß, P. J.・Amen, M., Die Fortbestehensprognose—Rchtliche Anforderungen und ihre betriebswirtschaftlichen Grundlagen—, in : Die Wirtschaftprüfung, 第 55 巻第 5 号, 2002 年 3 月
Groß, P. J.・Amen, M., Das Beweismaß der, „überwiegenden Wahrscheinlichkeit" im Rahmen der Glaubhaftmachung einer Fortbestehensprognose-zugleich Replik auf die Entgegnung von Durkarczyk/Schüller, Wpg 2003, S. 56 bis 67—, in : Die Wirtschaftprüfung, 第 56 巻第 3 号, 2003 年 3 月
Grundmann, G., Europäisches Gesellschaftsrecht, Heidelberg, 2004 年
Gutenberg, E., Einführung in die Betriebswirtschaftslehre, Wiesbaden, 1975 年
Herrli, H., Die Façonwerte in der Bilanz, Bern, 1933 年
Hess, H. ・Kropschofer, B., Kommentar zur Konkursordnung, 第 3 版, Frankfurt am Main, 1989 年
Hintner, O., Bilanz und Status, in : Zeitschrift für Betriebswirtschaft, 第 30 巻第 4 号, 1960 年
Hodge, A. C. & Mckensey, J. O., Principles of Accounting, Chicago・Illinois, 1920 年
Horngren, C. T. ・Sundem, G. L. ・Elliott, J. A., Introduction to Financial Accounting, 第 5 版, New Jersey, 1993 年
Horschitz, H. ・Groß, W. ・Wertner, W., Bilanzsteuerrecht und Buchführung, 改訂新版, Stuttgart, 1996 年

Kester, R. B, Accounting, Theory and Practice, 第1巻, New York, 1919年
Kieso, D. E. & Weygandt, J. J., Intermediate Accounting, 第9版, New York etc., 1998年
Kliem, G., Bilanzielle Rechnungsabgrenzung, Frankfurt am Main, 2000年
Kovero, I., Die Bewertung der Vermögensgegenstände in den Jahresbilanzen der privaten Unternehmungen, Berlin, 1912年
Kresse, W., Die neue Schule des Bilanzbuchhalter, 第1巻, 第7版, Stuttgart, 1995年
Küting, K. Weber, C. P., Handbuch der Rechnungslegung, 1 a 巻, 第4版, Stuttgart, 1995年
le Coutre, W., Grundzüge der Bilanzkunde, 第1巻, 第2版, Leipzig, 1927年
le Coutre, W., Vom allgemein-betriebswirtschaftlichen Ideengehalt der Bilanzauffassungen, in: Meithner, K. 編, Die Bilanzen der Unternehmungen, 第1巻, Berlin, 1933年, 所収
le Coutre, W., Totale Bilanzlehre, in: Bott, K. 編, Lexikon des kaufmännische Rechnungswesens, 第1版, 第2巻, Stuttgart, 1940年, 所収
Leitner, F., Bilanztechnik und Bilanzkritik, 第1版, Berlin, 1911年
Leitner, F., Die doppelte kaufmännische Buchhaltung, 第6・7版, Berlin・Leipzig, 1923年
Littenhouse, C. F., Elements of Accounts, New York, ・London, 第1版, 1918年
Littleton, A. C., Accounting Evolution to 1900, New York, 1938年
Meier, A., Die Geschichte des deutschen Konkursrechts, inbesondere die Entstehung der Reichskonkursordnung von 1877, Frankfurt am Main, 2003年
Meigs, R. F. ・Meigs, W. B., Financial Accounting, 第6版, New York etc., 1989年
Melyon, G. ・Noguera, R., Comptabilité Générale, Paris, 1999年
Mendrzyk, C., Das deutsche Aktienrecht vergleichen mit den Principles of Corporate Governance der OECD, Frankfurt am Main, 2004年
Mohr, H., Bilanz und immaterielle Werte, Berlin/Wien, 1927年
Moxter, A., Ist bei drohendem Unternehmenszusammenbruch das bilanzrechtliche Prinzip der Unternehmensfortführung aufzugeben?, in: Die Wirtschaftsprüfung, 第33巻 第13号, 1980年7月
Moxter, A., Bilanztheorien, statisch, in: Kosiol, E. 編, Handwörterbuch des Rechnungswesens, 第2版, Stuttgart, 1982年
Moxter, A., Bilanzlehre, 第1巻: Einführung in die Bilanztheorie, 第3版, Wiesbaden, 1984年

Moxter, A., Das Realisationsprinzip—1884 und heute, in : Betriebs-Berater, 第 39 巻第 28 号, 1984 年 10 月

Moxter, A., Bilanzrechtsprechung, 第 2 版, Tübingen, 1985 年

Moxter, A., Bilanzrechtsprechung, 第 4 版, Tübingen, 1996 年

Moxter, A., Bilanzrechtsprechung, 第 5 版, Tübingen, 1999 年

Moxter, A., Grundsätze ordnungsgemäßer Rechnungslegung, Düsseldorf, 2003 年

Münchener Kommentar zur Insolvenzordnung, 第 1 巻, München, 2001 年

Nicklisch, H., Allgemeine kaufmännische Betriebslehre als Privatwirtschaftslehre des Handels (und der Industrie), 第 1 巻, 第 1 版, Leipzig, 1912 年

Nicklisch, H., Die Betriebswirtschaft, 第 7 版, Stuttgart, 1932 年

Oberbrinkmann, F., Statische und dynamische Interpretation der Handelsbilanz, Düsseldorf, 1990 年

Odenthal, J. & Calmes, A., Lehrbuch der kaufmännischen doppelten Buchhaltung, 第 4 版, Leipzig, 1919 年

Osbahr, W., Die Bilanz vom Standpunkt der Unternehmung, 第 3 版, Berlin, 1923 年

Pape, E., Zur Frage des Bilanzbegriffes, in : Zeitschrift für Handelswissenschaft und Handelspraxis, 第 18 巻第 9 号, 1925 年

Passow, R., Die Bilanzen der privaten Unternehmungen, 第 1 版, Leipzig, 1910 年

Paton, W. A. ・Stevenson, R. A., Principles of Accounting, New York, 1921 年

Paton, W. A., Accounting, New York, 1926 年

Paton, W. A., Essentials of Accounting, New York, 1938 年

Pelka, J. ・Niemann, W., Praxis der Rechnungslegung in Insolvenzverfahren, 第 5 版, Köln, 2002 年

Peltzer, M., Deutsche Corporate Governance, 第 2 版, München, 2004 年

Peter, K. ・von Bornhaupt, J. K. ・Korner, W., Ordnungsmäßigkeit der Buchführung nach dem Bilanzrichtlinien-Gesetz, 第 8 版, Herne・Berlin, 1987 年

Rehm, H., Die Bilanzen der Aktiengesellschaften, 第 1 版, München, 1903 年

Reisch, R. ・Kreibig, J. C., Bilanz und Steuer, 第 1 巻, 第 1 版, Wien, 1900 年

Reisch, R. ・Kreibig, J. K., Bilanz und Steuer, 第 1 巻, 第 3 版, Wien, 1914 年

Reymondin, G., Bibilographic méthodique des Ouvrage en langue française parus de 1543 à 1908 sur la science des comptes, Paris, 1908 年

Rittenhouse, C. F. & Percy, A. L., Accounting Problems ; Elementary, New York, 1924 年

Rodriges, J. J., De Freites, Elementos de Escripturação Mercantil, Porto, 1880 年

Rouse, P., The Recognition of Executory Contacts, in: Accounting and Business Research, 第25巻第97号, 1994年

Schär, J. F., Einfache und doppelte Buchhaltung, 第3版, Berlin, 1907年

Schär, J. F., Eine Bilanzstudie, in: Zeitschrift für handelswissenschaftliche Forschung, 第4巻, 1909年

Schär, J. F., Buchhaltung und Bilanz, 第4版, Berlin, 1921年。林良治訳,『シェアー簿記会計学』(上巻) 新東洋出版社, 昭和51年

Seicht, G., Bilanztheorien, Würzburg・Wien, 1982年。戸田博之訳『Gザイヒト・ドイツ財務会計論の系譜』中央経済社, 平成16年

Seicht, G., Irrtümer und Fehler in der Praxis der Feststellung der, „Zahlungsunfähigkeit" und der „Überschuldung", in Jahrbuch für Controlling und Rechnungswesen, 2000年

Seicht, G., Gläubigerschutz, Bilanz und insolvenzrechtliche Überschuldung, Wagner, U. 編, Zum Erkenntnisstand der Betriebswirtschaftslehre am Beginn des 21. Jahrhunderts, Festschrift für Erich Loitlsberger zum 80. Geburtstag, Belin, 2001年, 所収

Sewering, K., Die Einheitsbilanz, Leipzig, 1925年

Sikorski, R., Buchführung, 第4版, München, 1997年

Simon, H. V., Die Bilanzen der Aktiengesellschaften und der Kommanditgesellschaften auf Aktien, 第2版, Berlin, 1898年

Sprouse, R. T., The Balance Sheet—Embodiment of the Most Fundamental Elements of Accounting Theory, in: Zeff S. A. & Keller T. F. 編, Financial Accounting Theory, New York, 1973年, 所収

Staub, H., Kommentar zur Allgemeinen Deutschen Handelsgesetzbuch, 第3・4版, Berlin, 1896年

Staub's Kommentar zum Handelsgesetzbuch, 第1巻, 第9版, Berlin, 1912年

Thoms, W., Das Buchen und Bilanzieren der funktionalen Kontorechnung, Herne/Berlin, 1955年

Tiedchen, S., Der Vermögensgegenstand im Handelsbilanzrecht, Köln, 1991年

Winzeler, R. Bilanz-Bewertungsgrundlagen in der Deutschen Betriebswirtschaftslehre, Zürich, 1947年

Wöhe, G., Bilanzierung und Bilanzpolitik, 第8版, München, 1992年

安藤英義『新版商法会計制度論』白桃書房，平成9年
――――「株式会社の債務超過の判定問題」『會計』第155巻第5号，平成11年5月
――――『簿記会計の研究』中央経済社，平成13年
五十嵐邦正「精算表と会計思考」『商学集志』第66巻第1号（日本大学商学研究会），平成8年7月
――――『静的貸借対照表論の研究』森山書店，平成8年
――――「ドイツ貸借対照表法の発展と貸借対照表観」『商学集志』第67巻第2号，平成9年9月
――――『現代静的会計論』森山書店，平成11年
――――『現代財産目録論』森山書店，平成14年
――――「フランスにおける精算表」『商学集志』（日本大学商学研究会）第72巻第3号，平成15年3月
――――「精算表の発展」『商学集志』第66巻第1号，平成15年6月
――――「ドイツ静態論の潮流と種々相」『経済学論叢』（神戸学院大学）第35巻第3号，平成15年12月
――――「ドイツ基準性原則とその動向」『商学集志』第73巻第2号，平成16年3月
――――「ドイツ資本会計制度」『商学集志』第73巻第2号，平成16年6月
――――「資産負債アプローチと会計処理」『商学集志』100周年記念号，平成16年10月
――――「状況報告書の役割」『会計学研究』第18号，平成16年10月
――――「初期シェアー学説における帳簿締切手続」『商学集志』第75巻第1号，平成17年6月
――――「ドイツ倒産法における支払不能と債務超過の判定」『會計』第168巻第2号，平成17年8月
井尻雄士「アメリカ会計の変遷と展望」『會計』第153巻第1号，平成10年1月
上野清貴『公正価値会計と評価・測定』中央経済社，平成17年
浦崎直浩『公正価値会計』森山書店，平成14年
奥島孝康監修『OECDのコーポレート・ガバナンス原則』金融財政事情研究会，平成13年
片岡義雄『増訂新株式会社特殊会計』中央経済社，昭和39年
片岡泰彦『会社特殊会計』白桃書房，平成12年
勝村栄之助『商用簿記学原論例式全』八尾書店，明治25年
上柳克郎・鴻常夫・竹内昭夫編『新版注釈会社法』(12)（株式会社の定款変更・資本減少・整理）有斐閣，平成2年
上柳克郎・鴻常夫・竹内昭夫編『新版注釈会社法』(13)（株式会社の解散，清算，外国会

社，罰則）有斐閣，平成2年
木川裕一郎『ドイツ倒産法研究序説』成文堂，平成11年
古賀智敏『デリバティブ会計』(第2版)，森山書店，平成11年
古賀智敏『価値創造の会計学』税務経理協会，平成12年
下野直太郎「貸借対照表と財産目録の異同弁」『會計』第8巻第4号，昭和2年10月
証券取引法研究会国際部会編『コーポレート・ガバナンス』日本証券経済研究所，平成6年
中村忠・大藪俊哉『簿記の問題点をさぐる』(改訂版)税務経理協会，平成9年
日本公認会計士協会東京会編『民事再生法経理ハンドブック』『商事法務』平成15年
日本公認会計士協会京滋会編『会社更生・再生・清算の法律と会計・税務』清文社，平成15年
額賀金太郎『簿記法原理問答全，実用商用簿記例題全』英簿學出版，明治29年
野村智夫・竹俣耕一編『企業再建・清算の会計と税務』第2版，中央経済社，平成16年
野村秀敏『破産と会計』信山社，平成11年
八田進二・橋本尚訳『英国のコーポレート・ガバナンス』白桃書房，平成12年
正井章筰『ドイツのコーポレート・ガバナンス』成文堂，平成14年
森田哲彌「資産負債アプローチと簿記」森田哲彌編『簿記と企業会計の新展開』中央経済社，平成12年，所収
安平昭二『簿記―その教育と学習』中央経済社，平成4年
渡辺泉『決算会計史論』森山書店，平成5年

用　語　索　引

［あ行］

アングロサクソン会計
　　　　　47, 63, 125, 150, 156, 332
EU委員会報告書　　185, 186, 187, 188
一般的用心の原則　　　　　　214, 215
営業価値　　　　　　　　　　8, 47, 58
OECDコーポレート・ガバナンス
　　　　　　　165, 168, 169, 173, 189
オーストリア草案　　　　　　　　　5

［か行］

買入のれん　　　　　215, 249, 274, 284
会社更生法　　　　　　　　　313, 325
会社再建型手続　　　　　311, 314, 324
会社清算型手続　　　　　　　319, 324
会社の整理　　　　　　　　　311, 324
「会社法制の現代化に関する要綱案」
　　　　　　　　　　　　　35, 52, 64
解散静態論　　　　　　　30, 38, 39, 53
解散貸借対照表　　　　　　　　44, 211
外部会計　　　　　　　　252, 253, 259
外部コーポレート・ガバナンス
　　　　　　　　　　　　　180, 185, 192
キャドベリー委員会報告書　　175, 178
株式法　　　　4, 14, 27, 153, 222, 242, 265
株主持分変動計算書　　　　　137, 195
監視機能　　　　　　201, 203, 206, 228
完了計算　　　　　　227, 228, 233, 253, 256
完了貸借対照表　　　　　253, 254, 257
期間限定原則（機能）　　　　17, 21, 68
期間的流動資金不足　　　　　293, 294, 306

基準性原則　　　　　　　　　　15, 90
企業にとっての価値　　　　81, 88, 332
擬制的・瞬間的・一般的換価による思考
　　　　　　　　　　　　　　　6, 58
機能的勘定計算　　　　　　　　　24
規範論的静態論　　　　　　　　37, 53
義務具体化原則　　　　　　　　　217
逆基準性　　　　　　　　　　　　222
客観価値　　　　　　　　　　　　7
客観性原則　　　18, 21, 61, 69, 70, 89, 91
客観的現在取得価値　　10, 38, 47, 156
旧静態論　　　　　　　　　　7, 57, 331
旧静的・法律的貸借対照表機能　　30
給付計算　　　　　　　　　　　　24
強制執行法　　　　　251, 257, 261, 289
業績報告書　　　　　　　　　152, 160
具体化原則　　　　　　　　　216, 217
グリーベリー委員会報告書　　　178
経営経済観察法　　　　　　　　212
経営経済的静態論　　　　　40, 41, 53
計算限定原則　　　　　　　　216, 217
経済観察法　　　　　　15, 60, 89, 212
経済的財産帰属性原則　　　　216, 217
継続静態論　　　　　　　　　　31, 38
継続貸借対照表　　　　　　　　44, 211
決算静態論　　　　　　　　　　39, 53
決算日（価値）原則　　　　21, 219, 234
原価静態論　　　　　　　　　30, 49, 53
検証のバランス　　　　　　　　110
原初的静態論　　　　　　　　　　30
現代的静態論　　　　　　　　　　30
公正価値（会計）　31, 48, 63, 119, 150, 152

用語索引

5勘定説　108, 109
国際会計基準（IAS）　66, 147, 150
国際財務報告基準（IFRS）　66, 147, 287
個別評価原則　21, 214, 215
コーポレート・ガバナンス
　　165, 193, 209, 332

[さ行]

債権者保護　5, 6, 18, 58, 75, 221, 229
債権者目録　223
財産在高計算　29, 43, 158
財産一部処分計算　51, 54, 74, 331
財産一覧表　223, 224, 253
財産価値論的アプローチ　7, 27, 47, 48, 58
財産管理責任　201, 202, 228, 332
財産実在証拠書類　197, 229
財産処分計算　64, 76, 233
財産全部処分計算　51, 54, 256, 325
財産測定原則　214, 216
財産対象物　141, 199, 200
財産貸借対照表　240
財産評価静態論　50, 53
財産目録　26, 63, 64, 140, 195, 317
財産目録静態論　46
財産目録貸借対照表　118, 134
財団目録　223, 253
財務会計概念ステートメント（SFAC）
　　137, 148, 149
財務業績　178
財務状態観　148, 154
債務超過　86, 246, 312
債務超過貸借対照表
　　40, 44, 231, 246, 273, 274, 275
財務分析静態論　50, 53
債務弁済能力
　　13, 14, 17, 19, 44, 75, 210, 211
残高観　149

三段階方式　268, 282
暫定的バランス　110
時価静態論　30, 49, 53
資金計画書　13, 211, 272, 294, 298
自己創設のれん　26, 213, 274, 288
資産負債アプローチ
　　47, 61, 95, 105, 125, 148, 332
資産負債の総合的管理（ALM）
　　87, 143, 203, 207
実現原則　19, 214, 215, 216
実地棚卸に基づくバランス　110
実地棚卸後のバランス　110
時点的流動資金不足　291, 294, 306
資本在高計算　59, 77, 78, 80
資本貸借対照表　12
資本調達・運用説　23, 59, 87, 331
資本等式　24, 46
収益費用アプローチ　61, 149, 151
修正二段階方式　266, 282, 288
シュツートゥス　143
商事貸借対照表
　　4, 16, 17, 22, 60, 273, 274, 282, 283
処分可能利益　213
支払不能　223, 289, 291
支払不能の恐れ　223, 289, 291
新会社法　35, 52, 64, 312, 325
真実価値　5, 9, 10, 285
新静態論　12, 14, 22, 42, 331
新静的貸借対照表論　30
成果貸借対照表　240
成果中立性原則　217, 218
清算開始貸借対照表　39, 226, 227, 320
清算完了貸借対照表　227, 233
精算表　65
静態論　3
静的・経営経済的貸借対照表観　30
制度静態論　42, 59, 60, 77, 89, 90, 331

用語索引　345

税務貸借対照表	15,16,17,241
全体的及び最終的バランス	110,111
全面時価静態論	49,53
存在論的静態論	37,52
損失通告貸借対照表	230,242

[た行]

対応原則	62,200
貸借対照表黄金律	81
貸借対照表擬制項目	141,199,274,284
貸借対照表等式	25,46
貸借対照表法	4,68
貸借対照表利益	222
中間会計	253
通常清算	319,325
低価原則	18
帝国高等商事裁判所	5,13,49,58,156
ドイツ商法	265
ドイツマルク貸借対照表法	239
統一的貸借対照表論	25
倒産開始貸借対照表	40,223,254
倒産法	222,246,251,261,269,291
動態論	3,68
特別清算	319,321,325
トターレ・ビランツレーレ	24
取戻権	225,323

[な行]

内部会計	251,252,259
内部コーポレート・ガバナンス	180,185,192
二元論	29,43,157,158
二段階方式	270,282
ニュルンベルク会議	4,5
年次決算書	203,219
年度欠損額	220
年度剰余額	219,220

| 暖簾学説 | 26 |

[は行]

配当規制	14
ハイレベル・グループ報告書	179,180,185
破産法	6,222,261,263,289,322
パンパル委員会報告書	178
比較研究報告書	175,176,178
非常静態論	39,53
非常貸借対照表	239
評価自由の原則	23
不均等原則	18,214,216
付すべき価値	5,9,58,75,265
普通価値	7,9
普通ドイツ商法	4,13,57,75,265
普通法	261,262,281,289
部分時価静態論	49,53
フランス商事法	262,289
プロシア草案	5
プロシア破産法	261,262,289
分割式精算表	109,113,117
分配可能利益	21,44,60,73,76,90,161
分配静態論	20,43,156,161
分類論	81
別除権	223,225,323,325
包括利益	48,137,152
法定準備金	220
法（形式）的観察法	15,19,212
法律的静態論	40,41,53
簿記静態論	46

[ま行]

| 未履行契約 | 70,72 |
| 民事再生法 | 316,325 |

346　人名索引

[や行]

抑制された静態論	17,18,30
4勘定系統理論	128

[ら行]

利益請求権	213,214,233

累積的検査	266
流動性貸借対照表	295,296,297

[わ行]

和議法	222,289,316

人名索引

Adler, H.・Düring, W,・Schmaltz, K.,	199,207
Batardon, L.,	109
Beisse, H.,	16,60
Berliner, M.,	26,47,84,102,155
Biedermann, H.,	104,128
Blödtner, W.,	104
Böcker, P.,	271,286,288
Bryant, H. B.・Stratton, H. D.・Packard, S. S.,	96,97,98,99
Burlaud, A.,	109
Coenenberg, A. G.,	29,157
Cole, W. M.,	97,99
Colt, J. C.,	96
Cosson, G.,	140
Courcelle-Seneuil, J. G.,	109,110
Croizé, A・Croizé, H.	109
Dafforne, R.,,	95
Degrange, E, père.,	108
Deplanque, L.,	109,110,112
Döllerer, G.,	17,60
Drapara, T.,	100,103
Drukarczyk, J.・Schüler, A.,	297,308
Ehrenberg, R.,	23,59
Eibelshäuser, M.,	16
Eilenberger, G.,	294
Eschrich, A.,	264
Faure, G.,	109
Fieldhouse, A.,	116
Findeisen, F.,	9,11
Finney・Miller	100
Fischer, R.,	11
Faure, G.,	109
Folsom, E. C.,	96,98,99
Förschle・Hofmann.,	244
Gabelle, E.,	103
Garnier, O.,	109,113
Gerstner, P.,	23,38,50,102
Goddard, T. H.,	96,98
Goldschmidt, L.,	7
Goré, F・Dupouy, C.,	109
Gottschalk, C. G.,	100,102
Götz, J.,	262,263,265,286,287
Groh, M.,	16,91
Groß, P. J.・Amen, M.,	307
Grundmann, S.,	192
Gutenberg, E.,	41
Harrison, W. T.,	99
Herrli, H.,	26,332
Hintner, O.,	142

Hodge, A. C. · Mckensy, J. O.,	97,99	Rehm, H.,	8,58
Horngren, C. T.,	99	Reisch, R. · Kreibig, J. K.,	
Kalveram, W.,	102,103		102,103,107,133
Kester, R. M.,	97,99	Reymondin, G.,	109
Keyszner, H.,	7	Ring, V.,	7
Kieso, D. E · Weygant, J. J.,	99,100	Rittenhouse, C., · Percy, A. C.,	
Kliem, B.,	29,43		97,98,99
Kovero, I.,	9,10,38,332	Rouse, P.,	48,71,92
Kresse, W.,	103	Schär, J. F.,	25,55,59,67,101
Küting, K. · Weber, C. P.,	207	Schmalenbach, E.,	3,8
le Coutre, W.,	12,23,40,51,59,82	Schmidt, F.,	49
Leitner, F.,	23,38,102,134	Schmidt, K.,	266,282
Lefèvre, H.,	109	Seicht, G.,	288
Lion, M.,	9	Sewering, K.,	25,38,84,156,331
Littelton, A. C.,	95	Sikorski, R.,	104
Meigs, R. F. · Meigs, W. B.,	100	Simon, H. V.,	7,10,156
Melyon, G. · Noguera, R.,	109,113	Sprouse, R. T.,	148,149
Mohr, H.,	26,332	Staub, E.,	7,58,285
Moxter, A.,13,18,43,55,60,73,229,234		Steven, S.,	95,97
Müller, W.,	17	Stevenson, R. A.,	98,99
Nicklisch, H.,	23,40,55,59,155	ter Vehn, V.,	12
Oberbrinkmann, F.,	4,33,43,157	Thiry, C.,	109
Odenthal, J. · Calmes, A.,	122	Thoms, W.,	24,59
Osbahr, W.,	9,11,23,40	Tiedchen, S.,	27,200
Pape, E.,	50	Wöhe, W.,	104,107
Passow, R.,	9,10,38,59	岩田巌	151
Paton, W. A.,	97,98,99	佐野善作	115
Peuchelt, S.,	7	額賀金太郎	115
Percy, A. L.,	97,98	安平昭二	114
Pinsart, C.,	109	渡辺泉	95,120

著者略歴

1949年　東京都に生まれる
1972年　一橋大学商学部卒業
1978年　一橋大学大学院商学研究科博士課程単位取得
　同年　福島大学経済学部専任講師
1979年　福島大学助教授
1985年　日本大学商学部助教授
1988年　日本大学教授
1995年　一橋大学博士（商学）
1999年〜2001年　第49回〜第51回税理士試験委員
2002年　国税庁税務大学講師（現在に至る）

著書

『静的貸借対照表論』森山書店，1989年
『静的貸借対照表論の展開』森書店，1993年
『静的貸借対照表論の研究』森山書店，1996年
（日本会計研究学会太田・黒澤賞受賞）
『基礎 財務会計』森山書店，1997年，〔第8版〕2005年
『演習 財務会計』森山書店，1998年，〔第4版〕2005年
『現代静的会計論』森山書店，1999年
『現代財産目録論』森山書店，2002年

会計理論と商法・倒産法

2005年10月15日　初版第1刷発行

著　者　ⓒ　五十嵐　邦正
　　　　　　（いがらし　くに　まさ）
発行者　　　菅　田　直　文

発行所　有限会社　森山書店　〒101-0054　東京都千代田区神田錦町1-10　林ビル
　TEL 03-3293-7061　FAX 03-3293-7063　振替口座00180-9-32919

落丁・乱丁本はお取りかえします　　印刷／製本・三美印刷

ISBN 4-8394-2020-3